ESG 경영
A부터 Z까지

ESG

ESG경영 A부터 Z까지

박용기
김덕용
김형정
류제혁
김미정
김진경
이일혁
최원선

ESG Management Cycle

ESG등급 & 투자의사 결정체계

SASB 맵 에코디자인 기후테크

ESG대출 탄소회계 탄소배출권

Environmental

Social

Governance

생각나눔

Prologue

🔍 ESG 시대의 새로운 경영 패러다임

기업 경영의 패러다임이 급속히 전환되고 있다. 환경(Environmental), 사회(Social), 지배구조(Governance)를 뜻하는 ESG는 이제 선택이 아니라 기업 생존의 필수조건이 되었다. ESG는 투자자, 소비자, 정부, 지역사회 등 다양한 이해관계자들이 기업을 평가하는 새로운 기준이 되었으며, 기업은 기존의 재무 중심 사고를 넘어 지속가능한 성장을 위한 전략을 수립해야 하는 시대를 맞이했다. 이 책 『ESG 경영 A부터 Z까지』는 이러한 변화의 흐름 속에, 다년간 경영컨설팅 현장에서 체득한 실무 경험과 국내·외 관련 기관 홈페이지, 문헌 연구를 바탕으로 집필되었다.

🔍 이론과 실무, A부터 Z까지 담다

본서는 ESG 경영에 입문하거나 관심을 가진 모든 이들에게 실질적인 길잡이가 되고자 한다. ESG의 개념을 소개하는 데 그치지 않고, 실제 기업 현장에서 마주하는 과제와 해결 방안, 정책 변화와 제도 동향, 평가와 공시 기준에 이르기까지 폭넓고 체계적으로 담아내고자 했다. ESG의 개념 정립부터 글로벌 공시 기준, 국가별 ESG 법제화 흐름, 공급망 규제, ESG 금융, 탄소회계, 전략 수립 및 보고서 작성까지 전 단계를 촘촘히 정리하였다.

특히 ESG 영역별(E/S/G) 이슈에 대한 정리와 더불어, 제조업, 금융업, 정보통신업, 에너지 산업 등 업종별 특화 접근 방식까지 함께 소개하였다. 독자들은 자신이 속한 산업군에 맞는 ESG 경영 핵심 이슈들이 무엇인지 이 책을 통하여 명확히 이해할 수 있다. RE100, CDP, SBTi, CBAM, CSDDD 등 최근 급변하는 글로벌 이니셔티브에 대한 설명도 빠짐없이 담았다.

많은 기업이 ESG를 규제로 받아들이며 부담으로 인식한다. 그러나 ESG는 경영의 장벽으로만 볼 것이 아니라, 기업가치를 끌어올릴 수 있는 기회로 삼아야 한다. 기업이 환경에 대한 책임을 다하고, 사회적 신뢰를 구축하며, 투명하고 공정한 지배구조를 마련하면 시장은 그 가치를 정당하게 평가할 것이다. ESG 경영은 단기 실적에 얽매이지 않고, 중·장기적으로 기업 경쟁력을 강화하기 위한 전략적 선택임을 인식해야 한다.

한편 현장에서 ESG에 대해 접하는 목소리는 다양하다. '무엇부터 해야 할지 모르겠다'는 막막함, '고객사와 투자기관의 요구가 부담스럽다'는 압박감, 'ESG를 잘하면 어떤 점이 좋아지는가?'에 대한 실질적 궁금증이 혼재되어 있다. 이 책은 바로 이러한 현실적 고민에 응답하고자 기획되었다. ESG의 방향을 설명하는 동시에, 기업이 실제로 무엇을 준비하고 실행해야 하는지를 구체적으로 제시하였다.

지속가능한 사회로 나아가는 나침반

이 책은 피상적인 이론서가 아니다. ESG 경영의 흐름을 총체적으로 이해할 수 있도록 돕는 '나침반'이자, 실천 가능한 전략과 기법을 안내하는

'실무 지침서'이다. 내용에 따라 개념 → 사례 → 전략이라는 구조로 구성하였으며, 필요한 부분만을 발췌해 읽어도 이해에 무리가 없도록 하였다. ESG에 대한 개괄적 이해를 넘어, 독자 스스로 자신의 조직에 맞는 실행 전략을 세울 수 있도록 구성하였다.

책 후반부에는 ESG 보고서 작성 절차와 제3자 검증 절차, ESG 등급 평가 대응 전략까지 수록하여, 보고서를 준비해야 하는 중견·중소기업, 공공기관, 지방자치단체 실무자들에게 실질적인 도움이 되도록 했다. ESG 보고는 이제 선택이 아닌 '책임'의 문제이며, 그 준비는 지금 당장 시작되어야 한다. 이를 위해 이 책이 독자님들께 ESG에 대한 인사이트를 얻게 하며 ESG 경영의 든든한 동반자가 되기를 희망한다.

ESG 전환의 길 위에 선 모든 독자분께 따뜻한 응원을 전하며, 오늘도 국내·외 치열한 경영 현장에서 ESG의 가치를 묵묵히 실천해 나가는 모든 분들에게 이 책이 작지만 든든한 나침반이 되기를 소망한다. 아울러 이 책이 세상에 나오기까지, 출판 과정 전반에 걸쳐 애정 어린 헌신과 정성을 아끼지 않으신 도서출판 생각나눔 대표님과 편집자 여러분께도 깊은 감사의 마음을 전한다.

2025년 4월 11일
응원과 감사의 마음을 전하며 저자 일동

CONTENTS

프롤로그 5

Part 1. ESG 경영과 GHG 프로토콜

01 ESG 경영과 투자의사 결정 체계　　15

  1. ESG 용어의 탄생　　15
  2. UN 책임투자원칙과 ESG 경영　　17
  3. ESG 등급과 투자의사 결정체계　　19
  4. ESG Management Cycle과 정보 공시　　22

02 지구온난화와 GHG 프로토콜　　26

  1. 대기권의 '온실효과'　　26
  2. 지구온난화의 원인 '온실가스'　　27
  3. 7대 온실가스와 온난화지수　　29
  4. GHG 프로토콜의 내용과 용도　　31
  5. 국가 탄소 감축목표와 달성과제　　33

03 지속가능발전법과 ESG 경영　　35

  1. UN 지속가능발전목표(UN SDGs)　　35
  2. 지속가능발전법　　37
  3. 정부, 지방자치단체의 ESG 경영　　39
  4. 공공기관의 ESG 경영　　41

Part 2. ESG 경영의 필요성 (Why ESG?)

01 자금조달 실패 위험　　46

  1. ESG 금융투자 패러다임의 변화　　46
  2. 이해관계자 자본주의와 투자자의 ESG 요구　　49
  3. 자금조달 실패 사례와 성공사례　　51

02 공급망 탈락 위험　　55

  1. 파트너십에서의 ESG 규제 변화　　55
  2. 공급망 리스크 관리　　56
  3. 공급망 리스크 관리 사례　　57

03 소비자 이탈 위험　　59

1. 소비자 요구와 ESG 트렌드 59
2. 소비자 이탈 사례 61
3. 소비자 이탈방지 전략 62

04 공공입찰 불이익과 규제강화 64
1. ESG 규제강화와 공공입찰 불이익 64
2. 정부의 ESG 규제강화 배경 66

Part 3. ESG 이슈별 주요 항목과 관리 방법

01 환경(E)의 주요 이슈와 관리 방법 69
1. 기후변화 대응 및 탄소배출 관리 69
2. 자원 효율성: 물, 에너지, 자원 사용의 최적화 .. 69
3. 폐기물 관리 및 순환경제 70
4. 생물다양성 보호와 생태계 보전 71
5. 환경 규제 준수와 리스크 관리 72

02 사회(S)의 주요 이슈와 관리방법 74
1. 노동 인권 및 근로환경 개선 74
2. 다양성, 형평성, 포용성(DEI) 정책 75
3. 지역사회 기여 및 사회적 책임 77
4. 고객 안전 및 제품 책임 78
5. 공급망 관리 80

03 거버넌스(G)의 주요 이슈와 관리 방법 81
1. 투명한 경영과 반부패 정책 81
2. 이사회 구성과 독립성 강화 82
3. 주주 권리 보호 및 소통 84
4. 리스크 관리 및 내부 통제 85
5. 지속가능 경영전략 및 목표 설정 87

04 산업별 특화 ESG 이슈 관리 89
1. 제조업: 자원 사용과 환경오염 89
2. 금융업: 녹색금융과 책임투자 91
3. 정보통신업: 데이터 프라이버시와 윤리적 인공지능 .. 92
4. 에너지 산업: 재생에너지 전환 및 탄소중립 .. 93
5. 에코디자인의 원칙 95
6. SASB 중요성 지도 97

Part 4. ESG 경영 공시 기준. 평가 기준

01 ESG 경영 공시 기준 … 101
1. 공시 기준 개요 … 101
2. SASB / TCFD / ESRS / GRI … 102
3. K-ESG 가이드라인 … 120
4. IFRS의 공시 기준 통합 트렌드 … 124

02 ESG 경영 평가 기준 … 130
1. 평가 기준 개요 … 130
2. ESG 평가의 중요성 … 130
3. ESG 평가와 금융생태계 … 132
4. 평가기관별 평가 기준 … 134
5. 평가 기준의 트렌드 … 138

Part 5. 공급망평가와 ESG 관련 제도

01 EU 공급망실사 지침(CSDDD) … 141
1. CSDDD 도입 배경과 목적 … 141
2. CSDDD 주요 내용 … 142
3. 기업에 미치는 영향 및 대응 전략 … 145

02 탄소국경조정제도(CBAM) … 147
1. CBAM의 도입 배경과 목적 … 147
2. CBAM 주요 내용 … 149
3. 기업에 미치는 영향 및 대응 전략 … 152

03 온실가스 인벤토리 … 154
1. 온실가스 인벤토리 개요 … 154
2. Scope 1, 2, 3 정의 및 배출량 산정 … 155
3. 데이터 관리 및 목표 수립 … 158

04 RE100, CDP, SBTi 의미와 목표 … 161
1. 신재생에너지 100% 'RE100' … 161
2. 탄소정보공개 프로젝트(CDP) … 163
3. 과학기반 감축목표 이니셔티브(SBTi) … 165

Part 6. ESG 금융과 탄소회계

01 ESG 대출 — 169
1. ESG 대출의 개요 — 169
2. 금융기관 정책 동향 — 170
3. 적도원칙(Equator Principles) — 171
4. ESG 대출에 관한 금융기관의 과제 — 173
5. ESG 대출 촉진을 위한 규제 기관의 역할 — 175

02 ESG 투자(채권, 주식) — 177
1. ESG 기준을 투자전략에 통합 — 177
2. 지속가능한 채권:
   녹색, 사회적, 지속가능성연계채권 — 178
3. ESG 등급이 주식 성과에 미치는 영향 — 180
4. 기관 투자자의 ESG 투자 동향 — 181

03 ESG 보증 — 184
1. ESG 보증의 개념과 필요성 — 184
2. ESG 보증의 역할과 이점 — 184
3. ESG 보증 프로세스 — 185

04 탄소회계 — 187
1. 탄소회계의 개념 및 내용 — 187
2. 탄소상쇄와 배출량 감소에서의 역할 — 188
3. 탄소회계 이니셔티브 소개 — 189
4. 기업 탄소회계 실천과 성과 분석 — 190

Part 7. 탄소배출권 거래

01 탄소배출권 거래제도 배경 — 193
1. 지구 평균온도 상승 — 193
2. 기후변화의 원인 온실가스 — 196
3. 온실가스 감축을 위한 국제적 노력 — 198

02 탄소배출권과 기업의 대응사례 — 201
1. 탄소배출권 개요 및 필요성 — 201
2. 탄소배출권 거래 현황 — 204
3. 기업의 대응사례 및 시사점 — 208

Part 8. 기후테크와 ESG 경영 도전 과제

01 기후테크의 동향 — 211
1. 기후테크의 개념과 동향 — 211
2. 탄소포집 및 저장 솔루션의 역할 — 212
3. 탈탄소화를 위한 산업별 솔루션 — 214
4. 순환경제와 폐기물 감소 기술 — 215

02 ESG 경영 도전과제 및 대응방안 — 217
1. ANTI-ESG 경향 — 217
2. 정치적 반대와 사회적 반발 — 219
3. 법적 규제와 ANTI-ESG 경향 — 220

03 ESG 인식전환 — 222
1. 미래세대의 비판과 행동 촉구 — 222
2. 그린워싱 문제와 해결 방안 — 224
3. ESG 무관심의 원인과 결과 — 225
4. 무관심 극복을 위한 글로벌 협력의 중요성 — 227

04 ESG 목표 달성을 위한 디지털 전환 전략 — 229
1. 블록체인과 투명한 ESG 데이터 관리 — 229
2. 사물인터넷(IoT)을 활용한 자원 효율성 강화 — 230
3. 인공지능(AI) 기반 ESG 성과 예측 및 개선 — 232

Part 9. ESG 경영조직 구축과 전략수립

01 ESG 경영조직 구축 — 235
1. ESG 전담조직 설계 및 운영 — 235
2. ESG 경영위원회의 구성 — 237
3. ESG 전문가 활용 전략 — 238
4. 부서 간 협업체계 구축 — 240
5. 지속적인 성과관리 및 피드백 — 242

02 ESG 경영전략 수립 — 244
1. 미션, 비전, 전략목표 설정 — 244
2. 중대성 평가를 통한 우선순위 도출 — 247
3. ESG 리스크 및 기회 분석 — 249

03 ESG 조직 구축 및 전략 수립 사례   251
    1. 해외 기업 사례   251
    2. 국내 기업 사례   252
    3. 중소기업 사례   254
    4. 지속가능한 공급망 관리 전략   254
    5. 지역사회와의 협력과 ESG 전략 실행   256

Part 10. ESG 보고서 작성·검증 평가대응

01 ESG 보고서 작성   259
    1. ESG 보고서의 개념과 필요성   259
    2. ESG 보고서 작성 절차   260
    3. ESG 보고서 작성 원칙과 구성   262
    4. ESG 보고서 작성 사례   263

02 ESG 보고서 제3자 검증   272
    1. ESG 보고서 검증의 개념과 필요성   272
    2. ESG 보고서 검증 기준   273
    3. ESG 보고서 검증 원칙   276
    4. 제3자 검증의견서 작성 사례   277

03 ESG 등급평가 대응 전략   280
    1. ESG 등급평가의 개념   280
    2. ESG 등급평가 절차와 방법   281
    3. ESG 평가등급 대응 전략   283

▶ ESG 경영에 필요한 참고 문헌 및 홈페이지   284
▶ 저자 소개   287

PART 1

ESG 경영과 GHG 프로토콜

01 ESG 경영과 투자의사 결정 체계

1. ESG 용어의 탄생

ESG는 환경 이슈(Environmental issues), 사회 이슈(Social issues), 거버넌스 이슈(Governance issues, 투명경영 또는 지배구조)의 머리글자를 딴 용어로 UN에서 처음 제안되었다. 2004년 UN 글로벌콤팩트(UN GC; UN Global Compact)에서 발간한 'Who Cares Wins(배려하는 자가 승리한다)' 보고서에서 세계 최초로 ESG라는 용어가 등장하였다. 이 보고서는 당시 유엔 사무총장이었던 코피아난(Kofi Annan)이 주도했다. 그는 점점 심각해지는 지구온난화를 막고, 인권 보호와 투명한 기업경영을 위해 금융 투자기관의 수장들에게 해결사 역할을 해줄 것을 주문하였다. 금융 투자자금을 가지고 돈줄을 조여서 기업들이 ESG 경영을 잘하도록 압박 유도하는 역할을 해줄 것을 요청한 것이다. 당시 UN의 산하 기관이었던 '유엔글로벌콤팩트(UN Global Compact)'가 글로벌 주요 금융기관들을 참여시켜서 공동 작업으로 2004년 'Who Cares Wins'라는 보고서를 작성하였고, 2005년에는 'ESG'를 UN 공식 용어로 채택하였다.

이 보고서는 투자의사 결정에서 비재무적인 요소, 즉 환경, 사회, 거버넌스를 고려하는 것이 기업의 장기적 가치 창출에 중요한 역할을 한다고 강조했다. 이 보고서로 인해 투자자들이 기업의 지속가능성 평가 기준으로 재무적 성과만을 고려하는 것을 넘어 ESG 요소를 적극적으로 반영하기 시작하였고, ESG라는 개념이 글로벌 경영 트렌드로 자리 잡는 중요한 계기가 되었다. 이런 이유로 필자는 ESG 경영의 기틀을 마련한 코피 아난을 ESG의 아버지라 부른다.

ESG 경영은 '기업이 환경을 보호하고, 사회적 책임을 다하며, 투명하고 공정한 경영 구조를 확립함으로써 지속가능한 발전을 추구하는 경영철학'을 의미한다. 환경 측면에서는 온실가스 감축, 자원 효율화, 친환경 제품 개발 등이 포함된다. 사회 측면에서는 인권 보호, 다양성 존중, 사회 공헌 활동, 그리고 직원들의 안전과 건강 관리가 핵심 요소이다. 마지막으로 거버넌스(투명경영 또는 지배구조) 측면에서는 정치 로비와 부패방지, 윤리경영, 이사회 구성의 투명성, 경영진의 윤리성, 주주와의 원활한 소통 등이 강조된다. E, S, G 분야별 주요 이슈는 〈표1-1〉과 같다. 참고로, E, S, G 분야별 1년간 활동 실적을 보고서로 만든 것을 'ESG 보고서' 또는 '지속가능 보고서' 등으로 부른다.

〈표1-1〉 ESG 분야별 주요 이슈

환경 이슈(E)	사회 이슈(S)	거버넌스 이슈(G)
기후변화	인권	부패 방지 투명성
자원 고갈	노동권	감사 및 내부 통제
탄소 배출	다양성	기업 윤리
생물 다양성	지역사회 관계	이해관계자 참여
에너지 효율	공급망 관리	리스크 관리
폐기물 관리	제품 안전	이사회 구조
물 관리	데이터 보호	경영진 보상
환경 오염	고객 만족	주주 권리

2. UN 책임투자원칙과 ESG 경영

2006년에는 UN이 또 다른 중요한 이정표를 세웠다. 유엔 환경계획 금융이니셔티브(UNEP FI)와 UN글로벌콤팩트가 함께 'UN 책임투자원칙(PRI, Principles for Responsible Investment)'을 발표한 것이다. 이 선언을 통해 투자자들이 의사 결정 과정에서 ESG 요소를 적극적으로 고려하고, 이를 투자 포트폴리오에 반영할 것을 권고했다. 이로써 ESG는 단순한 기업의 경영전략에 머무르지 않고, 투자자와 금융시장에서도 중대한 고려 사항으로 자리 잡았다. ESG 경영의 핵심은 '지속가능성'에 있다. 기업은 단기적인 이익보다는 장기적인 관점에서 환경과 사회, 그리고 투명한 경영을 고려하는 의사결정을 해야 한다. 이러한 경영 방식은 기업의 리스크를 줄이고, 새로운 비즈니스 기회를 창출하며, 궁극적으로 기업 가치를 극대화하는 데 도움을 준다.

UN PRI는 다음 6가지 원칙으로 구성된다.
첫째, ESG 이슈를 투자 분석 및 의사결정 과정에 통합한다.
둘째, ESG 이슈를 주주활동에 적극적으로 반영한다.
셋째, 투자 대상에게 ESG 정보 공개를 요구한다.
넷째, 투자 업계의 PRI 수용과 이행을 촉진한다.
다섯째, PRI 이행 효과를 높이기 위해 상호 협력한다.
여섯째, PRI 이행 활동과 진전 사항을 보고한다.

이 원칙들은 기관투자자들이 ESG 요소를 투자 결정에 통합하고, 기업들의 ESG 성과 개선을 유도하는 지침 역할을 한다. UN PRI의 등장은 글로벌 금융시장에 큰 변화를 가져왔다. 2024년 현재 전 세계 4,000개 이상의 기관이 UN PRI에 서명했으며, 이들이 운용하는 자산 규모는 120조 달러를 넘어섰다. 이는 ESG 투자가 더 이상 틈새시장이 아닌 주류 투자 전략으로 자리 잡았음을 보여준다. UN PRI의 확산은 기업들의 ESG 경영 강화로 이어졌다. 투자자들의 ESG 요구가 높아지면서 기업들은 ESG 성과 개선에 주력하게 됐다. 이는 기업의 지속가능 보고서 발간 증가, ESG 위원회 설치, ESG 관련 임원 보상 연계 등으로 나타났다.

ESG 경영은 기업의 재무적 성과뿐만 아니라 비재무적 가치 창출에도 초점을 맞춘다. 환경 보호, 사회적 책임, 투명한 지배구조 등을 통해 기업은 장기적 경쟁력을 확보하고 이해관계자들의 신뢰를 얻을 수 있다. 이는 결국 기업의 지속가능한 성장으로 이어진다. UN PRI와 ESG 경영은 기업과 투자자, 그리고 사회 전체에 긍정적 영향을 미치고 있다. 그러나 여전히 ESG 평가의 표준화, 그린워싱 방지, 단기 실적 압박과의 균형 등 해결해야 할 과제들도 존재한다. 앞으로 UN PRI와 ESG 경영은 이러한 도전들을 극복하며 더욱 발전해 나갈 것으로 전망된다.

3. ESG 등급과 투자의사 결정체계

재무적 요인을 기반으로 국가 신용등급, 기업 신용등급을 평가하는 것처럼, 비재무적 요소인 ESG를 평가한 국가 ESG 등급, 기업 ESG 등급이 있다. ESG 등급은 E, S, G 각 분야의 성과를 종합적으로 평가한 지표다. 이 등급은 투자자들이 기업의 비재무적 요소를 고려해 투자 결정을 내리는 데 중요한 역할을 한다. ESG 등급은 평가기관에 따라 AAA부터 CCC까지 7단계로 구분하거나, 0점~100점 점수로 표시하기도 한다. 평가기관마다 고유한 방법론을 사용해 산출한다.

투자의사 결정체계에서 ESG 등급은 전통적인 재무 분석과 함께 활용된다. 〈그림1-1〉과 같이 전통적인 투자의 결정체계는 투자자들이 기업의 재무성과를 평가한 신용등급, 시장 동향, 산업 전망 등을 분석하여 주로 신용등급을 기준으로 투자의사 결정을 한다. 반면, 〈그림1-2〉와 같이 ESG 투자의사 결정체계는 신용등급 외에도 비재무 요소인 ESG 등급을 추가로 고려해, 최종 투자 결정을 내린다.

〈그림1-1〉 전통적인 투자의사 결정체계

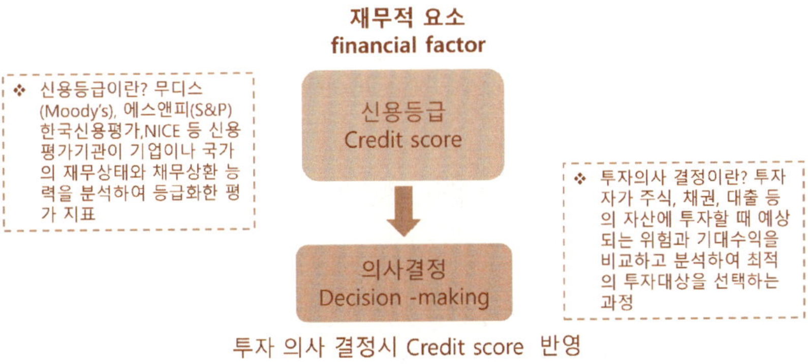

❖ 신용등급이란? 무디스(Moody's), 에스앤피(S&P) 한국신용평가, NICE 등 신용평가기관이 기업이나 국가의 재무상태와 채무상환 능력을 분석하여 등급화한 평가 지표

재무적 요소
financial factor

신용등급
Credit score

↓

의사결정
Decision-making

❖ 투자의사 결정이란? 투자자가 주식, 채권, 대출 등의 자산에 투자할 때 예상되는 위험과 기대수익을 비교하고 분석하여 최적의 투자대상을 선택하는 과정

투자 의사 결정시 Credit score 반영

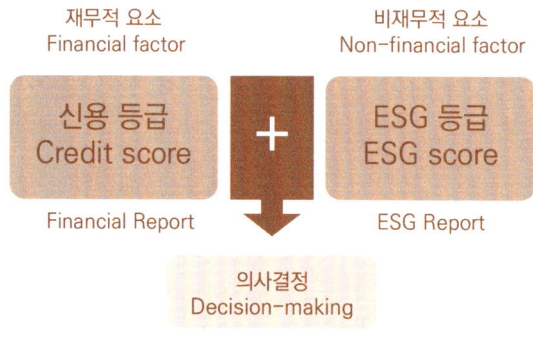

〈그림1-2〉 ESG 투자의사 결정체계

ESG 등급은 기업들이 ESG 경영을 잘해야 하는 이유를 가장 명확하게 설명해 주는 지표 중 하나다. CSR(기업의 사회적 책임)에는 없었던 'ESG 등급'이 새롭게 나타난 것이다. 신용등급이 우량한 기업이라도 ESG 등급이 부실하면 투자나 대출을 받지 못하거나 회수당하게 된다. 투자나 대출을 회수당하면 기업은 쇠퇴하거나 몰락할 가능성이 커진다. ESG 등급을 활용한 투자의사 결정 과정은 다음과 같이 진행된다.

(1) 투자 유니버스 선정: 산업, 시가총액 등을 기준으로 초기 투자 대상 기업군을 선정한다.
(2) 재무 분석: 전통적인 재무지표를 분석해 기업의 재무 건전성과 성장성을 평가한다.
(3) ESG 등급 검토: 각 기업의 ESG 등급을 확인하고, 세부 항목별 점수를 분석한다.
(4) 통합 평가: 재무 분석 결과와 ESG 등급을 종합해 기업의 전체적인 가치를 평가한다.

(5) 포트폴리오 구성: 평가 결과를 바탕으로 최종 투자 대상 기업을 선정하고 비중을 결정한다.

ESG 등급은 투자 리스크 관리 측면에서도 중요하다. 높은 ESG 등급을 받은 기업은 환경 규제, 사회적 논란, 지배구조 리스크 등에 더 잘 대비하고 있다고 볼 수 있다. 이는 장기적으로 안정적인 수익을 창출할 가능성이 큼을 의미한다. 주식투자, 채권투자 등에서도 신용등급 외에 동종업계에서 ESG 등급이 높은 기업에 투자하는 것이 바람직하다. 그러나 ESG 등급을 활용한 투자에는 주의해야 할 점도 있다. 평가기관마다 방법론이 다르기 때문에 동일 기업에 대해 상이한 등급이 부여될 수 있다. 또한 ESG 정보 공시의 표준화가 아직 완전히 이루어지지 않아 데이터의 신뢰성 문제가 제기되기도 한다.

따라서 투자자들은 ESG 등급을 절대적인 기준으로 삼기보다는 보완적인 도구로 활용해야 한다. 여러 평가기관의 등급을 비교하고, 기업이 직접 발간하는 지속가능경영 보고서 등을 함께 검토하는 것이 바람직하다. 이를 통해 더욱 균형 잡힌 시각에서 투자 결정을 내릴 수 있을 것이다. 앞으로 UN PRI와 ESG 경영은 이러한 도전들을 극복하며 더욱 발전해 나갈 것으로 전망된다.

4. ESG Management Cycle과 정보 공시

ESG 경영 사이클은 기업이 지속가능경영을 실천하기 위한 체계적인 프로세스다. 이 사이클은 다음 〈그림1-3〉과 같은 단계로 구성되며, 단계별로 구체적인 활동이 이루어진다.

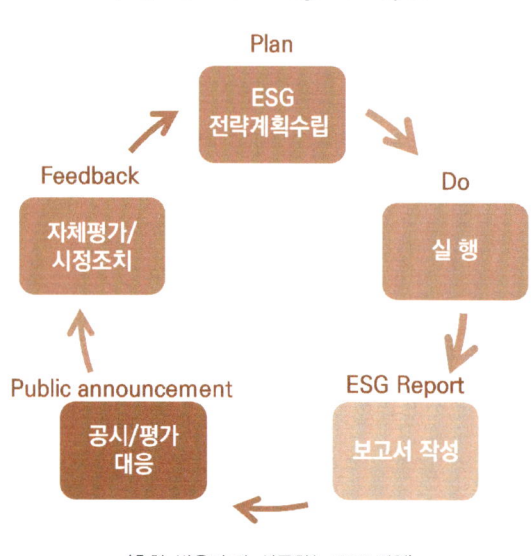

〈그림1-3〉 ESG Management Cycle

〈출처: 박용기 저, 성공하는 ESG 경영〉

(1) ESG 수준 진단과 전략계획 수립
- ◇ 현재 ESG 수준 진단: 내부 평가 및 외부 전문가 진단을 통해 기업의 ESG 현황을 파악한다.
- ◇ 중대성 평가: 기업에 중요한 ESG 이슈를 식별하고 우선순위를 정한다.
- ◇ 목표 설정: 단기, 중기, 장기적 ESG 목표를 수립한다.
- ◇ 실행 계획 수립: 목표 달성을 위한 구체적인 액션 플랜을 마련 한다.

(2) 실행
- ◇ 조직 구성: ESG 전담 조직을 구성하고 각 부서의 역할과 책임을 명확히 한다.
- ◇ 임직원 교육: ESG의 중요성과 실행 방법에 대한 전사적 교육을 실시한다.
- ◇ 과제 수행: 계획에 따라 환경, 사회, 지배구조 각 영역의 과제를 수행한다.
- ◇ 모니터링: 실행 과정을 지속해서 모니터링하고 필요시 조정한다.

(3) 보고서 작성
- ◇ 데이터 수집: ESG 성과 데이터를 체계적으로 수집한다.
- ◇ 보고서 작성: 지속가능경영 보고서 또는 통합 보고서를 작성한다.
- ◇ 검증: 제3자 검증을 통해 보고 내용의 신뢰성을 확보한다.
- ◇ 공시: 다양한 채널을 통해 이해관계자들에게 ESG 정보를 공개한다.

(4) 평가 대응
- ◇ 평가기관 모니터링: 주요 ESG 평가기관의 평가 기준과 일정을 파악한다.
- ◇ 정보 제공: 평가기관의 요청에 따라 필요한 정보를 제공한다.
- ◇ 결과 분석: 평가 결과를 분석하고 개선점을 도출한다.
- ◇ 대응 전략 수립: 평가 결과 개선을 위한 전략을 수립한다.

(5) 피드백
- ◇ 이해관계자 의견 수렴: 투자자, 고객, 임직원 등 다양한 이해관계자의 의견을 수집한다.

◇ 개선점 도출: 평가 결과와 이해관계자 의견을 종합하여 개선이 필요한 영역을 파악한다.
◇ 전략 보완: 도출된 개선점을 바탕으로 ESG 전략을 수정 보완한다.
◇ 차기 계획 반영: 피드백 결과를 다음 사이클의 계획 수립에 반영한다.

ESG 정보 공시와 관련하여, 한국은 단계적 의무화를 추진 중이다. 구체적인 일정은 다음과 같다.

2025년: 자산총액 2조 원 이상 코스피 상장사 E, S, G 모두 보고
2026년: 자산총액 5,000억 원 이상 코스피 상장사　　〃
2027년: 모든 코스피 상장사　　〃
2028년: 코스닥 상장사 중 일부　　〃
2030년: 모든 코스피, 코스닥 상장사　　〃

글로벌 ESG 정보 공시 기준은 다음과 같이 발전하고 있다.

ISSB(국제지속가능성기준위원회) 기준
- IFRS 재단이 제정한 글로벌 표준으로 TCFD 권고안과 SASB 기준 기반. 기후 관련 리스크와 기회에 대한 상세 정보 공개 요구
- 2024년부터 적용 예정이었으나 진척이 늦어지고 있음

EU CSRD(기업지속가능성보고지침)
- EU 내 대기업과 상장기업에 적용
- 환경, 사회, 인권, 지배구조 등 광범위한 ESG 정보 공시 의무화 2024년부터 단계적 적용

미국 SEC(증권거래위원회) 기후공시 규칙
- 상장기업의 기후 관련 리스크, 온실가스 배출량 등 공시 의무화 2023년 최종안 발표

기업들은 이러한 국내외 공시 기준에 맞춰 ESG 정보를 체계적으로 관리하고 공개해야 한다. 이를 위해 ESG 데이터 관리 시스템 구축, 내부통제 절차 마련, ESG 전문 인력 확보 등이 필요하다. 또한 산업별 특성을 고려한 맞춤형 ESG 정보 공시 전략을 수립하고, 지속적인 모니터링과 개선을 통해 공시의 질을 높여나가야 할 것이다.

02 지구온난화와 GHG 프로토콜

1. 대기권의 '온실효과'

온실효과는 대기 중 온실가스가 태양열을 가두어 지구를 따뜻하게 유지하는 현상이다. 이는 비닐하우스와 유사하게 작용하며, 지구 생명체에 필수적이다. 태양은 짧은 파장의 복사 에너지를 지구로 보내고, 이 에너지는 지표면을 데운 후 긴 파장의 복사 에너지로 대기 중에 방출된다. 온실가스는 이 열을 흡수하고 다시 지구로 방출하여 기온을 유지한다. 이러한 과정을 통해 지구의 기온은 적정 수준으로 유지된다. 이것이 바로 자연적인 온실효과다.

그런데 문제는 인간 활동으로 인해 대기 중 온실가스의 농도가 계속 높아지고 있다는 것이다. 예를 들어, 화석연료(석탄, 석유, 가스)를 태우거나 숲을 파괴할 때 많은 이산화탄소가 배출된다. 온실가스가 늘어나면 〈그림1-4〉와 같이 지구는 더욱 두꺼운 이불로 덮인 상태가 된다. 이는 마치 온실의 비닐을 더 두껍게 만들어 내부의 열이 더 빠져나가지 못하는 것과 같다. 이러한 온실효과로 인해 지구 전체의 기온이 계속 상승하는 현상이 발생하며, 이를 '지구온난화'라고 한다.

〈그림1-4〉 왼쪽 적정 온실가스/오른쪽 과도한 온실가스

〈출처: 탄소중립 정책포럼〉

    이러한 지구온난화는 단순히 더워지는 것만이 아니다. 극지방의 빙하가 녹아 해수면이 상승하고, 폭염이나 폭우 등 극단적인 기상현상의 빈도가 증가한다. 그래서 전 세계가 이산화탄소 배출량을 줄이기 위해 노력하고 있다. 이산화탄소를 줄여서 '탄소'라 부르며, '2050 탄소중립'이라는 용어의 탄소도 이산화탄소를 가리킨다.

2. 지구온난화의 원인 '온실가스'

    지구온난화의 원인은 인류가 지난 몇 세기 동안 산업화와 도시화 과정을 겪으면서 발생했다. 산업혁명 이후, 석탄, 석유와 같은 화석연료 사용이 폭발적으로 증가했고, 이를 통해 자동차, 공장, 발전소 등에서 엄청난 양의 이산화탄소와 메탄, 아산화질소 등의 온실가스가 대기 중에 배출되었다. 이러한 온실가스는 대기 중에 머물며 지구의 열을 가두는 효과를 만들어 지구온난화 현상을 일으켰다.

지구온난화의 또 다른 주요 원인은 무분별한 산림 파괴와 토지 개발이다. 산림은 이산화탄소를 흡수하고 산소를 배출하는 역할을 하지만, 도시 확장, 농업 확대, 벌목 등으로 인해 전 세계의 산림 면적이 급속히 줄어들고 있다. 이는 지구의 이산화탄소 흡수 능력을 감소시켜 대기 중 온실가스 농도를 높이고, 지구온난화의 속도를 가중시켰다.

축산업도 기후 위기의 원인으로 꼽힌다. 축산업에서는 가축의 소화 과정에서 배출되는 메탄이 큰 문제가 되고 있다. 특히 가축 사육을 위해 거대한 목초지를 조성하면서 산림을 파괴하고 토양을 황폐화시켰다. 이를 통해 또 다른 온실가스 배출이 발생하는 것이다.

마지막으로, 플라스틱 생산 및 폐기 과정에서도 온실가스가 발생해 기후 위기를 악화시키고 있다. 석유를 원료로 하는 플라스틱은 제조 과정에서 막대한 양의 이산화탄소를 배출한다. 사용 후 버려진 플라스틱은 썩지 않고 토양과 수질을 오염시키며, 소각 처리 시에도 다량의 이산화탄소와 유해 물질이 배출된다.

이처럼 기후 온난화는 인간의 활동으로 인해 발생하는 다양한 원인으로 인해 심화되고 있다. 이러한 상황을 개선하기 위해서는 온실가스 배출을 줄이고, 지속가능한 에너지 사용 및 자원 관리에 대한 노력이 필요하다. 나아가 산림 복원과 플라스틱 사용을 줄이는 등 일상생활에서의 변화도 필수적이다.

3. 7대 온실가스와 온난화 지수

1997년 교토의정서 부속서 A에 감축 대상 온실가스인 6대 온실가스를 명시하였다. 6대 온실가스에다 삼불화질소(NF3)를 더하여 7대 온실가스라 하며, 종류별 온난화 지수(Global Warming Potential, GWP)를 〈표 1-2〉로 작성하였다.

〈표1-2〉 7대 온실가스와 온난화 지수

Greenhouse Gas	GWP(100년 기준)
Carbon Dioxide (CO_2) 이산화탄소	1
Methane (CH_4) 메탄	27.9
Nitrous Oxide (N_2O) 아산화질소	273
Hydrofluorocarbons (HFCs) 수소불화탄소	47~15,000(종류별 상이)
Perfluorocarbons (PFCs) 과불화탄소	6,630~11,100(종류별 상이)
Sulfur Hexafluoride (SF_6) 육불화황	25,200
Nitron Fluorine Three(NF3) 삼불화질소	19,700

〈출처:IPCC 제6차 평가보고서(AR6, 2021)에 따른 수치〉

온난화 지수(GWP; Global Warming Potential): 특정 온실가스가 지구 대기 중에 머물면서 100년간 얼마나 많은 열을 가두는지를 측정한 값이다. 이산화탄소를 기준으로 설정하고, GWP를 1로 정의한다. 다른 온실가스는 이 기준에 따라 비교된다.

이산화탄소(CO_2): 온난화 지수는 1로 가장 낮지만, 대기 중 발생량이 가장 많아 지구온난화의 주범이다. 이산화탄소는 화석연료(석탄, 석유, 천연가스 등의 원료)가 완전연소 할 때 생기는 무색, 무취, 무미의 기체다. 최근 온실효과 때문에 환경오염의 주범으로 꼽힌다.

메탄(CH_4): 이산화탄소에 비해 27.9배 높은 GWP를 지닌다. 주로 농업, 축산업, 폐기물 처리 과정에서 배출되며, 상대적으로 짧은 대기 중 수명에도 불구하고 강한 온난화 효과를 갖는다.

아산화질소(N_2O): 이산화탄소에 비해 273배의 GWP를 가진다. 농업, 산업 공정, 연료 연소 등에 의해 배출되며, 대기 중에 수백 년간 머물면서 강력한 온난화 효과를 일으킨다.

수소불화탄소(HFCs): GWP 범위가 47에서 15,000까지로 다양하며, 주로 냉매나 에어로졸 제품에 사용된다. 오존층 파괴를 줄이기 위한 대체 물질로 개발되었으나, 강력한 온실가스이다.

과불화탄소(PFCs): GWP가 6,630에서 11,100까지로 매우 높으며, 주로 전자 산업과 알루미늄 생산 과정에서 배출된다.

육불화황(SF_6): GWP가 25,200으로 가장 높다. 전기 절연체로 사용되며, 대기 중에 매우 오래 머무는 특징이 있다.

삼불화질소(NF3): GWP가 19,700이다. 삼불화질소는 반도체, 디스플레이 제조 공정에서 이물질을 세척하는 데 사용되는 가스다. 사용량이 빠르게 늘고 있어 지구온난화 지수가 낮은 가스로 대체하는 노력이 이루어지고 있다.

이산화탄소의 GWP는 가장 낮지만, 그 발생량이 압도적으로 많다. 산업 활동, 에너지 생산, 교통 등 인류 대부분의 활동이 이산화탄소를 배출하므로 대기 중 농도가 계속 증가해 지구온난화의 주범으로 지목된다. 이로 인해 전 세계적으로 이산화탄소 배출량을 줄이려는 노력이 강조되고 있다. GWP는 시간이 지나면서 변할 수 있다.

예를 들어, 메탄(CH_4)의 GWP는 IPCC AR4(2007)에서는 25,

AR5(2013)에서는 28, AR6(2021)에서는 27.9로 조정되었다. 이는 과학적 연구와 대기 중 메탄의 거동 분석이 정밀해졌기 때문이다.

4. GHG 프로토콜의 내용과 용도

GHG 프로토콜(Greenhouse Gas Protocol)은 온실가스 배출량 산정과 관리에 대한 국제적인 기준을 제공해 기업의 환경 책임 경영을 촉진하고 있다. 이를 통해 기업들은 배출량을 투명하게 공개하고, 효과적인 감축 전략을 수립할 수 있게 되었다.

GHG 프로토콜의 탄생 배경

GHG(Greenhouse Gas) 프로토콜은 1998년에 기업, 시민단체(NGOs), 정부, 그리고 미국의 세계자원연구소(WRI)와 세계지속가능발전기업협의회(WBCSD)가 협력하여 만든 글로벌 이니셔티브다. 당시 온실가스 배출량을 측정하고 관리하는 국제적인 표준이 없어 기업들은 자체적인 방법을 사용해 온실가스를 산정했다. 그러나 기업들이 각기 다른 기준을 사용하다 보니 일관된 데이터 분석이 어려웠고, 온실가스 감축 활동에 대한 효과를 객관적으로 평가하는 데에도 한계가 있었다. 이를 해결하고자 GHG 프로토콜이 만들어졌다.

주요 내용

GHG 프로토콜은 기업의 온실가스 배출량을 산정하고 보고하는 표준을 제공한다. 이 프로토콜은 특히 세 가지 범위(Scope)로 온실가스 배출원을 분류한다.

Scope 1 (직접 배출): 기업이 직접 배출하는 온실가스를 의미한다. 예를 들면, 공장이나 시설에서의 연료 연소, 차량 운행 등 기업 내부에서 직접 발생하는 배출량이 이에 해당한다.

Scope 2 (간접 배출): 외부로부터 구매한 에너지의 사용으로 발생하는 간접 배출을 의미한다. 주로 전기, 열, 증기 사용에서 발생하는 배출량이 여기에 포함된다.

Scope 3 (기타 간접 배출): 기업의 활동으로 인해 가치사슬 전반에서 발생하는 모든 간접 배출을 포괄한다. 이는 제품 생산부터 소비에 이르는 전 과정을 고려한 것으로, 협력사, 물류, 폐기물 처리 등 다양한 요소를 포함한다.

GHG 프로토콜의 용도

GHG 프로토콜은 국제적으로 인정받는 온실가스 회계 처리 및 보고 기준을 제공한다. 이를 통해 기업은 배출량을 투명하게 측정하고 관리할 수 있다. GHG 프로토콜의 용도는 크게 세 가지로 나눌 수 있다.

온실가스 감축 전략 수립: 기업은 GHG 프로토콜을 활용해 온실가스 배출원을 파악하고 감축 전략을 수립한다. 이를 통해 효율적인 에너지 사용 및 탄소배출 최소화 방안을 마련할 수 있다.

공시 및 보고: GHG 프로토콜은 기업이 온실가스 배출량을 외부에 투명하게 보고할 수 있도록 지원한다. 이를 통해 기업은 주주와 소비자에게 책임 있는 경영을 실천하는 모습을 보여줄 수 있다.

규제 대응: 각국 정부와 국제기구는 온실가스 배출 규제 정책을 마련할 때 GHG 프로토콜을 기준으로 사용한다. 기업들은 GHG 프로토콜을 통해 국제 규제에 대응하고, 시장에서 경쟁력을 유지할 수 있다.

5. 국가 탄소 감축 목표와 달성 과제

우리나라도 기후변화 대응을 위해 국가 온실가스 감축 목표(NDC, Nationally Determined Contribution)를 수립하고 있다. 2030년까지 2018년 대비 40%의 온실가스를 감축하는 것이 현재의 목표이다.
이는 국제사회의 요구와 국내 감축 여력을 종합적으로 고려한 결과이다.

부문별 감축 목표

2030년 NDC는 다음 표〈표1-3〉와 같이 부문별로 세분화되어 있다.

〈표1-3〉 2030년 NDC

(단위: 백만 톤 CO2eq)

부 문	2018년 배출량	2030년 목표	감축률
전 환	269.6	145.9	45.9%
산 업	260.5	230.7	11.4%
건 물	52.1	35.0	32.8%
수 송	98.1	61.0	37.8%
농축수산	24.7	18.0	27.1%
폐기물	17.1	9.1	46.8%

달성 현황과 과제

최근의 이행 점검 결과에 따르면 2023년 우리나라의 온실가스 총배출량은 624.2백만 톤으로, 목표 대비 6.5%를 초과 감축하는 성과를 보였다. 이는 무탄소 발전 확대, 산업 체질 개선 등의 노력이 결실을 맺은 것으로 평가된다. 그러나 장기적인 목표 달성을 위해서는 다음과 같은 과제들이 남아있다.

산업 부문 감축 강화: 산업 부문의 감축률이 상대적으로 낮아, 기술혁신과 에너지 효율 개선이 시급하다.

공공 부문의 선도적 역할: 지난 10년간 공공부문의 감축 목표 달성이 미흡했으며, 이를 개선할 필요가 있다.

국제협력 강화: 국제감축 등을 통해 글로벌 기후 격차 해소에 기여해야 한다.

경제성장과 배출량 탈동조화: GDP 성장에도 불구하고 온실가스 배출량을 지속적으로 감소시키는 노력이 필요하다.

부문 간 형평성 확보: 전환, 산업, 건물, 수송 등 부문별 특성을 고려한 균형 있는 감축 전략이 요구된다.

결론적으로, 대한민국의 온실가스 감축 목표 달성을 위해서는 정부, 기업, 시민사회의 협력이 필수적이다. 특히 저탄소 기술 개발, 에너지 효율 향상, 재생에너지 확대 등 다각적인 접근이 요구되며, 이를 통해 지속 가능한 저탄소 사회로의 전환을 가속화해야 할 것이다.

03 지속가능발전법과 ESG 경영

1. UN 지속가능발전목표(UN SDGs)

UN 지속가능발전목표(SDGs)는 2015년 제70차 UN 총회에서 채택된 글로벌 의제이다. 이는 2030년까지 달성하고자 하는 인류 공동의 17개 목표를 포함한다. '단 한 사람도 소외되지 않는 것(Leave no one behind)'이라는 슬로건 아래, 인간, 지구, 번영, 평화, 파트너십의 5개 영역에서 지속가능한 발전을 추구한다.

SDGs의 배경

SDGs는 2000년부터 2015년까지 시행된 새천년개발목표(MDGs)의 후속 의제이다. MDGs가 주로 개발도상국의 빈곤 퇴치에 초점을 맞춘 반면, SDGs는 더 포괄적이고 광범위한 목표를 설정하여 선진국을 포함한 모든 국가가 참여하도록 하였다.

UN SDGs 17개 목표의 핵심 내용

(1) 빈곤 종식: 빈곤을 전 세계적으로 종식
(2) 기아 해소: 식량 안보 확보, 영양 상태 개선, 지속가능한 농업 증진
(3) 건강과 웰빙: 건강한 삶 보장, 복지 증진
(4) 양질의 교육: 포용적이고 공평한 양질의 교육 보장
(5) 성 평등: 성 평등 달성, 모든 여성과 여아의 역량 강화

⑹ 깨끗한 물과 위생: 이용 가능성과 지속가능한 관리 보장
⑺ 적정가격의 청정에너지: 적정가격의 신뢰할 수 있고 지속가능한 현대적 에너지에 대한 접근 보장
⑻ 양질의 일자리와 경제성장: 지속적이고 포용적이며 지속가능한 경제성장, 완전하고 생산적인 고용과 양질의 일자리 증진
⑼ 산업, 혁신과 인프라: 회복력 있는 사회기반시설을 구축하고, 포용적이고 지속가능한 산업화 증진 및 혁신
⑽ 불평등 감소: 국내 및 국가 간 불평등 완화
⑾ 지속가능한 도시와 공동체: 포용적이고 안전하며 회복력 있고 지속가능한 도시와 주거지 조성
⑿ 책임감 있는 소비와 생산: 지속가능한 소비와 생산 양식을 보장
⒀ 기후변화 대응: 기후변화와 그 영향에 맞서기 위한 긴급 대응
⒁ 해양생태계 보존: 지속가능 발전을 위한 대양, 바다, 해양자원의 보존과 지속가능한 이용 도모
⒂ 육상 생태계 보호: 육상 생태계를 보호, 복원 및 지속가능하게 이용하고, 산림을 지속가능하게 관리하며, 사막화와 토지 황폐화를 방지하고 생물 다양성 손실 중단
⒃ 평화, 정의와 제도: 지속가능 발전을 위한 평화롭고 포용적인 사회 증진, 모두에게 정의를 보장하고, 모든 수준에서 효과적이고 책임감 있으며 포용적인 제도 구축
⒄ 목표 달성을 위한 파트너십: 이행수단 강화와 지속가능 발전을 위한 글로벌 파트너십 활성화

이 17개의 목표는 상호 연결되어 있으며, 각 목표는 169개의 세부 목표로 구체화된다. UN SDGs는 경제, 사회, 환경의 균형 잡힌 발전을 추

구하며, 국제사회가 직면한 복잡하고 다양한 문제들을 해결하기 위한 종합적인 접근을 제시한다.

2. 지속가능발전법

국내 「지속가능발전법」은 2022년 1월 4일에 제정되어 2022년 7월 5일부터 시행되었으며 주요 내용은 하기와 같다.

(1) 목적: 경제·사회·환경의 균형과 조화를 통해 지속가능한 경제성장, 포용적 사회 및 기후·환경 위기 극복을 추구하여 국가와 지방, 나아가 인류사회의 지속가능 발전을 실현하는 것을 목적으로 한다.

(2) 용어 정의: 지속가능성, 지속가능 발전, 지속가능 발전목표, 국가 지속가능 발전목표 등 6개 용어를 정의한다.

(3) 기본 원칙: 각종 정책과 계획 수립 시 경제·사회·환경의 조화로운 발전에 미치는 영향을 종합적으로 고려하도록 하는 등 지속가능발전 추진의 기본 원칙을 규정한다.

(4) 추진 체계 개선: 환경부 산하에 있던 지속가능발전위원회를 대통령 직속으로 상향 조정하고, 지방 지속가능발전위원회의 설치와 활동을 구체적으로 명시한다.

(5) 정부 역할 강화: 중앙정부(국무조정실)에 추진단 구성과 지속가능성 평가보고서 발간(국가, 지방정부), 국가와 지방의 SDGs 설정과 피드백 체계를 설정하여 정부의 역할과 지방정부 지원 근거를 마련한다.

(6) 교육 및 연구 지원: 지속가능 발전교육 홍보 확대(인증 제도 시행), 지속가능발전 연구센터 지정과 운영 등의 규정을 포함한다.

(7) 시민 참여 보장: 국가 지속가능 발전 목표 수립과 이행 과정에 협치

를 통한 국민의 참여를 명문화하고, 숙의 공론을 법안에 포함한다.
(8) 지방정부 역할 강화: 지자체 지속가능발전위원회 구성(심의 절차로 필수)과 지속가능 발전 책임관 지정(전담 부서의 설치 또는 지정)을 규정한다.
(9) 지속가능성 검토: 지속가능 발전에 영향을 미치는 조례의 제정이나 개정 시 또는 주요 행정계획의 수립이나 변경 시 지속가능성을 검토하도록 한다.
(10) 평가 및 보고: 지속가능 발전지표 개발 및 2년마다 평가 보고서를 발간하도록 규정한다.

법 제정으로 한국 사회의 지속가능 발전 실천 주체 간 공동 대응과 정부의 의지, 여야 합의로 이룬 성과가 기대된다. 또한 정부 정책, 시민운동, 기업경영, 청년 시대정신에 이르기까지 국가 지속가능 발전 실행력을 높이고 국제사회의 신뢰도를 높이는 계기가 될 것으로 전망된다.

3. 정부, 지방자치단체의 ESG 경영

우리나라의 정부와 지방자치단체의 ESG 경영 성과를 향상시키기 위하여 다음과 같은 방안을 고려할 수 있다.

(1) ESG 경영의 필요성 인식

정부와 지방자치단체는 ESG 경영이 선택이 아닌 필수임을 인식해야 한다. ESG 경영을 통해 지역사회의 지속가능성을 높일 수 있으며, 이는 민간 기업보다 더 큰 파급 효과를 가질 수 있다.

(2) 전담 조직 및 인력 확보

ESG 경영을 효과적으로 추진하기 위해 전담 조직과 인력을 갖추어야 한다. 현재 지방자치단체의 ESG 이해도와 노력이 낮은 수준이므로, 전문성을 갖춘 인력 확보가 시급하다.

(3) ESG 보고서 자체 제작

지방자치단체는 자체적인 ESG 보고서를 제작하여 내재화를 이루어야 한다. 이를 통해 ESG 경영의 현황을 파악하고 개선점을 도출할 수 있다.

(4) ESG 조례 제정 확대

2023년 10월 현재 전국 226개 기초자치단체 중 ESG 조례를 제정한 곳은 30곳(13.3%)에 불과하다. ESG 경영의 제도적 기반을 마련하기 위해 더 많은 지자체에서 ESG 조례를 제정해야 한다.

(5) **지자체장의 실행 의지 강화**

ESG 경영 개선을 위해서는 최고 리더인 지자체장의 실행 의지가 중요하다. 지자체장은 ESG 경영의 중요성을 인식하고 적극적으로 추진해야 한다.

(6) **체계적인 데이터 관리 및 의무 공시**

ESG 경영의 투명성과 신뢰성을 높이기 위해 체계적인 데이터 관리와 의무 공시 제도를 도입해야 한다. 이를 통해 지역 주민과 이해관계자들에게 ESG 경영 성과를 투명하게 공개할 수 있다.

(7) **지역별 중대성 과제 발굴**

각 지역의 특성에 맞는 ESG 중대성 과제를 발굴하고 개선하기 위한 노력이 필요하다. 지역의 환경, 사회, 경제적 특성을 고려한 맞춤형 ESG 전략을 수립해야 한다.

(8) **저탄소 전환 경제 사회로의 전환 노력**

지방정부는 저탄소 전환 경제 사회로의 전환을 위해 적극적인 역할을 수행해야 한다. 이를 위해 필요한 정책과 인프라를 구축하는 데 힘써야 한다.

(9) **ESG 평가 체계 구축**

지방자치단체의 ESG 경영 수준을 객관적으로 평가할 수 있는 체계를 구축해야 한다. 이를 통해 부족한 부분을 발견하고 개선할 수 있는 기회를 마련할 수 있다.

(10) **교육 및 인식 제고 프로그램 실시**

　공무원과 지역 주민을 대상으로 ESG 경영에 대한 교육 및 인식 제고 프로그램을 실시해야 한다. 이를 통해 ESG 경영의 중요성과 필요성에 대한 공감대를 형성할 수 있다.

　이러한 방안들을 통해 한국의 정부와 지방자치단체는 ESG 경영을 효과적으로 추진하고, 지속가능한 발전을 이룰 수 있을 것이다. ESG 경영은 이제 선택이 아닌 필수이며, 지역사회의 발전과 국가 경쟁력 향상을 위해 반드시 추진해야 할 과제이다.

4. 공공기관의 ESG 경영

　공공기관의 ESG 경영은 단순히 기관 자체의 지속가능성을 추구하는 것을 넘어, 지역사회와 국가 전체의 ESG 발전을 선도하는 역할을 수행해야 한다. 공공기관은 ESG 경영의 실행자이자 동시에 촉진자로서 기능해야 하며, 이는 공공의 이익을 추구하는 기관의 본질적 사명과도 부합한다.

　공공기관의 ESG 경영은 자체적인 환경, 사회, 거버넌스(투명경영 또는 지배구조) 개선에 국한되지 않아야 한다. 오히려 지역사회 기업들의 ESG 경영을 촉진하고 지원하는 역할에 더 큰 비중을 두어야 한다. 일반 기업이 ESG의 실행자라면, 공공기관은 ESG의 촉진자(액셀러레이터) 역할을 수행해야 한다.

공공기관의 ESG 촉진자 역할

(1) ESG 정보 및 지식 허브 구축

공공기관은 ESG 관련 정보와 지식을 집약하고 공유하는 허브 역할을 해야 한다. 이를 위해 다음과 같은 활동이 필요하다.
- ◇ ESG 관련 최신 동향 및 정책 정보 제공
- ◇ ESG 경영 우수 사례 발굴 및 공유
- ◇ ESG 관련 교육 프로그램 개발 및 운영

(2) ESG 네트워크 구축 및 협력 촉진

지역 내 기업들의 ESG 협력을 위한 플랫폼을 제공해야 한다. 주요 활동은 다음과 같다.
- ◇ ESG 협의체 구성 및 운영
- ◇ 기업 간 ESG 협력 프로젝트 지원
- ◇ ESG 관련 콘퍼런스 및 포럼 개최

(3) ESG 금융 지원 및 연계

ESG 경영을 실천하는 기업들에 대한 금융 지원을 확대해야 한다. 구체적인 방안은 다음과 같다.
- ◇ ESG 연계 대출 및 보증 프로그램 운영
- ◇ ESG 투자 펀드 조성 및 운용
- ◇ ESG 채권 발행 지원

(4) ESG 평가 및 인증 시스템 구축

지역 기업들의 ESG 성과를 객관적으로 평가하고 인증하는 시스템을 구축해야 한다.

주요 내용은 다음과 같다.
- ◇ 지역 특성을 반영한 ESG 평가 지표 개발
- ◇ ESG 성과 평가 및 인증 제도 운영
- ◇ ESG 우수 기업 포상 및 인센티브 제공

(5) **ESG 기술혁신 지원**

ESG 관련 기술혁신을 지원하고 촉진하는 역할을 해야 한다.
구체적인 방안은 다음과 같다.
- ◇ ESG 관련 R&D 지원 프로그램 운영
- ◇ ESG 기술 실증 사업 추진
- ◇ ESG 스타트업 육성 및 지원

공공기관이 ESG 촉진자 역할을 수행함으로써 다음과 같은 효과를 기대할 수 있다.
- ◇ 지역 전체의 ESG 수준 향상
- ◇ 지역 기업의 경쟁력 강화 및 지속가능성 제고
- ◇ ESG 관련 일자리 창출 및 신산업 육성
- ◇ 지역사회의 환경 개선 및 사회적 가치 창출
- ◇ 국가 전체의 ESG 경쟁력 향상

공공기관의 ESG 경영은 자체적인 개선을 넘어 지역사회 전체의 ESG 발전을 이끄는 촉진자 역할로 확장되어야 한다. 이는 공공기관의 존재 이유와 부합하며, 국가의 지속가능한 발전에 크게 기여할 수 있다. 따라서 공공기관은 ESG 경영의 실행자이자 촉진자로서의 역할을 균형 있게 수행하며, 지역사회와 함께 성장하는 ESG 생태계를 구축해 나가야 한다.

PART 2

ESG 경영의 필요성(Why ESG?)

✒ ESG는 조직의 생존과 성장을 결정하는 중요한 경영 원칙으로 자리 잡았다. 기업의 경영 성과가 주로 재무적인 지표에 의존했던 과거와 달리 이제는 비재무적인 요소들이 기업의 가치를 평가하는 핵심 기준으로 떠오르고 있다. ESG 경영을 실천하지 않는 기업은 〈표2-1〉과 같이 자금조달 실패 위험, 공급망 탈락 위험, 소비자 이탈 위험, 공공입찰 불이익 우려 등의 위험이 있다. 금융투자자의 자금 회수, 글로벌 규제, 국내법의 규제, 소비자 이탈에 직면하여 시장에서 도태될 수 있다.

〈표2-1〉 Why ESG?

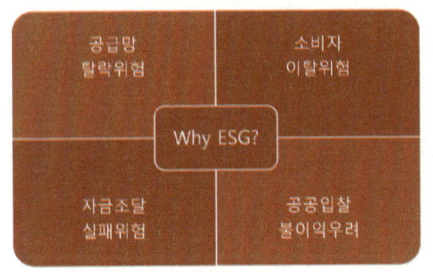

〈출처: 중소벤처기업부〉

특히 글로벌 공급망에 참여하고자 하는 기업이라면 ESG 기준을 충족하지 못할 경우 거래 자체가 배제될 수 있다. 국내외 대기업들도 협력업체 선정 시 ESG 평가를 강화하고 있어, 중소기업 역시 이에 대한 전략을 갖추지 않으면 생존이 위협받을 수 있다. 반면, ESG경영을 잘하는 기업은 좋은 조건의 투자자금이 증가하고, 바이어와 거래처의 주문이 증가하며 유능한 인재들이 모여들어 지속성장의 기회를 맞게 된다. 취업도 창업도 생산도 수출도 ESG속에 답이 있다. ESG도 양극화시대 선택은 당신의 몫이다!

01 자금 조달 실패 위험

1. ESG 금융투자 패러다임의 변화

　과거와 달리 투자자들이 기업의 장기적인 성장 가능성을 평가할 때 ESG를 중요한 요소로 고려하고 있다. 신한금융그룹의 ESG 보고서에서 제시된 사례를 살펴보자. 〈표2-2〉는 신한금융그룹의 자산을 탄소배출과 관련된 업종에 어떻게 분배하고 있는지를 섹터별로 보여주고 있다. 신한금융그룹은 탄소배출이 많은 기업에 대한 대출 등 자산 비중을 단계적으로 줄여나가 2050년까지 탄소중립(Net Zero)을 달성하고자 한다. 이는 '과학기반 감축목표 이니셔티브(Science Based Targets Initiative, SBTi)'의 2℃ 시나리오에 맞춰 계획된 것이다. 다시 말해, 탄소배출이 많은 기업에 대한 자금 지원을 점차 줄이겠다는 것이다. 기업 입장에서 보면 탄소배출을 줄이지 않으면 자금 지원이 끊기게 되고, 이는 사업 확장이나 긴급한 자금 회전이 필요할 때 큰 어려움을 겪게 될 수 있음을 의미한다.

<표2-2> 그룹자산 포트폴리오

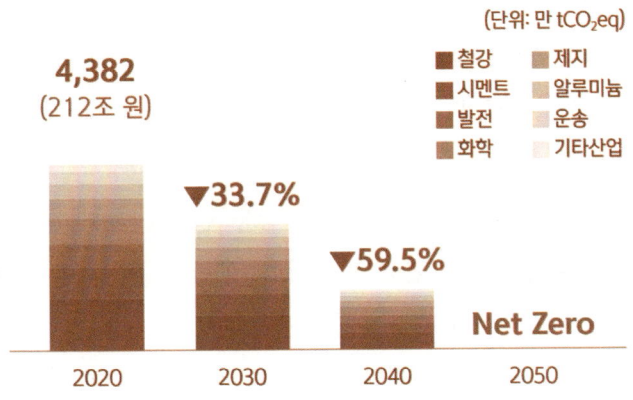

<출처: 신한금융그룹 ESG 보고서 2023, 2024.06. 발간>

<표2-3> 전환금융정책_녹색금융

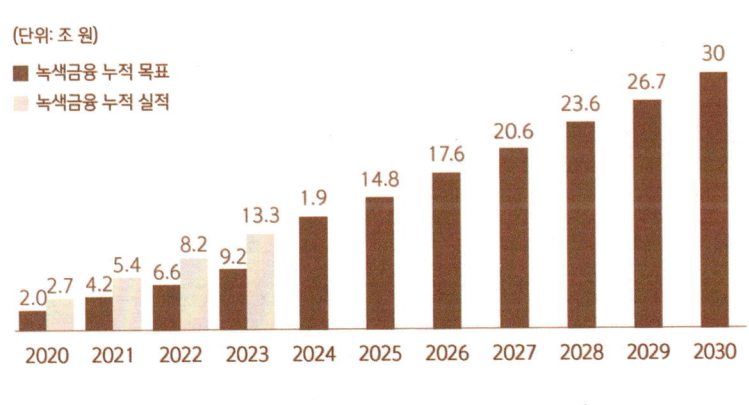

<출처: 신한금융그룹 ESG 보고서 2023, 2024.06. 발간>

반대로, <표2-3>의 의미는 <표2-2>에서와 같이 탄소배출이 많은 기업의 대출금을 점차 회수하여 어떻게 친환경 기업으로 재분배할 계획인지를 보여준다. 탄소배출이 많은 업종에서 회수한 자금을 탄소배출이 적

거나 친환경적인 활동을 수행하는 기업에 지원하는 것이다.

이를 통해 탄소배출이 적은 기업들은 자금 조달이 더 쉬워지고, 추가적인 성장 동력을 확보할 수 있게 된다. 이러한 변화는 ESG 경영이 단지 환경보호를 위한 구호에 그치는 것이 아니라 실제 금융시장에서 자금의 흐름을 바꾸는 강력한 요인이라는 것을 보여준다.

또한 사회적 책임과 관련한 이슈들도 금융 투자에 영향을 미쳤다. 노동자의 인권, 안전한 작업 환경, 지역사회와의 관계 등 사회적 요인이 기업의 리스크 관리와 가치 평가에 중요한 요소로 자리 잡았다. 기업의 사회적 책임 이행은 내부 직원뿐만 아니라 외부 이해관계자들과의 관계에서도 중요한 역할을 한다. 기업이 공정한 임금 지급, 안전한 작업 환경 조성, 지역사회 공헌 등을 통해 사회적 책임을 이행할 때, 이는 기업의 장기적인 안정성에 긍정적인 영향을 미친다. 이러한 사회적 책임은 기업의 리스크를 줄이는 동시에 소비자와 투자자들의 신뢰를 높이는 역할을 한다. 실제로 많은 글로벌 기업들이 사회적 책임을 강화하기 위해 다양한 프로그램과 정책을 시행하고 있으며, 이는 투자자들에게 긍정적인 평가를 받는 중요한 요소로 작용하고 있다.

지배구조(Governance) 문제도 투자자의 관심을 끌었다. 기업의 투명한 경영과 윤리적 의사결정 구조는 기업 가치에 큰 영향을 미친다. 기업의 부패나 비윤리적 행위는 단순히 사회적 비난을 받는 데 그치지 않고 기업의 재무적 손실로 이어질 수 있다. 이에 따라 투자자들은 투명한 지배구조를 갖춘 기업에 더 많은 관심을 기울이게 되었다.

2. 이해관계자 자본주의와 투자자의 ESG 요구

주주 자본주의(Shareholder Capitalism)는 기업의 주요 목적을 주주가치 극대화에 두지만, 이해관계자 자본주의(Stakeholder Capitalism)는 주주뿐만 아니라, 투자자, 직원, 고객, 협력사 등 모든 이해관계자의 이익을 함께 고려하는 경영철학을 말한다. 투자자들이 ESG를 요구하게 된 배경은 〈표2-4〉와 같이 이해관계자 자본주의 대두와 금융시장에서 ESG의 중요성이 부각되면서 시작되었다. 투자자들은 단기적인 수익보다는 장기적인 안정성과 지속가능한 성장을 점점 더 중요하게 여기기 시작했다. 이는 특히 환경적, 사회적 리스크가 기업의 장기적인 성장과 생존에 미치는 영향을 고려할 때 더욱 뚜렷해졌다.

〈표2-4〉 기존 경영활동과 ESG 경영활동의 비교

기존 경영활동	VS	ESG 환경의 경영활동
주주 (Shareholder) 자본주의		이해관계자 (Stakeholder) 자본주의
주주		주주, 고객, 직원, 협력사, 지역사회 등
단기적 수익		장기적 수익
재무적 관점		재무적 관점 + 비재무적 관점
재무재표 공시		재무재표 공시 + 지속가능경영보고서
# 주주 이익 극대화 경영 철학 → 돈을 얼마나 벌었는가		# 주주뿐만 아니라 고객, 직원, 협력사등 다양한 이해관계자의 이익을 고려하는 경영철학 → 돈을 어떻게 벌었는가

단기적 성과에 집중하며 비용 절감을 위해 환경 규제를 소홀히 하거나 사회적 책임을 무시하는 경우, 이는 장기적으로 기업의 평판에 타격을 주고 소비자 이탈로 이어질 수 있다. 반면에 장기적인 성과를 추구하는 기업은 환경적, 사회적, 지배구조적 측면에서 지속가능 경영을 실천함으로

써 안정적인 수익을 창출하고, 외부 리스크에도 더욱 탄력적으로 대응할 수 있다.

장기적인 성과를 중시해야 하는 이유를 단기 다이어트에 비유해서 설명할 수 있다. 단기 다이어트는 빠른 체중 감량을 목표로 한다. 식사량을 극단적으로 줄이거나 과도한 운동을 통해 빠르게 몸무게를 줄일 수 있다. 하지만 이런 방식은 몸에 무리를 주고, 피로와 스트레스를 유발해 장기적으로 지속하기 어렵다. 몸은 스트레스 상황에서 적응하려고 하며, 결국 요요 현상으로 체중이 다시 늘어나거나 건강이 악화되는 부작용을 겪게 된다.

기업의 단기적인 성과 추구도 이와 유사하다. 빠른 이익을 위해 비용을 줄이고, 환경 규제를 무시하거나, 직원 복지를 소홀히 하는 경우 단기적으로는 수익을 올릴 수 있을지 모르지만, 장기적인 성장을 저해하는 결과를 초래할 수 있다. 직원들의 사기가 떨어지거나 소비자들이 기업의 비윤리적인 경영 방식에 반발하면서 불매 운동이 일어나는 등 부정적인 결과가 생길 수 있다. 이는 결국 기업이 오히려 더 큰 손실을 입게 되는 원인이 된다.

투자자들은 단기적인 성과보다는 장기적인 성과를 중시함으로써 지속 가능한 미래를 구축하고자 한다. 이는 기업이 단기적인 이익 추구에만 몰두하지 않고, 환경적, 사회적, 지배구조적 요소들을 고려한 종합적인 경영을 하도록 압박하는 중요한 계기가 되었다.

3. 자금 조달 실패 사례와 성공 사례

ESG 경영의 중요성은 자금 조달의 측면에서도 분명히 드러난다. ESG를 실천하지 않았을 때 기업이 직면하는 자금 조달의 어려움은 점점 커지고 있다. 이는 투자자들이 환경, 사회적 책임, 지배구조와 관련된 리스크를 회피하려 하기 때문이다. 반면, ESG 경영을 충실히 실천하는 기업은 투자자들로부터 긍정적인 평가를 받으며, 자본 조달에도 유리한 위치를 차지하게 된다. ESG 경영을 하지 않았을 때와 실천했을 때 각각 자금 조달에 어떤 영향을 미쳤는지 국내 사례를 통해 구체적으로 살펴보겠다.

H 전력은 탄소배출 감축과 재생 가능 에너지 전환과 같은 ESG 경영 요소를 충분히 고려하지 않은 결과로 인해 자금 조달에 어려움을 겪었던 대표적인 사례이다. H 전력은 국내에서는 석탄발전소 비중을 줄이며 점차 친환경 경영을 도입하는 모습을 보였다. 하지만 해외에서는 상황이 달랐다. 베트남과 인도네시아에 석탄화력발전소 건설을 발표하며, 글로벌 투자자들에게 부정적인 신호를 보냈다. 전 세계적으로 석탄과 같은 화석연료를 줄이고 재생에너지로의 전환을 추구하는 상황에서, H 전력의 이러한 행보는 지속가능 경영과 거리가 멀다는 평가를 받았다.

〈표2-5〉 H 전력 주가 추이

〈출처: 네이버파이낸셜(주)〉

 이로 인해 주요 글로벌 투자자들은 H 전력에 대한 투자 철회를 결정했고, 이는 자금 조달 실패로 이어졌다. 결국 H 전력은 이러한 부정적인 투자자의 반응에 대응하기 위해 해외 석탄화력발전소 건설 계획을 축소하고, 국내외에서 재생에너지 프로젝트로의 전환을 시도하는 방향으로 전략을 수정했다. 이 과정에서 H 전력은 친환경 경영의 중요성을 인식하고 뒤늦게 재생 가능 에너지 투자 확대와 같은 ESG 경영의 방향을 강화하는 조치를 취했다.

 〈표2-5〉에서 알 수 있듯이, ESG 경영을 소홀히 하면 기업은 자금 조달에 있어서 투자자들로부터 외면받고 자금을 회수당할 수 있다. 이는 단기적인 자금 흐름을 악화시키고 기업의 미래 성장 가능성에도 큰 타격을 입을 수 있다.

Q 회사는 H 그룹의 태양광 사업 부문으로, 친환경 에너지 솔루션을 제공하는 데 중점을 두고 있다. 그러나 H 그룹의 방산 사업에서의 분산탄(Cluster Munition) 제조로 인해 ESG 측면에서 부정적인 평가를 받은 사례가 있다. 분산탄은 여러 개의 소형 폭발물을 포함한 탄약으로, 광범위한 지역에 퍼져 인명 피해를 발생시킬 수 있는 무기이다. 특히, 이 무기는 집속탄금지협약(Cluster Munitions Convention)에 의해 규제되었으며, 사용 후 미폭발 소형 탄약이 민간인에게 치명적인 위협을 초래할 수 있다는 이유로 국제적으로 금지된 무기 중 하나로 간주되고 있다. H 그룹이 분산탄 제조를 지속하면서 많은 국제적 투자자들은 자금 투자를 꺼리게 되었다. ESG 경영을 중시하는 투자자들은 인권과 안전을 위협하는 분산탄 제조가 기업의 사회적 책임에 반하는 행위라고 판단했고, 이에 따라 H 그룹의 자금 조달에 어려움을 겪게 했다. 이후 이러한 부정적 평가를 극복하기 위해 분산탄 사업을 매각하고, 친환경 및 사회적 책임을 강화하는 방향으로 ESG 경영을 실천하려는 노력을 기울였다. 이 사례는 무기 제조와 같은 사회적 책임에 어긋나는 사업이 자본시장에서 기업의 평가와 자금 조달에 얼마나 부정적인 영향을 미치는지를 보여준다.

K 금융그룹은 기존의 금융업 관행을 따르다 보니 지속가능성 전략이 부족하여 투자자들이 장기적 투자 결정을 내리기에 한계가 있었다. 그러나 ESG 경영 도입 후, 장기 투자자 비율이 증가했다. 이는 이해관계자가 요구하는 지속가능성 전략을 이행하고, ESG 경영 보고서를 발행하며 장기적인 비전과 목표를 명확히 했기 때문이다. ESG 관련 자산도 증가하며 자금 조달에 큰 성과를 거두었다. 금융 서비스 제공 과정에서 환경적, 사회적 책임을 다하기 위해 다양한 친환경 금융 상품을 출시하

고, 예를 들어 '그린 리모델링 대출'과 '전기차 구매 금융 상품' 등을 선보였다. 또한 기업 대출 시에도 ESG를 중요한 기준으로 삼았다. 이러한 노력은 투자자들에게 긍정적인 평가를 받았고, 특히 국제 금융기관들로부터 그린 파이낸스와 관련된 자금을 유치하는 데 성공했다. 이로 인해 기존보다 20% 이상의 추가 자금을 조달할 수 있었다. K 금융그룹은 또한 탄소배출을 줄이기 위한 내부적인 노력도 병행하여, ESG 경영의 전반적인 수준을 높였다. 이러한 결과로 K 금융그룹은 글로벌 투자자들에게 신뢰를 주었고, 이는 자금 조달에서 경쟁 우위를 확보하는 중요한 요인이 되었다.

02 공급망 탈락 위험

1. 파트너십에서의 ESG 규제 변화

글로벌 가치 사슬이 복잡해짐에 따라, 기업들은 단순히 자사만의 ESG 경영을 넘어 협력사와 공급망 전체에 걸쳐 지속가능 경영을 요구하게 되었다. 이는 공급망의 모든 구성원이 ESG 기준을 충족해야만 전체적인 지속가능성을 확보할 수 있기 때문이다. 파트너십에서 ESG 요구가 높아지는 이유는 기업의 리스크 관리와 장기적인 안정성 확보와도 밀접한 관련이 있다.

유럽연합은 공급망에서 인권 및 환경 관련 리스크를 줄이기 위해 '공급망 실사 지침'을 도입했다. 유럽연합의 공급망 실사 지침(EU Corporate Sustainability Due Diligence Directive)은 기업이 자사의 공급망 전반에 걸쳐 인권 침해나 환경 파괴가 발생하지 않도록 사전에 실사를 수행하고, 이를 방지하기 위한 조치를 취하도록 의무화하고 있다. 이로 인해 유럽 내에서 사업을 영위하는 기업뿐만 아니라, 그들과 파트너 관계에 있는 글로벌 공급망 구성원들도 ESG 기준을 충족하지 않을 경우 벌금 부과, 계약 해지 등의 규제를 받는 압력을 받고 있다.

미국 증권거래위원회(SEC)는 기업에 탄소배출량과 관련된 정보를 투명하게 공개하도록 하는 규제를 강화했다. 미국의 배출량 보고 의무 강화(SEC Climate Disclosure Rule) 규제는 기업의 직간접적인 탄소배출량을 보고하도록 요구하며, 이를 통해 기업들로 하여금 자사뿐만 아니라 협력사들 역시 탄소배출 감축 노력을 기울이도록 압력을 가하고 있다.

2. 공급망 리스크 관리

공급망 리스크 관리는 ESG 경영에서 매우 중요한 요소로 자리 잡고 있다. 환경 측면에서 공급망의 리스크는 주로 탄소배출, 자원 낭비, 환경오염과 관련되어 있다. 특정 협력업체가 환경 규제를 지키지 못하거나, 불법적인 자원 채굴을 통해 공급망에 자원을 제공할 경우, 이는 기업의 환경적 성과에 악영향을 미치고 기업의 지속가능성을 위협한다. 따라서 기업은 공급망에서 환경 관련 리스크를 최소화하기 위해 파트너사와의 협력을 강화하고, 지속가능한 공급망 관리 시스템을 구축해야 한다.

사회적 측면에서 공급망 리스크는 노동 인권 문제, 작업 환경의 안전성, 그리고 지역사회와의 관계에서 발생한다. 따라서 기업은 협력사에 대한 철저한 실사(due diligence)와 모니터링을 통해 이러한 리스크를 미리 파악하고 예방해야 한다.

지배구조 측면에서 공급망 리스크는 협력사와의 투명한 거래, 부패 방지, 그리고 윤리적 경영과 관련되어 있다. 협력사에서의 부정행위나 비윤리적인 비즈니스 관행은 기업의 지배구조 투명성을 위협하고, 자금 조달 및 투자자의 신뢰에 부정적인 영향을 미칠 수 있다. 리스크를 관리하기 위해 파트너사와의 계약에 ESG 기준을 명시하고, 정기적인 감사와 모니터링을 통해 투명성을 확보해야 한다.

공급망 리스크 관리는 기업이 지속가능한 성장을 이루기 위해 필수적이며, 이를 위해 다양한 전략과 도구를 활용해야 한다. 기업은 기술을 활용하여 공급망의 투명성을 강화할 수 있다. 예를 들어, 블록체인 기술을 사용하여 공급망 내 모든 거래와 자원의 이동을 투명하게 추적할 수 있다. 이를 통해 협력사들이 ESG 기준을 준수하고 있는지 실시간으로 모니터링할 수 있으며, 공급망에서 발생할 수 있는 리스크를 조기에 감지하고 대응할 수 있다. 또한 정기적인 교육과 훈련을 통해 협력사와 직원들에게 ESG 경영의 중요성을 알리고, 이를 실천하기 위한 역량을 강화하는 것도 중요하다.

3. 공급망 리스크 관리 사례

애플(Apple)은 2017년에 공급망에서 환경 규제를 위반한 협력사를 제외한 바 있다. 이 협력사는 배터리 부품을 생산하던 중소기업으로, 제조 과정에서 유독 물질을 제대로 처리하지 않아 지역 환경에 오염을 유발한 것이 문제였다. 애플은 자사의 환경 보호 방침에 따라 이러한 협력사를 공급망에서 탈락시켰다. 이 협력사는 공급망 탈락 이후 자금난에 직면해 약 200명의 직원이 상당한 기간 동안 일자리를 잃거나 불안정한 상태에 처하게 되었고, 기업 운영에 큰 어려움을 겪었다.

이케아(IKEA)는 2020년에 인도에 위치한 한 협력사를 공급망에서 탈락시켰다. 해당 협력사는 목재 가구를 제작하던 중소기업으로, 직원들에게 적절한 임금을 제공하지 않고 노동 시간을 초과하여 작업을 시켰다는 이유로 문제가 되었다. 이케아는 공정한 노동 기준을 준수하지 않는 기업과의 관계를 유지할 수 없다고 판단해, 협력사와의 거래를 중단했다. 해당 협력사의 규모는 약 500명의 직원이 근무하고 있었으며, 탈락 이후 큰 경제적 타격을 입었다.

스타벅스(Starbucks)는 2019년 에티오피아에 위치한 원두 공급업체를 공급망에서 제외했다. 이 공급업체는 원두를 생산하는 과정에서 물 사용량을 줄이지 않아 지역 주민들에게 물 부족 문제를 야기했다. 스타벅스는 지속가능한 농업을 중요하게 여기며, 이러한 문제를 해결하지 않는 협력사와의 거래를 지속할 수 없다고 판단했다.

삼성전자는 협력사의 ESG 성과를 평가하고 관리하기 위해 정기적인 평가 시스템을 운영하고 있다. 이를 통해 협력사들이 환경 규제를 준수하고, 노동자의 인권을 보호하는지를 체계적으로 관리하며, 성과가 미흡한 협력사에는 개선 계획을 요구하고 있다. 개선 계획에는 구체적인 목표와 실행 기한이 포함되며, 협력사는 이를 달성하기 위해 정기적인 보고서를 제출하고, 기업의 전문가와 협력하여 문제를 해결해야 한다. 또한 개선 계획의 이행 상황을 주기적으로 점검하고, 필요할 경우 추가적인 지원을 제공함으로써 협력사의 실질적 개선을 돕고 있다.

이와 같은 사례들은 글로벌 대기업들이 ESG 기준을 준수하지 않는 협력사들을 공급망에서 제외함으로써 환경적 리스크, 사회적 리스크, 그리고 법적 리스크를 줄이고, 브랜드 가치를 보호하고자 한다는 것을 보여준다. 이는 기업이 장기적으로 환경적, 사회적 책임을 다하지 않으면 평판 손상, 법적 처벌, 소비자 불매 운동 등으로 인해 심각한 재정적 손실과 시장에서의 경쟁력 상실을 겪게 될 수 있기 때문이다.

03 소비자 이탈 위험

1. 소비자 요구와 ESG 트렌드

현대 소비자는 단순히 제품의 가격과 품질만을 고려하지 않고, 기업이 얼마나 윤리적이고 환경적으로 책임 있는 경영을 실천하고 있는지도 중요하게 생각한다. 특히, 밀레니얼 세대와 Z세대는 환경, 사회적 책임, 지배구조와 관련된 기업의 활동을 평가하여 구매 결정을 내리는 경향이 크다. 이들은 지속가능성을 추구하며, 자신들이 소비하는 제품과 서비스가 긍정적인 사회적 영향을 미치기를 바라고 있다. 이와 같은 소비자 요구는 ESG 경영이 선택이 아닌 필수가 되는 주요한 이유로 작용하고 있다.

환경 측면에서는 소비자들이 기후 변화 문제에 대한 인식이 높아짐에 따라, 탄소배출을 줄이고 재생 가능 에너지를 사용하는 기업의 제품을 선호하는 경향이 나타나고 있다. 전기차와 같이 탄소배출이 적거나 없는 제품의 수요가 증가하고 있으며, 플라스틱 사용을 줄이는 친환경 포장재를 사용하는 제품에 대한 소비자 선호도도 높아지고 있다. 또한 소비자들은 재활용 소재를 사용한 제품이나 생분해성 포장재를 사용하는 기업을 더욱 선호하고 있다. 이러한 변화는 기업들이 환경적 책임을 다하기 위한 지속가능한 제품 개발과 혁신적인 솔루션을 도입하는 데 중요한 역할을 하고 있다.

사회적 측면에서는 소비자들이 기업의 사회적 책임에 주목하고 있다. 노동자의 권리 보호, 안전한 작업 환경, 공정 무역 등이 소비자들의 구매

결정을 좌우하는 중요한 요소가 되고 있다. 특히 아동노동이나 부당한 노동 조건을 사용하는 기업에 대한 소비자 불매 운동이 활발하게 일어나면서, 기업들은 공급망 전반에서 사회적 책임을 강화하기 위한 노력을 기울이고 있다. 나이키는 과거 아동노동 문제로 비난받은 후, 협력사에 대한 철저한 실사와 감사를 통해 노동 조건을 개선하고, 공정한 임금 지급을 보장하는 등 사회적 책임을 강화했다. 이와 같은 조치는 소비자들에게 긍정적인 반응을 이끌어내며, 기업의 신뢰 회복에 중요한 역할을 했다.

지배구조 측면에서도 투명성과 윤리적 경영은 소비자들이 기업을 선택하는 중요한 기준이 되고 있다. 특히 최근 몇 년 동안 많은 기업이 부패나 비윤리적인 경영으로 인해 소비자의 신뢰를 잃는 사례가 발생했다. 소비자들은 기업이 윤리적이고 투명한 경영을 실천하고 있는지를 주의 깊게 살펴보고, 이에 따라 제품이나 서비스를 선택한다. 기업이 경영 투명성을 높이기 위해 정기적으로 재무 및 ESG 보고서를 공개하고, 이해관계자와의 소통을 강화하는 경우, 소비자들로부터 더 높은 신뢰를 얻게 된다. 이는 기업이 외부와 투명하게 소통하고, 내부적으로도 윤리적인 경영을 실천하고 있다는 신호로 작용한다.

이러한 ESG 트렌드는 소비자들의 요구에 의해 강화되고 있으며, 기업이 지속가능성을 중심으로 혁신하고 경쟁력을 확보하는 데 중요한 동력이 되고 있다. 소비자 요구와 ESG 트렌드는 상호 보완적으로 작용하며, 기업의 장기적인 성공을 위한 필수적인 요소로 자리 잡고 있다. 소비자는 단순히 제품을 구매하는 것이 아니라, 자신의 가치관에 부합하는 기업의 제품과 서비스를 선택하고자 한다. 따라서 기업은 ESG 경영을 통해 소비자 요구를 충족시킴으로써 브랜드 가치를 높이고, 지속가능한 경쟁 우위를 확보할 수 있다. 소비자들은 자신이 지지하는 가치를 실현하는 기업을 선택함으로써, 사회적 변화에 기여하고자 하는 의지를 표명하고 있으며, 이는 기업에도 지속가능한 발전을 위한 강력한 동기 부여가 된다.

2. 소비자 이탈 사례

P 계열사를 둔 거대 기업 S 그룹은 2023년 제빵 공장에서 발생한 안전사고로 인해 소비자들의 큰 반발을 초래했다. 한 근로자가 작업 도중 기계에 끼여 사망하는 사고가 발생했다. 사건이 발생한 이후, S 그룹은 즉각적인 안전 대책을 마련하지 못하고 사후 대응에 실패하면서 소비자들의 불매 운동이 이어졌다. 소비자들은 근로자의 안전을 소홀히 하고, 사건 발생 후에도 투명하고 신속한 대응을 보이지 않은 S 그룹의 태도에 대해 큰 실망을 느꼈다. 특히 이러한 무책임한 대응은 기업이 노동자를 보호하지 않는다는 인식을 심어주었고, 이는 소비자들 사이에서 불매 운동으로 이어졌다. 소비자들은 안전을 보장하지 않는 제품을 구매하지 않겠다는 의지를 보였고, 이는 S그룹의 매출 감소와 브랜드 이미지 훼손으로 직결되었다.

D 항공의 '땅콩 회항' 사건은 내부적인 지배구조 문제와 고객 서비스의 미흡함을 여실히 보여준 사건이었다. 당시 D 항공 부사장은 항공기 내에서 승무원의 서비스 방식에 불만을 품고, 이륙 직전 비행기를 회항시키는 무리한 행동을 했다. 부사장의 권위적이고 감정적인 행동은 D 항공의 기업 문화가 권위적이고 비민주적이라는 인식을 불러일으켰고, 이는 D 항공의 브랜드 이미지에 부정적인 영향을 미쳤다. 고객들은 이러한 기업에서 제공하는 서비스에 대해 신뢰할 수 없다고 느끼게 되고, 고객을 무시하는 태도를 보면서 불매 운동을 시작했으며, 이는 D 항공의 이미지에 큰 타격을 주었다.

폭스바겐의 2015년에 발생한 배기가스 조작 사건은 전 세계적으로 큰 파장을 일으켰다. 폭스바겐은 자사 차량의 배기가스 배출량을 줄이기 위해 불법적인 소프트웨어를 설치하여 실제 배출량을 속이는 방식으로 환경 규제를 회피했다. 이 사실이 밝혀지면서 소비자들은 폭스바겐이 환경적 책임을 외면하고, 윤리적 경영을 저버린 것에 대해 큰 실망을 느꼈다. 소비자들은 자신들이 신뢰하고 있던 브랜드가 거짓된 정보를 제공하고, 환경을 파괴하는 행위를 저질렀다는 사실에 충격을 받았다. 이는 폭스바겐이 책임 있는 기업이 아니라는 인식을 심어주었고, 소비자들은 이에 대한 반발로 불매 운동을 벌였다.

이 세 가지 사례는 기업들이 ESG 경영을 소홀히 했을 때 소비자 신뢰와 기업 평판에 얼마나 큰 타격을 입힐 수 있는지를 명확히 알 수 있고, 지속가능 경영이 선택이 아닌 필수임을 시사한다.

3. 소비자 이탈 방지 전략

소비자의 요구와 기대를 충족시키고, 장기적인 고객 충성도를 확보함으로써 소비자 이탈을 방지하는 주요 전략들을 살펴보자.

첫째, 투명성과 신뢰 구축이다. 기업이 소비자와 신뢰를 유지하려면 투명한 정보 공개가 필수적이다. 소비자들은 기업의 환경적, 사회적 책임을 확인할 수 있는 자료를 원하며, 이를 위해 기업은 정기적으로 ESG 보고서를 발행하고 성과와 목표를 공개해야 한다. 문제가 발생했을 때 신속하게 상황을 공유하고, 개선 계획을 투명하게 밝히는 것이 신뢰를 유지하는 핵심이다. 기업은 사회적 이슈에 대해 소비자와 적극적으로 소통하고 의견을 반영해야 한다. 이를 통해 소비자와의 거리감을 줄이고 파트너로서 함께 성장하는 인식을 줄 수 있다.

둘째, 사회적 책임과 소비자 참여 유도이다. 기업이 사회적 책임을 다하는 모습을 보여줌으로써 소비자와의 유대감을 강화할 수 있다. 소비자들이 친환경 캠페인, 자원봉사 등 사회적 책임 활동에 직접 참여할 기회를 제공하면 소비자 충성도가 높아진다. 이는 소비자들이 기업의 가치 실현에 기여하는 구성원으로 느끼게 해 소비자 이탈을 방지한다. 또한 공정 무역 인증, 윤리적 공급망 구축 등 지속가능한 방식으로 생산된 제품을 제공함으로써 소비자들이 기업을 윤리적이고 책임감 있는 브랜드로 인식하게 만들 수 있다. 예를 들어, 스타벅스는 편리한 플라스틱 빨대를 약간 불편한 종이 빨대로 변경하면서 소비자들이 그들의 사회적 책임을 직접 체감할 수 있게 한다. 지속가능한 혁신을 통해 소비자 참여를 이끌어 내고, 사회적 가치를 창출하는 제품과 서비스를 제공하는 것이 소비자 충성도를 높이고 이탈을 방지하는 핵심적인 방법이다.

셋째, 서비스 개선과 맞춤형 경험 제공이다. 문제 발생 시 신속하고 친절한 대응은 기업에 대한 긍정적인 이미지를 유지하는 데 필수적이며, 맞춤형 경험 제공은 소비자 충성도를 높이는 효과적이다. 빅데이터와 인공지능(AI)을 활용해 소비자 선호도와 구매 이력을 분석하고, 맞춤형 제품 추천이나 개인화된 혜택을 제공함으로써 소비자들에게 특별한 대우를 받는다는 느낌을 줄 수 있다. 전자상거래 플랫폼은 고객의 검색 및 구매 이력을 바탕으로 맞춤형 상품 추천을 제공하고, 헬스케어 산업에서는 맞춤형 건강 관리 프로그램을 제안하여 소비자 참여를 유도한다. 소비자의 의견을 반영해 서비스나 제품을 개선하면 소비자들에게 긍정적인 경험을 제공하며, 이탈 방지에 큰 도움이 된다.

04 공공입찰 불이익과 규제강화

1. ESG 규제강화와 공공입찰 불이익

2023년부터 정부는 ESG 규제를 강화하고 있으며, 이에 따라 공공입찰 과정에서도 ESG 요소가 중요한 평가 기준으로 자리 잡고 있다. 과거에는 공공입찰에서 주로 가격 경쟁력이 중요하게 여겨졌지만, ESG 경영의 중요성이 높아짐에 따라 현재는 지속가능성에 대한 기업의 노력도 중요한 평가 요소로 반영되고 있다. 이러한 변화는 공공자금이 사용되는 프로젝트에서 사회적 가치와 지속가능성을 강조하기 위한 정부의 노력으로, 기업에도 큰 영향을 미치고 있다.

ESG 규제강화는 공공 프로젝트에 참여하려는 기업에 중요한 기회와 도전을 제공한다. ESG 기준을 충족하지 못하는 기업은 입찰 과정에서 가산점을 못 받을 수 있으며, 환경 관련 규제를 지키지 않거나 노동 조건 개선을 소홀히 하는 기업들은 공공입찰에 참여할 수 있는 기회 자체를 상실할 위험이 크다. 최근의 공공 건설 프로젝트에서는 입찰 기업이 얼마나 재생 가능 에너지를 사용하는지, 폐기물 관리를 어떻게 하고 있는지 등 환경적 책임을 명확히 요구하고 있다.

또한 사회적 책임의 측면에서도 정부는 입찰 기업이 지역사회에 기여하는 활동을 중요하게 평가하고 있다. 이는 공공자금이 투입되는 프로젝트가 단순히 경제적 이익을 창출하는 데 그치지 않고, 지역사회의 발전과 긍정적인 사회적 영향을 끼치기를 기대하기 때문이다. 따라서 기업이 이러한 요구를 충족하지 못한다면 공공입찰에서 탈락할 가능성이 크며, 이는 기업의 장기적인 성장 기회에 부정적인 영향을 미친다.

ESG 요소 충족을 위한 전략적 접근을 위해서는 기업들이 내부적으로 환경 관리 시스템을 강화하고, 사회적 책임을 다하기 위한 구체적인 프로그램(재활용 촉진 프로그램, 사회적 약자 지원 프로그램 등)을 운영해야 한다. 환경적으로는 탄소배출량 감축 목표를 설정하고 이를 성실히 이행하는 것이 필요하며, 사회적으로는 지역사회 지원이나 노동자의 복지 향상에 적극적으로 참여하는 것이 중요하다. 또한 지배구조 측면에서 투명성을 높이기 위해 정기적인 감사와 정보를 공개하는 것이 필수적이다.

ESG 요소 충족을 위해 기업은 사전 준비와 지속적인 개선을 위한 투자를 확대해야 한다. 공공 프로젝트에 참여하고자 하는 기업은 환경 영향을 최소화할 수 있는 기술과 프로세스를 도입해야 한다. 이는 재생 가능 에너지 사용뿐만 아니라, 자원의 효율적인 활용, 폐기물 최소화, 그리고 에너지 절감 기술 도입 등을 포함한다. 이러한 준비 과정에서 초기 비용이 발생할 수 있지만, 장기적으로는 비용 절감과 효율성 향상으로 이어질 수 있다. 기업은 이러한 지속가능한 기술 도입을 통해 공공입찰에서 더 큰 경쟁력을 가지게 된다.

또한 노동자의 복지와 관련된 ESG 요소 충족을 위해 기업은 안전한 작업 환경을 조성하고, 공정한 보상 체계를 마련해야 한다. 기업은 근로자에게 안전 교육을 정기적으로 실시하고, 작업장에서 발생할 수 있는 위험 요소를 최소화하기 위한 투자를 아끼지 않아야 한다. 이는 노동자의 권리 보호를 넘어, 전체 조직의 생산성을 높이는 중요한 역할을 한다.

공공입찰에서의 ESG 요소 충족을 위한 또 다른 중요한 전략은 협력사와의 협력 강화를 통한 ESG 기준 확립이다. 많은 공공 프로젝트에서는 입찰 기업뿐만 아니라 해당 기업과 협력하는 협력사들 또한 ESG 기준을 충족해야 한다. 기업은 협력사들과의 협력을 통해 전체 공급망에서 ESG 기준을 충족하기 위해 노력해야 하며, 이를 위해 협력사에 ESG 교육을 제공하거나 ESG 성과를 모니터링하는 시스템을 구축할 수 있다. 이러한 노력을 통해 기업은 공공입찰에서 더욱 강력한 경쟁력을 가지게 될 것이다.

이처럼 ESG 규제강화에 따라 공공입찰에서 불이익을 피하기 위해서는 기업이 경제적 이익 외에도 사회와 환경에 대한 책임을 다하는 것이 필요하다. ESG 경영을 통해 기업은 공공 프로젝트에 대한 참여 기회를 확대할 수 있을 뿐만 아니라, 장기적으로 지속가능한 경쟁력을 확보할 수 있다. 이러한 변화는 단기적인 비용 부담을 수반할 수 있지만, 궁극적으로는 기업의 평판과 시장에서의 신뢰도를 높여주며, 더 많은 비즈니스 기회를 창출할 수 있는 중요한 기반이 된다.

2. 정부의 ESG 규제강화 배경

정부가 ESG 규제를 강화하는 배경에는 여러 요인이 존재한다.

첫째, 기후변화와 환경 문제의 심각성이다. 전 세계적으로 기후변화가 심각한 문제로 대두되면서, 각국 정부는 온실가스 배출을 줄이고, 환경보전을 강화하기 위한 다양한 정책을 수립하고 있다. 한국 정부 역시 탄소중립 목표를 설정하고, 이를 달성하기 위해 기업들이 탄소배출을 감축하고 친환경 경영을 실천하도록 규제를 강화하고 있다. 이러한 환경적 요구는 단순히 법적 의무를 넘어 기업이 지속가능성을 확보하고, 국제사회에서 경쟁력을 유지하기 위한 필수 조건이 되었다.

둘째, 글로벌 규제와 ESG 가이드 준수 강화이다. EU를 포함한 주요 경제 블록은 지속가능성과 사회적 책임을 기업경영의 중요한 부분으로 보고, 이를 충족하지 못하는 기업에 대한 규제를 강화하고 있다. 유럽연합은 '그린 딜(Green Deal)'과 '지속가능 금융 공시 규정(SFDR)' 등을 통해 기업들이 환경과 사회적 책임을 명확히 하고, 이를 공개할 것을 요구하고 있다. 이러한 국제적 흐름은 한국 정부에도 영향을 미쳐, 국내기업들이 글로벌 시장에서 경쟁력을 유지하기 위해 ESG 기준을 준수하도록 요구하고 있다. 국제 무역 환경에서 ESG 미준수는 무역 장벽이 될 수 있으며, 이는 기업에 실질적인 위험으로 다가올 수 있다.

　셋째, 사회적 책임에 대한 요구 증가이다. 최근 소비자와 시민들은 기업이 단순히 이윤을 창출하는 것을 넘어서 사회적 책임을 다하기를 기대하고 있다. 기업의 윤리적 경영, 노동자 권리 보호, 그리고 지역사회 기여 등의 요소는 기업이 신뢰를 얻고, 장기적인 고객을 확보하기 위해 중요한 요인으로 자리 잡고 있다. 이러한 사회적 분위기는 정부로 하여금 기업에 대해 더 높은 수준의 ESG 기준을 요구하게 만들고 있다. 특히 국내에서도 여러 환경적 사고와 기업의 비윤리적 행위로 인한 사회적 반발이 발생하면서, 정부는 ESG 관련 규제를 통해 기업의 책임성을 높이고, 국민의 신뢰를 회복하려는 노력을 기울이고 있다.

PART 3

ESG 이슈별 주요 항목과 관리 방법

01 환경(E)의 주요 이슈와 관리 방법

1. 기후변화 대응 및 탄소배출 관리

기업들은 에너지 효율적인 설비와 기술을 도입하여 에너지 낭비를 줄이고, ISO 14001와 같은 국제 표준을 활용해 탄소배출량 목표 및 실적을 정기적으로 관리해야 한다. 탄소배출 관리는 공급망 전체에서 이루어져야 하며, 공급업체와 협력이 필수적이다. 또한 태양광, 풍력, 수력 등 재생에너지 사용 확대로 화석연료 의존도를 줄여야 한다. 한편, 탄소배출권 거래제를 활용해 경제적 이익을 얻으면서 탄소배출량을 효율적으로 관리할 수 있다.

2. 자원 효율성: 물, 에너지, 자원 사용의 최적화

자원 효율성은 지속가능 경영을 위한 핵심적인 요소이다. 기업들은 자원의 사용을 최소화하고 효율적으로 활용함으로써 비용 절감과 환경 보호를 동시에 달성할 수 있다. 자원 효율성은 물, 에너지, 원재료 등 모든 자원을 대상으로 하며, 이를 효과적으로 관리하는 것은 경쟁력을 높이는 중요한 방법이기도 하다.

물은 많은 제조 공정에서 필수적인 요소로 사용되며, 기후변화로 인해 물 부족 문제가 심화됨에 따라 그 중요성은 더욱 커지고 있다. 기업들은 물 재사용 및 재활용 시스템을 구축함으로써 물 소비를 줄이고, 물 사용의 효율성을 높일 수 있다. 폐수 처리 후 재사용하거나, 공정 중 발생하는 냉각수를 재활용하는 방식으로 물 사용량을 크게 절감할 수 있다. 이러한 노력은 지역사회 물 자원의 보호에도 기여할 수 있다.

에너지 효율성 역시 자원 효율성 관리의 중요한 요소이다. 기업들은 에너지 사용을 줄이기 위해 최신 기술과 장비를 도입하고, 에너지 효율성을 높이는 다양한 방법을 채택하고 있다. 스마트 그리드 시스템을 활용해 전력 소비를 최적화하거나, 공장의 조명과 난방, 냉방 시스템을 에너지 효율적인 설비로 교체하는 등의 노력이 있다. 또한 에너지원의 다각화를 통해 화석연료 의존도를 줄이고, 태양광이나 풍력과 같은 재생에너지를 도입함으로써 에너지 사용의 지속가능성을 높일 수 있다.

원재료의 효율적인 사용은 기업의 생산성과 직결된 중요한 부분이다. 기업들은 생산 공정에서 발생하는 원재료의 낭비를 최소화하고, 생산 공정을 최적화함으로써 자원의 사용을 줄여야 한다.

3. 폐기물 관리 및 순환경제

기업들은 먼저 폐기물 발생을 줄이기 위한 노력을 기울여야 한다. 이를 위해 제품 설계 단계에서부터 폐기물 최소화를 고려한 설계가 필요하다. 제품의 수명을 연장하거나, 수리와 재사용이 용이하도록 설계하는 방식이 있다. 이러한 설계를 통해 제품이 폐기되는 대신 더 오래 사용되거나, 수리되어 재사용될 수 있다. 또한 생산 과정에서 발생하는 폐기물을 최소화하기 위해 공정을 개선하거나, 원재료의 사용을 최적화하는 노력이 필요하다. 이를 통해 불필요한 자원 낭비를 줄이고, 폐기물 발생량을 감소시킬 수 있다.

폐기물의 재사용(Reusing)과 에너지 회수(Energy Recovery)도 중요한 관리 방법이다. 폐기물 중에서 여전히 사용 가능한 부분을 재사용하거나, 폐기물에서 에너지를 회수하는 방법을 통해 자원을 효율적으로 활용할 수 있다. 폐기물 소각 시 발생하는 열을 에너지로 회수하여 공장 내 난방이나 전력 공급에 활용하는 방식이 있다. 이를 통해 기업은 폐기물로 인한 환경 영향을 줄이면서도, 에너지를 효율적으로 사용할 수 있다.

순환경제를 실현하기 위해서는 공급망 전체에서의 협력이 필수적이다. 기업은 공급업체와 협력하여 자원의 순환성을 높이기 위한 노력을 기울여야 하며, 이를 위해 공급망 내에서 재활용 가능 자원의 사용을 촉진하고, 폐기물 발생을 줄이기 위한 공동의 목표를 설정해야 한다. 폐기물 관리와 순환경제는 기업의 지속가능 경영에 있어 중요한 요소이며, 이를 통해 기업은 환경적 책임을 다하는 동시에 경제적 이익을 창출할 수 있다.

4. 생물다양성 보호와 생태계 보전

생물다양성 보호와 생태계 보전은 환경 보전의 중요한 요소 중 하나로, 인간과 자연이 공존하는 지속가능한 미래를 위해 필수적이다. 생물다양성 감소는 생태계의 기능을 약화시키고, 장기적으로는 인간의 생존과도 직결될 수 있는 문제를 초래할 수 있다. 따라서 기업들은 생산 활동이 생물다양성에 미치는 영향을 최소화하기 위한 노력을 해야 한다. 제조 공정이나 인프라 개발 과정에서 서식지를 파괴하거나, 오염물질을 배출해 생태계를 위협하는 일이 없도록 관리해야 한다. 이를 위해 기업들은 환경영향평가(EIA, Environmental Impact Assessment)를 실시해 자사의 활동이 생태계에 미치는 영향을 사전에 평가하고, 필요한 조치를 취해야 한다. 공장 건설 시 주변 지역의 생물종 보호를 위해 녹지를 조성하거나, 특정 멸종 위기종의 서식지를 보전하는 노력을 기울일 수 있다.

또한 공급망 원재료 조달 과정에서 생태계를 파괴하지 않도록 지속가능한 자원 조달 방식을 채택하는 것이 필요하다. 농업, 어업, 임업 등 자연 자원을 이용하는 산업에서는 환경친화적인 방식으로 자원을 관리하고, 불법적인 자원 채취를 방지해야 한다. 이를 위해 국제적인 인증 제도인 FSC(Forest Stewardship Council)나 MSC(Marine Stewardship Council) 인증을 받은 자원을 조달하는 것이 도움이 될 수 있다.

생물다양성 보호와 생태계 보전 활동은 기업의 지속가능 보고서에 포함되어야 하며, 이를 이해관계자들과 투명하게 공유할 필요가 있다.

5. 환경 규제 준수와 리스크 관리

기업은 자사의 경영활동이 환경에 미치는 영향을 최소화하기 위해 관련 법규와 규제를 준수해야 하며, 이를 통해 환경 리스크를 효과적으로 관리해야 한다. 기업들은 환경 규제 준수를 위해 환경 관리 시스템(Environmental Management System, EMS)을 도입하고 있다. 대표적으로 국제 표준인 ISO 14001 인증을 획득하여 환경 경영 체계를 구축하고, 이를 통해 체계적으로 환경 리스크를 관리하고 있다. ISO 14001은 기업이 환경적 영향을 줄이기 위한 계획, 실행, 점검, 개선의 과정을 통해 환경 성과를 지속적으로 개선할 수 있도록 돕는 표준이다.

또한 기업들은 자사 활동으로 인해 직면할 수 있는 잠재적인 환경적 위험 요소를 식별하고, 이를 예방하거나 완화하기 위한 전략을 수립해야 한다. 제조 과정에서 유해 물질이 누출될 가능성을 파악하고, 이를 예방하기 위한 안전 설비를 갖추는 것이 그 예이다. 이러한 리스크 관리 활동은 기업의 환경 사고를 예방하고, 환경적 피해를 최소화하는 데 기여한다.

환경 법규의 변화에 대한 신속한 대응도 중요하다. 각국 정부와 국제기구는 환경 보호를 위한 규제를 지속적으로 강화하고 있으며, 기업들은 이러한 법규 변화에 신속하게 대응해야 한다. 이를 위해 기업은 환경 규제의 변화에 대한 정보를 지속적으로 모니터링하고, 필요한 경우 자사의 정책과 절차를 신속히 수정하여 법규를 준수할 수 있도록 해야 한다.

환경 리스크 관리를 위해 이해관계자들과의 소통을 강화해야 한다. 환경 문제는 기업 내부의 노력만으로 해결되기 어려운 경우가 많으며, 공급업체, 고객, 지역사회 등 다양한 이해관계자들과의 협력이 필요하다. 공급업체와 협력을 통해 자재 조달 과정에서의 환경 리스크를 줄이거나, 지역사회와의 협력을 통해 공장 운영으로 인한 환경 영향을 최소화하는 방식이 있다.

02 사회(S)의 주요 이슈와 관리 방법

1. 노동 인권 및 근로환경 개선

　노동 인권 보호를 위해 기업들은 성별, 연령, 인종, 종교 등에 따른 차별을 금지해야 한다. 이러한 차별을 방지하기 위해 기업은 모든 근로자가 동등한 기회를 가질 수 있도록 공정하고 투명한 절차를 통해 인사를 진행하고, 차별적인 관행을 근절하기 위한 노력을 기울여야 한다.

　기업들은 또한 근로자들의 목소리를 경청하고, 근로자와의 소통을 강화해야 한다. 근로자들은 자신들의 권리가 침해되었을 때 이를 알리고 개선을 요구할 수 있어야 하며, 기업은 이러한 목소리를 적극적으로 수용하고 개선하기 위한 노력을 해야 한다. 노사 협의회를 통해 근로자들의 의견을 반영하고, 근로환경 개선을 위한 다양한 방안을 모색할 수 있다.

　근로자들이 안전하고 건강한 환경에서 일할 수 있도록 근로환경을 개선해야 한다. 이를 위해 기업들은 작업장에서 발생할 수 있는 위험 요소를 사전에 파악하고, 이러한 위험을 예방하기 위한 안전 장비와 교육을 제공해야 한다.

　또한 근로 시간과 임금 등 근로 조건을 개선하여 근로자들의 권리를 보호해야 한다. 지나친 장시간 근로는 노동자의 건강을 해치고, 업무 효율성을 저하시킬 수 있다. 따라서 기업들은 적정한 근로 시간을 유지하고, 근로자들에게 정당한 임금을 지급함으로써 근로자들의 권리를 보장해야 한다. 이와 더불어 국제적인 노동 기준을 준수함으로써 노동 인권 보호에 대한 책임을 다해야 한다. 국제노동기구(ILO, International Labour Organization)의 노동 기준을 준수하고, 아동노동과 강제노동을 철저히 배제함으로써 근로자 권리를 보호해야 한다. 또한 공급망 전반에 걸쳐 인권을 보호하기 위해 협력업체가 이러한 기준을 준수하도록 관리하고 지원하는 것도 중요하다. 이를 통해 기업은 노동 인권 보호에 대한 책임을 다하고, 지속가능한 공급망을 구축할 수 있다.

2. 다양성, 형평성, 포용성(DEI) 정책

다양성, 형평성, 포용성(Diversity, Equity, Inclusion, DEI)은 기업의 사회적 책임을 다하는 데 있어 중요한 가치이다. DEI는 다양한 배경을 가진 사람들이 동등한 기회를 누리며, 차별 없이 존중받고 함께 성장할 수 있는 환경을 조성하는 것을 목표로 한다. 기업은 이러한 DEI 정책을 통해 직원들의 다양성을 존중하고, 모든 직원이 자신의 역량을 최대한 발휘할 수 있는 포용적인 문화를 만들어야 한다.

다양성은 성별, 연령, 인종, 국적, 장애 여부, 성적 지향 등 다양한 요소를 포함하며, 기업은 이러한 다양한 배경을 가진 사람들을 공정하게 채용하고 승진시켜야 한다. 이를 위해 기업은 채용 과정에서 편견을 없애고, 다양한 인재를 유치하기 위한 적극적인 조치를 취해야 한다. 기업은 여성, 소수 인종, 장애인 등 소외된 그룹을 대상으로 한 채용 프로그램을 운영하여 다양성을 증진할 수 있다. 이러한 노력은 조직 내 다양한 관점을 반영하고, 혁신적인 아이디어를 창출하는 데 기여한다.

형평성은 모든 직원이 동등한 기회를 갖고 공정하게 대우받는 것을 의미한다. 기업은 형평성을 보장하기 위해 공정한 보상 체계를 구축하고, 승진과 교육 기회를 모든 직원에게 공정하게 제공해야 한다. 성별, 연령, 인종 등에 따른 차별 없이 모든 직원이 자신의 역량에 따라 공정한 대우를 받을 수 있도록 해야 하며, 이를 위해 성과 평가와 보상 체계를 투명하게 운영해야 한다.

포용성은 다양한 배경을 가진 사람들이 소속감을 느끼고, 자신의 목소리를 자유롭게 낼 수 있는 환경을 조성하는 것을 의미한다. 기업은 포용적인 조직 문화를 만들기 위해 직원 간의 소통을 촉진하고, 모든 직원이 존중받는 문화를 형성해야 한다. 다양한 배경을 가진 직원들이 서로의 문화를 이해하고 존중할 수 있도록 교육 프로그램을 운영하거나, 직원들이 자신의 의견을 자유롭게 공유할 수 있는 소통의 장을 마련하는 것이 필요하다. 이러한 포용적인 문화는 직원들의 만족도와 몰입도를 높이며, 조직의 성과에도 긍정적인 영향을 미친다.

DEI 정책을 효과적으로 구현하기 위해서는 경영진의 리더십이 중요하다. 경영진은 DEI의 가치를 조직 내에 적극적으로 전파하고, 이를 실현하기 위한 구체적인 목표를 설정해야 한다. 또한 DEI 관련 성과를 정기적으로 평가하고, 개선이 필요한 부분에 대해 적절한 조치를 취해야 한다. 경영진의 적극적인 참여와 지원은 DEI 정책이 조직 문화에 뿌리내리고, 모든 직원이 이를 실천할 수 있도록 하는 데 중요한 역할을 한다.

기업은 DEI 정책을 이해관계자들에게 투명하게 공개하고, 사회적 책임을 다하고 있음을 보여줄 필요가 있다. DEI 정책은 기업의 이미지와 브랜드 가치를 높이는 데 중요한 역할을 하며, 다양성과 포용성을 중시하는 고객과 투자자들로부터 긍정적인 평가를 받을 수 있다.

3. 지역사회 기여 및 사회적 책임

　기업은 단순히 이윤을 추구하는 것을 넘어서, 자신이 속한 지역사회와 공존하며 그 발전에 기여할 책임이 있다. 이는 기업의 사회적 신뢰를 높이고, 장기적인 성장과 경쟁력을 확보하는 데 중요한 역할을 한다.

　먼저, 기업들은 지역사회의 문제를 파악하고, 이를 해결하기 위한 다양한 사회 공헌 활동을 추진해야 한다. 교육 프로그램을 지원하여 지역 청소년들에게 학습 기회를 제공하거나, 지역의 환경 보호 활동에 참여함으로써 지역사회의 지속가능한 발전에 기여할 수 있다. 또한 지역사회 경제 활성화에 기여해야 한다. 지역사회에서의 고용 창출은 기업의 중요한 역할 중 하나이다. 기업이 지역 내에서 일자리를 제공함으로써 지역 경제를 활성화하고, 지역 주민들의 삶의 질을 높이는 데 기여할 수 있다. 특히 지역 주민들을 대상으로 한 직업 훈련 프로그램을 통해 그들의 역량을 강화하고, 고용 기회를 제공함으로써 지역사회의 경제적 자립을 돕는 것이 중요하다. 이러한 노력은 기업이 지역사회와 상생하는 기반을 마련하는 데 기여한다.

　기업들은 또한 지역사회의 다양한 이해관계자들과의 소통을 강화해야 한다. 지역사회 주민, 지방자치단체, 시민단체 등 다양한 이해관계자들과의 열린 소통은 기업의 사회적 책임을 효과적으로 실천하는 데 필수적이다. 지역사회 의견을 반영한 사회 공헌 활동 기획, 주민 요구의 수렴을 통해 기업 활동이 지역사회에 긍정적인 영향을 미치도록 조정하는 것이 필요하다.

　또한 기업들은 자사의 사회적 책임 활동을 투명하게 공개하고, 이를 이해관계자들에게 적극적으로 알릴 필요가 있다. 기업의 사회적 책임 활동은 지속가능 보고서에 포함하여 이해관계자들에게 공개할 수 있으며, 이를 통해 기업의 신뢰성을 높일 수 있다.

기업의 사회적 책임 활동은 지속가능성을 중심으로 한 전략적 접근이 필요하다. 단기적인 성과에 그치는 일회성 기부나 지원이 아닌, 지역사회의 지속가능한 발전에 기여할 수 있는 장기적인 프로그램을 개발하고 실행해야 한다. 지역 환경 보호를 위한 장기적인 생태 복원 프로젝트나, 취약 계층을 위한 지속적인 지원 프로그램을 통해 기업은 사회적 책임을 다할 수 있다.

4. 고객 안전 및 제품 책임

고객 안전과 제품 책임은 기업이 사회적 책임을 다하고, 소비자와의 신뢰를 구축하기 위해 반드시 지켜야 할 중요한 원칙이다. 기업이 제공하는 제품이나 서비스가 고객에게 안전하고 신뢰할 수 있는 것이어야 하며, 이를 위해 제품 설계, 생산, 유통, 서비스 제공 전반에서 안전성을 확보하는 노력이 필요하다.

먼저, 제품의 안전성을 확보하기 위해 철저한 품질 관리 시스템을 도입해야 한다. 생산 공정에서 발생할 수 있는 불량품이나 위험 요소를 사전에 파악하고, 이를 제거하기 위한 예방 조치를 취해야 한다. 이를 위해 정기적인 품질 검사와 개선 활동을 시행하여 제품의 안전성을 지속적으로 유지해야 한다.

또한 제품 개발 단계에서부터 고객 안전을 고려한 설계가 필요하다. 제품의 설계 과정에서부터 안전성을 우선적으로 고려하여 잠재적인 위험 요소를 줄이는 것이 중요하다. 전자 제품의 경우 과열로 인한 화재 위험을 예방하기 위한 설계를 반영하거나, 어린이용 제품에서는 삼킬 수 있는 작은 부품을 사용하지 않도록 설계하는 방식이 있다. 이러한 안전 설계는 제품이 소비자에게 제공되기 전에 발생할 수 있는 위험을 사전에 방지하는 데 중요한 역할을 한다.

제조물 책임은 기업이 제공하는 제품이 고객에게 미치는 영향을 관리하고, 문제 발생 시 이를 책임지고 해결하는 것을 의미한다. 기업은 제품 사용 중 발생할 수 있는 문제에 대비하여 사전적으로 고객에게 사용 방법과 안전 주의 사항을 충분히 안내해야 하며, 문제가 발생했을 경우 신속하고 적절한 대응을 통해 고객의 피해를 최소화해야 한다. 리콜 제도는 제품에 결함이 있을 경우 소비자에게 신속하게 알리고, 해당 제품을 수리하거나 교환해 주는 중요한 방법이다.

제품의 전 과정에서 발생할 수 있는 환경적 영향을 최소화하는 것도 중요한 책임이다. 제품의 설계, 생산, 사용, 폐기 단계에서 발생하는 환경적 영향을 줄이기 위해 친환경적인 소재를 사용하고, 에너지 효율을 높이는 등의 노력을 기울여야 한다. 재활용이 가능한 소재를 사용하거나, 사용 중 에너지 소비를 줄일 수 있는 기술을 도입하는 것이 그 예이다. 이러한 노력을 통해 기업은 환경에 대한 책임을 다하고, 고객에게 지속가능한 제품을 제공할 수 있다.

고객과의 소통을 통해 제품의 안전성과 책임을 강화할 수 있다. 기업은 고객의 의견과 피드백을 적극적으로 수렴하고, 이를 제품 개선에 반영해야 한다. 고객의 불만이나 요구사항을 신속하게 처리하는 고객 서비스 시스템을 구축하고, 이를 통해 제품의 안전성과 품질을 지속적으로 개선하는 노력이 필요하다.

5. 공급망 관리

공급망 관리는 기업이 제품과 서비스를 제공하는 과정에서 발생하는 환경적, 사회적 영향을 최소화하고, 지속가능 경영을 실현하기 위한 중요한 요소이다. 기업의 공급망은 원재료 조달부터 생산, 유통, 최종 소비에 이르기까지 다양한 단계를 포함하며, 이 과정에서 발생하는 환경적, 사회적 책임을 다하는 것이 중요하다. 공급망 관리는 기업의 사회적 책임을 다하는 것은 물론, 리스크를 줄이고 이해관계자들로부터 신뢰를 얻는 데 중요한 역할을 한다. 특히, 글로벌화된 시장에서는 공급망의 투명성과 추적 가능성이 ESG 경영의 신뢰도를 좌우한다. 불투명한 하청 구조나 저개발국 생산기지에서 발생할 수 있는 아동 노동, 인권 침해, 환경 파괴와 같은 문제는 기업의 평판에 치명적인 타격을 줄 수 있다. 따라서 공급망 전반에 걸쳐 ESG 원칙을 적용하고, 지속적인 평가와 개선을 통해 책임 있는 조달 체계를 구축하는 것이 필수적이다.

기업은 공급망 내 파트너들에게도 동일한 수준의 ESG 기준을 요구함으로써 협력사와의 동반 성장과 지속 가능성을 동시에 추구해야 한다. 예를 들어, 대형 유통 기업인 월마트(Walmart)는 모든 협력업체에 대해 탄소 배출 감축 계획 제출을 의무화하고 있으며, 애플(Apple)은 자사 공급망 전반에 걸쳐 재생에너지 사용을 촉진하는 프로그램을 운영하고 있다.

03 거버넌스(G)의 주요 이슈와 관리 방법

1. 투명한 경영과 반부패 정책

　기업은 먼저 경영활동의 투명성을 확보하기 위해 경영 정보를 이해관계자들에게 공개해야 한다. 재무 성과, 주요 경영 의사결정, 사회적 책임 활동 등 기업의 주요 정보는 이해관계자들이 쉽게 접근할 수 있도록 공개되어야 한다. 이를 위해 지속가능 보고서나 기업의 홈페이지 등을 통해 정보를 제공하고, 이해관계자들이 기업의 활동을 명확하게 이해할 수 있도록 해야 한다. 이러한 투명한 정보 공개는 기업의 신뢰성을 높이고, 이해관계자들과의 긍정적인 관계를 형성하는 데 기여한다.

　반부패 정책은 기업의 윤리적 경영을 실천하는 데 중요한 역할을 한다. 기업은 부패와 비윤리적인 행위를 방지하기 위해 반부패 정책을 수립하고, 이를 모든 임직원이 준수하도록 해야 한다. 금품 수수, 뇌물 제공, 부당한 이익 추구 등의 행위를 금지하는 구체적인 규정을 마련하고, 이를 위반할 경우 강력한 제재를 가하는 것이 필요하다.

　기업의 반부패 정책 실천을 위해 내부 통제 시스템을 강화하는 것도 중요하다. 내부 통제 시스템은 기업의 경영활동에서 발생할 수 있는 부패와 비윤리적 행위를 예방하고, 이를 신속하게 감지하여 대응할 수 있도록 돕는다. 내부 감사와 재무관리 시스템을 통해 경영활동의 투명성을 확보하고, 부정행위가 발생하지 않도록 체계적으로 관리해야 한다. 자금 사용 내역을 철저히 기록하고 정기적으로 감사함으로써 부패 발생 가능성을 줄일 수 있다.

또한 기업은 이해관계자들과의 소통을 통해 반부패 정책을 강화할 수 있다. 공급업체, 고객, 투자자 등 다양한 이해관계자들에게 기업의 반부패 정책을 명확히 알리고, 이들이 기업과의 거래에서 윤리적 기준을 준수하도록 요구해야 한다. 공급업체와의 계약 시 반부패 준수 조항을 포함하거나, 고객에게 윤리적 거래에 대한 정보를 제공하는 등의 노력이 필요하다. 이러한 소통은 기업의 반부패 노력을 이해관계자들에게 명확히 전달하고, 기업의 윤리적 경영에 대한 신뢰를 높이는 데 기여한다.

2. 이사회 구성과 독립성 강화

이사회 구성과 독립성 강화는 기업의 지배구조를 투명하고 공정하게 운영하기 위한 핵심 요소이다. 이사회는 기업의 주요 의사결정을 내리는 중요한 기관으로, 그 구성과 운영 방식에 따라 기업의 경영 방향과 성과에 큰 영향을 미친다. 이사회의 독립성을 강화함으로써 경영진의 의사결정을 감시하고, 이해관계자들의 이익을 보호할 수 있다. 이는 기업의 신뢰성을 높이고, 장기적인 지속가능성을 확보하는 데 중요한 역할을 한다.

이사회 구성에서 중요한 요소 중 하나는 독립적인 사외이사의 비율을 높이는 것이다. 사외이사는 기업의 경영진으로부터 독립된 위치에서 경영진의 의사결정을 감시하고, 객관적인 시각에서 기업의 전략과 정책을 평가하는 역할을 한다. 따라서 이사회의 구성에서 사외이사의 비율을 높이고, 이들이 경영진의 의사결정에 적극적으로 참여할 수 있도록 해야 한다. 사외이사의 비율을 전체 이사회의 절반 이상으로 유지함으로써 경영진의 독단적인 의사결정을 견제하고, 이사회의 독립성을 강화할 수 있다. 다양성 확보도 중요하다. 다양한 배경을 가진 이사들이 이사회에 참여함으로써 기업의 의사결정 과정에서 다양한 시각과 경험을 반영할 수 있다.

이사회의 독립성을 강화하기 위해서는 이사의 임기와 선임 절차도 투명하게 운영되어야 한다. 이사의 임기는 일정 기간을 초과하지 않도록 제한하고, 정기적인 교체를 통해 이사회의 독립성을 유지해야 한다. 또한 이사 선임 과정에서 투명하고 공정한 절차를 통해 적합한 인재를 선발해야 한다. 주주들은 이사 선임 과정에 참여할 수 있는 권리를 가져야 하며, 이를 통해 이사회의 구성에 대한 투명성을 높일 수 있다.

이사회 내의 위원회 운영도 독립성 강화를 위한 중요한 요소이다. 감사위원회, 보상위원회, 리스크관리위원회 등 주요 위원회는 경영진과 독립된 사외이사들로 구성되어야 하며, 이를 통해 경영진의 의사결정에 대한 객관적인 평가와 감시가 이루어질 수 있다. 감사위원회는 기업의 재무 상황과 내부 통제 시스템을 검토하고, 보상위원회는 경영진의 보상 체계가 공정하게 운영되고 있는지 평가하는 역할을 한다.

이사회의 독립성을 강화하기 위해서는 이사회 회의에서 자유롭게 의견을 개진할 수 있는 분위기를 조성하고, 경영진의 압박 없이 독립적인 의사결정을 내릴 수 있도록 지원해야 한다. 이러한 환경은 이사회의 역할을 강화하고, 기업의 지배구조를 보다 투명하고 공정하게 운영하는데 기여한다.

3. 주주 권리 보호 및 소통

주주 권리 보호와 소통은 기업의 지배구조에서 중요한 요소로, 기업은 주주들이 기업의 의사결정에 적극적으로 참여할 수 있도록 주주 권리를 보장해야 한다. 주주총회는 주주들이 기업의 주요 의사결정에 참여할 수 있는 중요한 기회이며, 기업은 모든 주주에게 공정하게 참여할 수 있는 권리를 보장해야 한다. 이를 위해 주주총회 개최 일정을 사전에 충분히 공지하고, 주주들이 의결권을 행사할 수 있도록 관련 정보를 투명하게 제공해야 한다. 또한 소액 주주들의 권리도 보호하기 위해 의결권 대리 행사나 전자투표 시스템 등을 도입하여 주주들의 참여를 촉진해야 한다.

주주들과의 소통을 강화하는 것도 중요한 요소이다. 기업은 주주들에게 경영 상황과 주요 의사결정에 대한 정보를 투명하게 제공하고, 주주들의 의견을 경청해야 한다. 이를 위해 정기적인 경영 실적 발표나 지속가능 보고서 등을 통해 주주들에게 기업의 성과와 계획을 공유하고, 주주들이 궁금해하는 사항에 대해 명확한 답변을 제공해야 한다. 또한 기업은 주주들의 의견을 존중하고 경영에 반영하기 위한 노력을 기울여야 한다. 기업은 주주들과의 소통 채널을 다양화하여 주주들이 언제든지 기업과 소통할 수 있도록 해야 한다. 주주 대상 설명회나 온라인 소통 플랫폼을 통해 주주들과의 원활한 커뮤니케이션을 유지할 수 있다.

4. 리스크 관리 및 내부 통제

리스크 관리는 기업이 직면할 수 있는 다양한 위험 요소를 체계적으로 파악하고, 이를 최소화하기 위한 전략을 수립하는 것을 의미하며, 내부 통제는 기업의 운영 과정에서 발생할 수 있는 오류나 부정행위를 예방 감시하는 시스템 구축을 목표로 한다.

리스크 관리는 기업의 전반적인 경영전략과 연계되어야 한다. 기업은 경제적, 환경적, 사회적 리스크를 포함한 다양한 유형의 리스크를 식별하고, 이를 평가하여 우선순위를 정해야 한다. 이러한 리스크 평가 과정에서는 리스크의 발생 가능성과 영향을 고려하여 기업의 경영에 미치는 잠재적인 영향을 파악해야 한다. 기후변화로 인한 공급망 차질, 시장의 변화로 인한 수익성 저하, 규제강화로 인한 법적 리스크 등이 있을 수 있다. 이러한 리스크를 체계적으로 평가하고 관리하는 것은 기업이 지속가능 경영을 실현하는 데 중요한 역할을 한다.

리스크 관리의 일환으로, 기업은 리스크를 예방하고 완화하기 위한 구체적인 전략을 수립해야 한다. 공급망 리스크를 줄이기 위해 다각화된 공급망을 구축하거나, 주요 원재료의 가격 변동에 대비한 선물거래 등 금융적 수단을 활용할 수 있다. 또한 환경적 리스크를 줄이기 위해 재생 가능 에너지 사용을 확대하거나, 탄소배출량을 줄이는 노력을 기울이는 것도 필요하다.

내부 통제는 기업의 운영 과정에서 발생할 수 있는 오류나 부정행위를 예방하고, 이를 신속하게 감지하여 대응하기 위한 시스템이다. 내부 통제 시스템은 재무적 통제, 운영적 통제, 규제 준수 통제 등 다양한 요소를 포함한다. 재무적 통제는 회계 처리 과정에서의 오류나 부정행위를 예방하고, 기업의 재무 상태를 정확하게 반영하기 위해 필요하다. 이를 위해 정기적인 내부 감사와 외부 감사를 통해 재무 보고의 정확성을 검증하고, 재무적 투명성을 확보해야 한다. 운영적 통제는 기업의 운영 과정에서 효율성과 효과성을 확보하기 위한 요소이다. 기업은 각 부서의 운영 절차와 업무 흐름을 점검하고, 이를 개선하기 위한 내부 통제 활동을 수행해야 한다. 생산 과정에서의 자원 낭비를 줄이기 위해 작업 절차를 개선하거나, 인력 배치를 효율적으로 조정하는 등의 노력이 필요하다. 규제 준수 통제는 기업이 법적 요구사항과 규정을 준수하도록 보장하는 요소이다. 각국의 규제는 기업의 경영활동에 직접적인 영향을 미칠 수 있으며, 이를 위반하면 기업의 명성과 재무적 상태에 큰 영향을 미칠 수 있다. 따라서 기업은 규제 준수를 위해 관련 법규를 철저히 파악하고, 이를 준수하기 위한 내부 절차와 시스템을 구축해야 한다. 환경 규제를 준수하기 위해 환경 관리 시스템을 도입하거나, 개인정보 보호법을 준수하기 위해 데이터 관리 절차를 강화하는 등의 노력이 필요하다.

리스크 관리와 내부 통제의 효과성을 높이기 위해서는 경영진과 이사회의 적극적인 참여가 필요하다. 경영진과 이사회는 리스크 관리와 내부 통제 시스템의 구축과 운영을 감독하고, 이를 지속적으로 개선하기 위한 노력을 기울여야 한다. 또한 모든 임직원이 리스크 관리와 내부 통제의 중요성을 이해하고 이를 실천할 수 있도록 정기적인 교육과 훈련을 제공하는 것도 필요하다.

5. 지속가능 경영전략 및 목표 설정

　기업은 ESG 책임을 다하기 위해 지속가능 경영전략을 수립하고, 이를 구체적인 목표로 설정해야 한다. 이러한 목표는 기업의 활동이 환경에 미치는 영향을 최소화하고, 사회적 가치를 창출하며, 경제적 성과를 동시에 달성할 수 있도록 돕는다.

　먼저, 기업은 지속가능 경영 실천을 위해 ESG 영역에서의 장기적 비전과 목표를 설정해야 한다. 이러한 비전은 기업의 경영 철학과 가치관을 반영하며, 기업이 장기적으로 지향하는 방향을 명확히 제시한다. '2050년까지 탄소중립 달성'과 같은 목표는 기업의 지속가능 경영에 대한 의지를 나타내며, 이를 달성하기 위한 구체적인 전략을 수립하는 데 중요한 기준이 된다.

　또한 성과를 측정하고 관리하는 것도 중요하다. 기업은 목표에 대한 성과를 정기적으로 평가하고, 이를 개선하기 위한 노력을 기울여야 한다. 이를 위해 환경적, 사회적, 경제적 성과를 측정할 수 있는 다양한 지표를 활용하고, 이러한 지표를 바탕으로 기업의 경영 성과를 평가해야 한다. 탄소배출량, 에너지 사용량, 직원 만족도, 사회 공헌 활동 참여율 등 다양한 지표를 통해 성과를 측정하고 이를 장기적으로 개선해 나갈 수 있다.

　기업의 지속가능 경영전략은 이해관계자들과의 협력을 통해 더욱 효과적으로 구현될 수 있다. 기업은 고객, 공급업체, 지역사회, 투자자 등 다양한 이해관계자들과의 협력을 통해 목표를 달성하기 위한 노력을 기울여야 한다. 공급업체와의 협력을 통해 공급망 전반에서의 지속가능성을 높이거나, 지역사회와의 협력을 통해 사회적 가치를 창출하는 것이 그 예이다.

기업은 지속가능 보고서를 통해 자사의 목표와 성과를 이해관계자들에게 공개하고, 이를 통해 기업의 신뢰성을 높일 수 있다. 이러한 투명한 정보 공개는 이해관계자들이 기업의 지속가능 경영에 대한 노력을 명확하게 이해할 수 있도록 돕고, 기업이 사회적 책임을 다하고 있음을 보여주는 중요한 수단이다.

04 산업별 특화 ESG 이슈 관리

1. 제조업: 자원 사용과 환경오염

　제조업은 경제성장에 중요한 역할을 담당하지만, 동시에 자원 사용과 환경오염의 주요 원인으로 지목되고 있다. 제조업에서 발생하는 자원 소모와 오염 문제를 해결하기 위해서는 지속가능한 생산 방식을 도입하고, 자원 효율성을 극대화하며, 환경오염을 최소화하는 노력이 필요하다.

　제조업에서의 자원 사용 문제는 주로 에너지와 원재료의 소비와 관련이 있다. 많은 제조 공정이 에너지 집약적이며, 원재료를 대량으로 소비하는 특성을 가지고 있다. 이로 인해 자원의 고갈과 환경적 영향을 유발할 수 있다. 이러한 문제를 해결하기 위해 기업들은 에너지 효율성을 높이고, 원재료의 사용을 최소화하는 다양한 전략을 도입해야 한다. 생산 과정에서 에너지 소비를 줄이기 위해 고효율 설비를 도입하거나, 스마트 공정 관리 시스템을 통해 에너지 사용을 최적화하는 노력이 필요하다. 또한 원재료의 사용량을 줄이기 위해 자원의 재사용과 재활용을 적극 도입하는 것도 중요하다.

　제조업에서 발생하는 환경오염 문제는 주로 대기 오염, 수질 오염, 토양 오염 등 다양한 형태로 나타난다. 제조 공정에서 배출되는 온실가스, 유해 화학물질, 폐수 등이 환경에 부정적인 영향을 미치며, 이는 생태계와 인간의 건강에 큰 위협이 될 수 있다. 이러한 환경오염을 줄이기 위해 기업들은 배출 가스 저감 기술을 도입하고, 폐수를 적절히 처리하는 시스템을 구축해야 한다.

또한 제조업에서의 자원 사용과 환경오염 문제를 해결하기 위해 순환경제(Circular Economy) 개념을 도입하는 것이 필요하다. 순환경제는 자원의 효율적인 사용과 폐기물의 최소화를 목표로 하며, 제조업에서 발생하는 부산물을 새로운 자원으로 재활용하거나, 제품의 수명을 연장하는 것을 포함한다.

제조업의 자원 사용과 환경오염 문제를 해결하기 위해서는 기술혁신도 중요한 역할을 한다. 새로운 친환경 기술과 공정 혁신을 통해 제조업의 자원 사용 효율을 높이고, 오염 배출을 줄이는 것이 필요하다. 재생 가능 에너지를 활용한 생산 공정 도입, 폐열 회수 시스템, 친환경 소재 개발 등이 그 예이다.

제조업의 자원 사용과 환경오염 문제를 해결하기 위해서는 규제 준수와 이해관계자와의 협력이 필요하다. 정부와 국제기구에서 설정한 환경 규제를 준수하고, 공급업체와의 협력을 통해 지속가능한 자원 조달과 환경 관리를 강화해야 한다. 환경 인증을 받은 원재료를 사용하거나, 협력업체가 환경 규제를 준수하도록 요구하는 것이 필요하다. 또한 지역사회와의 협력을 통해 환경 보호 활동에 참여하고, 제조업의 환경적 영향을 최소화하기 위한 공동의 노력을 기울여야 한다.

2. 금융업: 녹색금융과 책임투자

금융업은 경제 전반에 걸쳐 자원을 배분하고, 기업과 산업의 성장을 지원하는 중요한 역할을 한다. 이러한 역할을 수행하면서 금융업이 지속가능한 사회를 만드는 데 기여할 수 있는 방안으로 녹색금융과 책임투자가 주목받고 있다.

녹색금융은 환경 보호와 기후 변화 대응을 위해 자금을 조달하고 투자하는 금융 활동을 의미한다. 이는 재생에너지, 에너지 효율 개선, 탄소배출 감소와 같은 환경 프로젝트를 지원하는 방식으로 이루어진다. 금융기관은 녹색금융을 통해 지속가능한 프로젝트에 자금을 제공하고, 기업이 환경친화적인 사업을 추진할 수 있도록 지원한다. 태양광 발전소 건설을 위한 자금 대출, 전기차 생산을 위한 기업 채권 발행 등이 녹색금융의 사례이다. 이러한 금융 활동은 기후 변화 대응에 중요한 역할을 하며, 금융업이 환경 보호에 기여할 수 있는 중요한 방법이다.

책임투자는 금융기관이 투자 결정을 내릴 때 ESG를 고려하는 투자 방식을 의미한다. 재무적 수익성만을 고려하는 것이 아니라, 투자 대상 기업의 비재무적 성과도 평가하여 투자 결정을 내리는 것이다. 이를 통해 금융기관은 지속가능한 기업에 투자하고, 장기적인 가치를 창출할 수 있다. 탄소배출을 줄이는 노력을 기울이는 기업이나, 노동 인권을 존중하고 투명한 경영을 실천하는 기업에 투자하는 것이 책임투자의 사례이다.

녹색금융과 책임투자는 금융업의 리스크 관리에도 중요한 역할을 한다. 기후변화, 환경 규제강화, 사회적 요구 변화 등은 금융업에 새로운 리스크를 초래할 수 있으며, 이러한 리스크를 관리하기 위해서는 지속가능한 금융 활동이 필요하다. 화석연료 산업에 대한 과도한 투자는 기후변화 관련 규제강화로 인해 리스크가 증가할 수 있으므로, 금융기관은 이러한 리스크를 줄이기 위해 재생 가능 에너지나 친환경 기술에 대한 투자를 확대해야 한다.

녹색금융과 책임투자를 활성화하기 위해서는 정책적 지원과 금융기관 내부의 체계적인 접근이 필요하다. 정부와 규제 당국은 녹색금융을 촉진하기 위해 세제 혜택이나 지원 프로그램을 제공할 수 있으며, 금융기관은 이러한 정책적 지원을 활용하여 녹색금융 활동을 확대해야 한다. 또한 금융기관 내부적으로는 ESG 평가 기준을 정립하고, 이를 투자의사결정에 반영하는 체계를 구축해야 한다. 이를 통해 금융기관은 지속가능한 금융 활동을 체계적으로 실천하고, 장기적인 성장을 도모할 수 있다.

3. 정보통신업: 데이터 프라이버시와 윤리적 인공지능

정보통신 기업들은 고객의 데이터를 안전하게 보호하고, AI 기술을 윤리적으로 개발하고 활용함으로써 지속가능한 디지털 생태계를 조성해야 한다. 이를 통해 정보통신업은 기술혁신과 사회적 책임을 동시에 실현할 수 있다.

데이터 프라이버시는 정보통신업에서 가장 중요한 문제 중 하나이다. 정보통신 기업들은 고객 개인정보를 수집, 저장, 처리하는 과정에서 개인정보 보호를 최우선으로 고려해야 하고 데이터 보호 법규를 준수해야 한다. 고객 동의를 얻지 않은 개인정보 수집을 지양하고, 수집된 데이터를 암호화하여 외부로부터의 침해를 방지해야 한다. 또한 개인정보를 수집할 때는 최소한의 정보를 수집하고, 불필요한 데이터의 저장을 피함으로써 데이터 관리의 효율성을 높여야 한다. 또한 유럽연합의 일반 데이터 보호 규정(GDPR, General Data Protection Regulation)과 같은 국제적 데이터 보호 기준 준수가 필요하다.

윤리적 인공지능(AI) 개발과 활용도 정보통신업의 중요한 과제이다. AI 기술로 혁신적인 변화가 일어나고 있으나 동시에 여러 윤리적 문제를 야기할 수 있다. AI가 편향된 데이터를 학습하여 차별적인 결정을 내리거나, 개인정보를 침해하는 방식으로 활용될 위험이 있다. 이러한 문제를 방지하기 위해 기업들은 AI 시스템 개발 단계부터 윤리적 기준을 적용하고, 투명하고 공정한 AI를 개발하기 위한 노력을 기울여야 한다.

또한 데이터 프라이버시와 AI 윤리에 대한 성과를 투명하게 공개하고, 이해관계자들과의 소통을 강화해야 한다. 지속가능 보고서 등을 통해 데이터 보호와 AI 윤리 관련 활동을 공개함으로써 기업의 신뢰성을 높일 수 있다. 또한 고객의 의견을 반영하여 데이터 보호와 AI 활용에 대한 정책을 개선하고, 고객의 신뢰를 바탕으로 지속가능한 디지털 생태계를 조성해야 한다.

4. 에너지 산업: 재생에너지 전환 및 탄소중립

에너지 산업은 경제성장의 근간을 이루는 동시에, 환경오염과 기후변화의 주요 원인 중 하나로 지목되고 있다. 전통적인 화석연료 중심의 에너지 생산은 대규모 온실가스를 배출하여 기후변화에 부정적인 영향을 미치고 있다. 이에 따라 에너지 산업은 재생에너지로의 전환과 탄소중립(Net Zero) 달성을 위해 노력하고 있으며, 이는 지속가능한 미래를 실현하기 위한 필수적인 과제이다.

기존 화석연료 기반 인프라를 재생에너지 생산 시설로 전환하고, 재생에너지 기술 개발에 대한 투자를 확대하고 있다. 태양광 패널 설치를 늘리거나 해상 풍력 발전소를 구축하는 등 재생에너지의 비율을 높이기 위한 다양한 노력이 이루어지고 있다. 탄소중립도 에너지 산업에서 매우 중요한 목표이다. 탄소중립이란 배출되는 탄소의 양과 흡수되는 탄소의 양을 같게 만들어 순 배출량을 제로로 만드는 것을 의미한다. 에너지 기업들은 탄소중립을 달성하기 위해 여러 전략을 도입하고 있다. 먼저, 온실가스 배출을 줄이기 위해 에너지 효율을 개선하고, 청정에너지 기술을 도입하고 있다. 천연가스를 활용한 발전에서 탄소 포집 및 저장(Carbon Capture and Storage, CCS) 기술을 도입하여 온실가스 배출을 줄이는 노력이 있다.

에너지 산업의 탈탄소화(decarbonization)를 위해서는 혁신적인 기술 개발이 필수적이다. 수소 에너지와 같은 새로운 에너지원의 개발은 탄소중립을 위한 중요한 대안이 될 수 있다. 수소는 연소 시 온실가스를 배출하지 않으며, 다양한 산업 분야에서 사용될 수 있는 청정 에너지원이다. 이를 위해 에너지 기업들은 수소 생산 및 저장 기술에 대한 연구 개발을 진행하고 있으며, 이를 통해 탄소중립 목표 달성에 기여하고 있다. 또한 스마트 그리드(Smart Grid)와 같은 첨단 기술을 활용하여 에너지의 생산과 소비를 효율적으로 관리하는 것도 중요하다. 이러한 기술혁신은 에너지 산업의 지속가능성을 높이는 데 기여한다.

에너지 산업의 재생에너지 전환과 탄소중립 달성을 위해서는 정부의 정책적 지원도 중요한 역할을 한다. 정부는 재생에너지 개발을 촉진하기 위해 다양한 인센티브를 제공하고, 화석연료 사용을 줄이기 위한 규제를 강화하고 있다. 재생에너지 프로젝트에 대한 세금 감면, 탄소배출권 거래제 도입, 재생에너지 목표 설정 등은 에너지 산업의 탈탄소화를 촉진하는 중요한 정책적 도구이다. 이러한 정부의 정책적 지원을 활용하여 재생에너지 전환과 탄소중립 목표를 달성하기 위해 노력해야 한다.

5. 에코디자인의 원칙

에코디자인(Eco-Design)은 제품이나 서비스의 환경적 영향을 최소화하면서도 기능과 사용성을 유지하는 디자인 방법론이다. 이는 제품의 전체 수명주기(Life Cycle) 동안 환경에 미치는 영향을 고려하며, 자원 소비를 줄이고 폐기물 발생을 최소화하는 데 중점을 둔다. 에코디자인의 목적은 환경 보호와 더불어 제품의 경제적 가치를 유지하는 것이다.

에코디자인에서 지켜야 할 중요한 네 가지 원칙은 다음과 같다.

첫째, 자원의 효율적 사용이다. 제품의 설계 단계에서부터 자원의 사용을 최소화하고, 재사용 및 재활용이 가능한 자재를 활용하는 것이 중요하다. 재생 가능한 원료나 재활용 소재를 사용하여 제품을 설계함으로써 생산 과정에서 발생하는 부산물을 최소화하고, 이를 다시 원료로 사용하는 방안을 도입할 수 있다.

둘째, 에너지 절감이다. 제품의 제조, 유통, 사용, 폐기 등 모든 과정에서 에너지 소비를 줄이기 위한 방안을 마련해야 한다. 제조 과정에서 에너지 효율이 높은 장비를 사용하거나, 제품의 사용 단계에서 에너지를 적게 소비하는 설계를 적용하는 것이 에너지 절감을 위한 중요한 방법이다.

셋째, 유해 물질 사용의 최소화이다. 제품의 생산 및 사용 과정에서 환경과 인간에게 해로운 화학물질 사용을 최소화해야 한다. 이를 위해 제품 설계 단계에서부터 유해 물질을 대체할 수 있는 친환경 소재를 찾아 적용하고, 안전한 사용이 가능한 제품을 개발해야 한다.

넷째, 제품 수명의 연장이다. 제품의 수명을 연장하는 것은 자원 사용과 폐기물 발생을 줄이는 효과적인 방법이다. 이를 위해 제품의 내구성을 높이고, 쉽게 수리하거나 부품을 교체할 수 있도록 설계해야 한다.

또한 업그레이드가 가능한 제품을 설계함으로써 소비자가 제품을 더 오래 사용할 수 있도록 도와야 한다. 이러한 접근은 소비자가 제품을 폐기하고 새로운 제품을 구매하는 빈도를 줄여 환경에 긍정적인 영향을 미친다.

에코디자인은 소비자에게도 긍정적인 영향을 미친다. 소비자들은 환경을 고려한 제품을 선호하는 경향이 있으며, 이는 기업의 브랜드 이미지와 경쟁력을 높이는 요소로 작용한다.

6. SASB 중요성 지도

SASB(Sustainability Accounting Standards Board) 중요성 지도(Materiality Map)는 기업이 산업별로 중요하게 고려해야 할 ESG(환경, 사회, 거버넌스) 이슈들을 체계적으로 정리하여 제공하는 도구이다. 〈표3-1〉에서와 같이 산업유형별로 어떤 ESG 항목이 중요도가 높은지 판단할 수 있는 가이드를 제공한다. 기업은 중요성 지도를 통해 자사의 사업에서 발생할 수 있는 주요 리스크를 사전에 파악하고, 이를 관리하기 위한 전략을 수립할 수 있다. 제조업의 경우 자원 고갈이나 환경오염 문제가 주요 리스크로 평가될 수 있으며, 이를 해결하기 위해 자원 효율성을 높이거나 친환경 생산 공정을 도입하는 등의 전략을 마련할 수 있다. 이러한 리스크 관리 전략은 기업의 안정성과 지속가능성을 높이는 데 기여한다.

한편 투자자들에게는 기업의 ESG 항목 중 어디에 무게를 두고 의사결정을 내려야 할지 지원하는 중요한 도구가 된다.

SASB 중요성 지도는 기업이 지속가능한 미래를 위해 반드시 활용해야 할 도구이다. 이를 통해 기업은 자사의 특성에 맞는 주요 지속가능성 이슈를 식별하고, 이를 효과적으로 관리함으로써 사회적 책임을 다할 수 있다. 이러한 노력은 기업의 장기적인 성장과 안정성을 확보하는 데 중요한 기반이 되며, 이해관계자들과의 신뢰를 강화하는 중요한 요소가 된다.

<표3-1> SASB 중요성 지도

■ 섹터 내 산업의 50% 이상에 중요한 이슈가 될 가능성이 있는 이슈
■ 섹터 내 산업의 50% 이하에 중요한 이슈가 될 가능성이 있는 이슈
□ 섹터 내 어느 산업에도 중요한 이슈가 될 가능성이 없는 이슈

분야	이슈	소비재	추출물/광물가공	금융	식품/음료
환경	GHG배출	□	■	□	■
	대기질	□	■	□	■
	에너지관리	■	■	□	■
	물/폐수관리	■	■	□	■
	폐기물/유해물질관리	□	■	□	■
	생물다양성영향	□	■	□	■
사회자본	인권/지역사회관계	■	■	□	■
	고객개인정보	■	□	■	□
	데이터보안	■	□	■	□
	접속/적정가격	□	□	■	□
	제품품질/안전	■	□	□	■
	소비자복리	■	□	□	■
	판매관행/제품표시	■	□	■	■
인적자본	노동관행	■	■	□	■
	종업원안전/위생	□	■	□	■
	종업원참여/다양성	■	□	■	□
비즈니스모델/이노베이션	제품디자인/라이프사이클관리	■	□	■	■
	비즈니스모델회복력	□	■	□	□
	공급체인관리	■	■	□	■
	재료조달/효율성	■	□	□	■
	기후변화 물리적 영향	□	□	■	□
리더십/지배구조	사업윤리	□	■	■	■
	경쟁적행위	□	■	■	■
	법/규제환경관리	□	■	■	■
	중대사고위험관리	□	■	□	■
	시스템적리스크관리	□	□	■	□

헬스케어	인프라	재생 가능 자원/ 대체 에너지	자원전환	서비스	기술/통신	운송

〈출처: SASB〉

ESG 경영 공시 기준, 평가 기준

01
ESG 경영 공시 기준

1. 공시 기준 개요

ESG 정보 공시는 투자자와 이해관계자가 기업의 지속가능성을 평가하고 예측하는 데 필요한 기본 자료를 제공한다. 이러한 배경에서 ESG 공시 기준이 마련되었고, 기업의 비재무적 성과를 체계적으로 보고하기 위한 지침 역할을 하고 있다. ESG 공시 기준은 기업이 보고해야 할 ESG 요소와 그 항목을 구체적으로 정의하고, 공시할 데이터의 범위와 방식까지 포함하고 있다. 이러한 기준은 투자자나 이해관계자가 비재무적 성과를 비교하고 평가할 수 있도록 정보의 일관성과 신뢰성을 확보하는 데 중점을 두고 있다.

최근 글로벌 추세는 규제 당국이 공시를 의무화하는 방향으로 발전하고 있다. 이와 함께 ESG 정보의 공시 범위와 수준도 점점 확대되고 있으며, 그 중요성 또한 높아지고 있다. 유럽연합(European Union)의 경우 기업에 엄격한 ESG 공시를 요구하고 있으며, 미국에서도 관련 규제를 강화하는 방향으로 법안이 마련되고 있다. 한국 또한 ESG 정보 공시를 촉진하고 있으며, 금융감독원이 기업의 ESG 정보 공시에 대한 가이드라인을 발표하여 기업의 준비를 돕고 있다.

ESG 공시 기준은 크게 환경(Environmental), 사회(Social), 지배구조(Governance)로 구성되며, 각각의 영역에서 세부 항목들이 명시된다. 환경 영역에서는 온실가스 배출량, 에너지 사용량, 폐기물 관리 등이 주요 항목으로 포함된다. 사회 영역은 노동 인권, 사회적 영향, 직원의 다양성 등이 다루어진다. 지배구조 영역에서는 이사회의 구성, 투명성, 기업윤리 등이 중요한 요소로 강조된다. 이러한 각 영역의 세부 항목을 통해 기업의 경영활동이 환경과 사회에 미치는 영향을 측정하고, 건전한 지배구조가 유지되고 있는지 평가할 수 있다.

2. SASB / TCFD / ESRS / GRI

전 세계적으로 기업의 ESG 정보 공시가 필수적인 경영 요소로 자리 잡으면서, 각국 및 국제기구들은 일관된 기준을 마련하여 기업이 투명하게 정보를 공개하도록 장려하고 있다. 특히 글로벌 차원에서 ESG 공시 기준은 여러 이해관계자, 특히 투자자와 관련 기관에 신뢰성 있는 비재무 정보를 제공하여 지속가능한 발전을 실현하는 데 중요한 역할을 한다. 이러한 국제 기준들은 기업의 보고서 작성과 공시에 있어 핵심지침으로 자리매김하고 있다.

대표적인 글로벌 ESG 공시 기준으로는 지속가능성회계기준위원회(Sustainability Accounting Standards Board, SASB), 기후관련재무공시협의체(Task Force on Climate-related Financial Disclosures, TCFD), 글로벌리포팅이니셔티브(Global Reporting Initiative, GRI), 국제지속가능성기준위원회(International Sustainability Standards Board, ISSB)가 있다.

이들 기준은 ESG 각 분야에서 세부적인 공시 항목을 제시하며, 기업이 보고할 정보의 범위와 방법을 체계화하여 일관성을 유지하도록 돕는다. SASB는 산업별 특성을 고려한 공시 기준을 제공해 기업의 특성에 맞는 정보를 공시하도록 유도하며, TCFD는 기후 변화가 재무에 미치는 영향을 공시하도록 지침을 제공하여 투자자에게 유용한 정보를 전달한다.

GRI는 환경, 사회, 지배구조 영역 전반에 걸친 공시 기준을 마련하여 기업이 각 분야에서 구체적인 정보를 제공하도록 하고 있다. GRI는 비영리 국제기구로, 다양한 이해관계자의 참여를 통해 광범위한 ESG 항목을 다루고 있어 국제적인 신뢰를 얻고 있다. 이와 함께 ISSG는 국제회계기준위원회(International Accounting Standards Board, IASB) 산하 기관으로, 글로벌 표준화를 목표로 기업의 지속가능 경영 정보 공시를 위한 일관된 기준을 개발하고 있다. ISSB는 TCFD와 연계하여 기후 정보 공시 기준을 통합하고 있으며, 장기적으로는 지속가능성 전반에 대한 국제적 기준을 제정할 예정이다.

한국의 대표적인 ESG 공시 기준 가이드라인 중 하나로 산업통상자원부가 발표한 K-ESG 가이드라인이 있다. K-ESG 가이드라인은 한국형 ESG 공시 기준으로, 국내기업의 특성을 반영하면서도 글로벌 ESG 공시 트렌드와의 일관성을 유지하도록 설계되었다. 이 가이드라인은 특히 중소기업부터 대기업에 이르기까지 다양한 규모와 산업군에 걸쳐 적용 가능하도록 체계화되어 있으며, ESG 공시를 위한 실질적인 지침을 제공한다.

K-ESG는 글로벌 ESG 공시 기준인 지속가능성 회계 기준 위원회(SASB), 기후관련재무공시협의체(TCFD) 등과도 어느 정도 연계성을 고려하여 개발되었기에, 한국 기업이 국제적 기준에 맞춘 공시를 준비할 수 있도록 돕고 있다.

SASB(지속가능성 회계 기준 위원회)

(1) 개요

SASB(Sustainability Accounting Standards Board)는 미국 증권거래위원회(SEC)에 보고할 기업의 지속가능성 회계 기준을 개발하기 위하여 2011년에 설립된 비영리단체이다. 기업이 지속가능성 관련 정보를 일관되고 투명하게 공시할 수 있도록 산업별 공시 기준을 제공하는 기구이다. SASB는 특히 산업 특화된 ESG 공시 기준을 제공함으로써 투자자와 이해관계자들이 기업의 장기적 성과와 리스크를 명확하게 파악할 수 있도록 돕는다.

(2) SASB의 주요 목적과 특징

SASB의 주요 목적은 기업이 지속가능성 이슈를 체계적으로 보고하여, 투자자와 이해관계자가 기후 변화, 사회적 영향, 거버넌스 구조 등 지속가능성과 관련된 재무적 리스크와 기회를 평가할 수 있도록 하는 것이다. 이를 통해 기업은 비재무적 정보를 일관성 있게 보고하고, 지속가능성 성과가 재무적 성과에 미치는 영향을 명확히 할 수 있다. SASB는 특히 기업이 비즈니스의 특성에 맞춘 맞춤형 보고서를 작성할 수 있도록 산업별 공시 기준을 개발하였으며, 이를 통해 투자자들이 각 산업의 특성과 중요성에 맞는 ESG 정보를 확인할 수 있게 돕는다.

(3) SASB 기준의 산업분류

SASB 기준은 〈표4-2〉와 같이 11개 부문(Sector)과 77개 산업(Industry)별로 특화된 ESG 정보 공개 지표가 제시되어 있다.

〈표4-2〉 SASB 11개 부문과 77개 산업 현황

11개 부문	77개 산업
1. 소비재 (Consumer Goods)	-가정 및 개인용품 -대형 및 전문 유통 및 배급 -전자상거래 -의류, 액세서리 및 신발류 -건축품 및 가구 -가전제품 제조 -완구류 및 스포츠용품
2. 추출물 및 광물 처리 (Extractives & Minerals Processing)	-석유 및 가스: 탐사 및 생산 -석유 및 가스: 증류 -석유 및 가스: 정제 및 판매 -석유 및 가스: 서비스 -석탄 사업 -철강 제조 -금속 및 채광 -건축 자재
3. 금융 (Financials)	-상업은행 -투자은행 및 중개 -자산 관리 및 보관 활동 -소비자 금융 -모기지 금융 -증권 및 상품거래 -보험
4. 식음료 (Food & Beverage)	-농산물 -육류, 가금류 및 유제품 -가공식품 -비알코올 음료 -알코올 음료 -담배 -식품 유통 및 배급 -식당
5. 헬스케어 (Health Care)	-바이오기술 및 제약 -의료장비 및 의약품 -헬스케어 제공 -헬스케어 유통 -관리형 의료 -약품 유통

6. 인프라 (Infrastructure)	-전력 및 발전 -가스 유틸리티 및 유통 -수자원 유틸리티 및 서비스 -폐기물 관리 -엔지니어링 및 건축서비스 -주택건설 -부동산 -부동산 서비스
7. 재생가능 자원 및 대체에너지 (Renewable Resources & Alternative Energy)	-바이오연료 -태양 에너지 프로젝트 개발자 -풍력 에너지 프로젝트 개발자 -연료 전지 및 공업용 전지 -임업 경영 -펄프 및 종이 제품
8. 자원 변환 (Resource Transformation)	-화학 -우주항공 및 국방 -전기 및 전자장비 -산업기계 및 제품 -용기 및 포장
9. 서비스 (Services)	-교육 -전문 및 상업서비스 -호텔 및 숙박 -카지노 및 게임 -레저시설 -광고 및 엔터테인먼트 -미디어 제작 및 배급
10. 기술 및 통신 (Technology & Communications)	-제조 전문 서비스 및 제조자 설계생산 -소프트웨어 및 IT 서비스 -하드웨어 -반도체 -통신 서비스 -인터넷 미디어 및 서비스
11. 운송 (Transportation)	-자동차 -자동차 부품 -차량 렌트 및 리스 -항공 -항공 운송 및 물류 -해상 운송 -철도 운송 -도로 운송 -크루즈선

〈출처: SASB, 손기원 저, ESG 경영실무〉

(4) SASB의 산업 특화 공시 기준

SASB의 큰 특징은 각 산업의 특성을 반영하여, 11개 부문(Sector) 77개 산업별(Industry)로 맞춤형 ESG 공시 기준을 제시한다는 점이다. 금융업은 자산의 기후 리스크와 같은 재무적 리스크에 대한 보고가 중시되며, 에너지 업종에서는 온실가스 배출과 에너지 효율이 중요한 이슈가 된다. 이와 같이 SASB는 산업별로 주요한 ESG 요소를 구분하여 각 산업에서 중요한 비재무적 정보를 투자자들이 쉽게 접근하고 이해할 수 있게 한다.

(5) SASB 공시 기준의 주요 목적과 가치

SASB는 ESG 공시가 기업의 지속가능성 성과를 단순히 나열하는 것을 넘어, 실제로 재무적 성과에 미치는 영향을 반영해야 한다고 강조한다. SASB는 기업이 ESG 관련 리스크와 기회를 정량적, 정성적으로 보고하도록 지침을 제공하여, 투자자들이 기업의 장기적인 성과를 평가할 수 있게 돕는다.

(6) SASB의 글로벌 채택 및 발전 동향

SASB는 다양한 국가의 기업과 투자자들 사이에서 점차적으로 채택되고 있으며, 전 세계적으로 산업별 ESG 공시 기준의 표준화에 기여하고 있다. 특히 2021년에 국제회계기준위원회(IFRS)가 지속가능성 회계 표준위원회(ISSB)를 설립하고 SASB와 협력하여 글로벌 공시 기준 통합을 추진함으로써, SASB는 국제적으로도 공인된 ESG 공시 기준으로 자리 잡아가고 있다. 특히 미국을 중심으로 기업들이 적극적으로 채택하고 있다. 또한 국제회계기준위원회(IFRS)와 함께 지속가능성 공시 표준을 개발하는 등 글로벌 공시 기준의 일관성을 높이는 데 기여하고 있다.

TCFD(기후관련재무공시협의체)

(1) 개요

TCFD(Task Force on Climate-related Financial Disclosures)는 기업이 기후 변화가 재무적 성과에 미치는 영향을 투명하게 보고하도록 유도하는 국제적 공시 기준이다. TCFD는 2015년 G20 주요국이 요청하여 금융안정위원회(Financial Stability Board, FSB)의 의뢰로 설립되었으며, 2017년에 TCFD 권고안 보고서를 발표했다. 이 권고안은 기후 변화가 기업의 운영 및 재무에 미칠 수 있는 영향을 체계적으로 분석하고 공시할 수 있도록 지원하는 지침을 제공한다.

TCFD의 주요 목적은 기후 변화로 인한 재무 리스크를 이해관계자들에게 투명하게 공개하여, 투자자와 금융기관들이 장기적 기후 리스크를 충분히 고려하여 의사결정을 내릴 수 있도록 돕는 것이다. 특히 TCFD는 기후 변화로 인해 발생할 수 있는 물리적 리스크와 전환 리스크를 구분하여 보고하도록 한다. 물리적 리스크는 기후 변화로 인한 자연재해나 환경적 변화가 기업에 미치는 영향을 뜻하고, 전환 리스크는 저탄소 경제로의 전환 과정에서 발생하는 정책 변화, 기술 발전, 소비자 요구 변화 등이 기업에 미치는 영향을 포함한다.

(2) TCFD의 4가지 핵심 공시 항목

TCFD는 기업이 기후 관련 정보를 투명하게 공개할 수 있도록 거버넌스, 전략, 리스크 관리, 지표와 감축 목표의 4가지 핵심 항목으로 공시 기준을 설정하고 있다. 각 항목은 기후 관련 재무 정보를 체계적으로 보고할 수 있도록 돕는다.

① 거버넌스(Governance)
◇ 기후변화 관련 위험과 기회에 대한 이사회의 관리 및 감독 내용을 보고한다.
◇ 기후변화 관련 위험과 기회를 평가 및 관리하기 위한 경영진의 역할에 대하여 보고한다.

② 전략(Strategy)
◇ 단기/중기/장기적인 기후변화 관련 위험과 기회를 보고한다.
◇ 기후변화 관련 위험과 기회가 영업, 전략 및 재무계획에 미치는 영향을 보고한다.
◇ 2℃ 이하 시나리오 등 다양한 기후변화 관련 시나리오가 영업, 전략 및 재무계획에 미치는 영향을 보고한다.

③ 위험 관리(Risk Management)
◇ 기후변화 관련 위험을 식별, 평가 및 관리하는 과정에 대해 구체적으로 보고해야 한다.
◇ 기후변화 관련 위험을 식별, 평가 및 관리하는 전체적인 위험 관리 시스템에 통합 관리하기 위한 절차와 방법을 명확히 설명하도록 요구한다.

④ 지표와 목표(Metrics and Targets)
◇ 기후변화 관련 위험과 기회를 평가 및 관리하기 위해 사용하는 지표를 보고한다.

◇ 온실가스 배출 정보 및 관련 위험을 보고한다.
◇ 기후변화 관련 위험과 기회를 관리하기 위해 사용하는 목표치와 성과를 보고한다.

(3) TCFD의 주요 특징과 효과

TCFD는 투자자, 금융기관, 기업이 기후 변화로 인한 재무적 영향을 보다 명확히 이해할 수 있도록 돕기 때문에, 많은 기업이 ESG 공시에서 TCFD 권고안을 따르고 있다. 특히 금융 부문에서는 TCFD 공시 기준이 점차 표준화되고 있으며, 많은 국가에서 TCFD 권고안을 바탕으로 의무적 공시 규제를 도입하고 있다.

TCFD는 또한 기후 시나리오 분석을 통해 기업이 다양한 기후 변화 시나리오에서 비즈니스에 미칠 영향을 평가하도록 권장하고 있다. 시나리오 분석은 기업이 기후 리스크를 장기적으로 분석하고, 다양한 기후 조건에서 사업을 유지할 수 있는 방안을 수립하는 데 중요한 역할을 한다.

(4) TCFD의 글로벌 채택 현황과 발전

TCFD는 설립 이후 여러 글로벌 금융기관과 기업들이 적극적으로 채택하고 있으며, 각국 정부와 규제 기관에서도 TCFD 권고안을 기반으로 공시 의무화를 추진하고 있다. 영국, 뉴질랜드, 캐나다, 일본 등 다수의 국가가 기후 관련 정보 공시를 의무화하는 법안을 마련하고 있으며, EU에서도 유럽 지속가능 금융 공시 규제(Sustainable Finance Disclosure Regulation, SFDR)와 같은 제도를 통해 TCFD 기준을 반영한 기후 정보 공시를 강화하고 있다.

ESRS(EU 지속가능성 보고 가이드라인)

(1) 개요

ESRS(European Sustainability Reporting Standards)는 EU 내 기업의 지속가능성 정보를 일관성 있게 보고하도록 개발한 공시 기준이다. ESRS는 2021년 채택된 기업 지속가능성 보고 지침 (Corporate Sustainability Reporting Directive, CSRD)의 일환으로 도입되었고, EU 내 활동하는 기업들의 지속가능성 공시를 표준화하고 강화하는 것이 목표다.

(2) ESRS의 주요 목적과 특징

ESRS의 주요 목적은 EU 내 기업들이 ESG 관련 정보를 투명하게 공개함으로써 지속가능성을 추구하는 경제로의 전환을 가속화하는 것이다. 이를 통해 EU는 기업이 자원의 효율적 사용, 기후 변화 대응, 인권 보호, 다양성과 포용성 강화 등 주요 지속가능성 목표를 달성할 수 있도록 한다. ESRS는 또한 투자자들이 기업의 ESG 성과를 평가할 수 있도록 일관된 기준을 제공해 신뢰성 있는 정보에 기반한 투자 결정을 내릴 수 있도록 한다.

(3) ESRS의 기본 구조와 핵심 영역

ESRS는 크게 환경(Environmental), 사회(Social), 거버넌스(Governance)의 세 가지 영역으로 나뉘어 있으며, 각 영역에서 기업이 준수해야 하는 공시 기준을 제시한다. 각 영역은 다음과 같은 주요 내용을 포함한다.

① 환경(Environmental)
- ◇ 기후 변화: 온실가스 배출량, 탄소배출 감축목표, 기후변화 완화 및 적응 전략 등
- ◇ 자원 사용과 순환경제: 자원 소비, 폐기물 처리, 순환자원 사용 전략 등
- ◇ 생물 다양성 및 생태계: 생물 다양성 보호 활동, 자연자원 보존, 생태계 복원 활동 등
- ◇ 오염 방지: 공기, 물, 토양 오염 방지 활동과 관련된 정보

② 사회 (Social)
- ◇ 인권과 노동 권리: 인권 보호 정책, 노동자 권리 보호, 인권 리스크 관리 방안
- ◇ 다양성과 포용성: 직원 다양성 정책, 포용적 근로 환경 구축 방안
- ◇ 소비자 보호와 제품 책임: 소비자 안전 보호, 데이터 프라이버시 보호, 제품의 사회적 책임

③ 거버넌스(Governance)
- ◇ 윤리와 기업 가치: 윤리적 경영 방침, 반부패 정책, 경영진의 사회적 책임
- ◇ 리스크 관리: ESG 관련 리스크 평가와 관리 방안
- ◇ 지배구조: 이사회 구성, 경영진의 ESG 책임, 이해관계자 참여

(4) ESRS의 공시 원칙

ESRS는 기업이 ESG 정보를 투명하고 신뢰성 있게 보고할 수 있도록 다음과 같은 주요 공시 원칙을 제시한다.

① **중요성(Materiality)**

기업은 환경, 사회, 거버넌스 측면에서 중요한 영향을 미치는 사항을 선정하여 보고해야 한다. 이는 기업과 이해관계자에게 중대한 영향을 미치는 이슈를 중심으로 정보를 제공하도록 돕는다.

② **비교 가능성(Comparability)**

ESRS는 보고된 정보가 다른 기업이나 전년과 비교 가능하도록 표준화된 보고 양식과 지표를 제시한다. 이는 이해관계자가 기업의 지속가능성 성과를 비교할 수 있게 한다.

③ **신뢰성과 검증 가능성(Reliability and Verifiability)**

보고된 정보는 신뢰성 있고 검증 가능한 데이터에 기반해야 한다. 이를 통해 ESG 정보의 객관성을 높인다.

④ **적시성(Timeliness)**

ESG 보고는 최신 정보를 포함해야 하며, 적시에 발행되어야 한다. 이는 투자자와 이해관계자들이 시의성 있는 정보를 통해 결정을 내릴 수 있게 한다.

(5) **ESRS의 의의와 글로벌 영향**

ESRS는 EU 내 기업뿐만 아니라 EU와 거래 관계가 있는 글로벌 기업들에게도 영향을 미친다. 유럽에서 활동하는 다국적 기업들은 ESRS 기준에 따라 지속가능성 정보를 보고해야 하며, 이러한 규정은 다른 국가의 기업에도 높은 ESG 공시 기준을 요구하는 환경을 조성하고 있다. ESRS는 유럽연합의 지속가능성 목표와 밀접하게 연계되어 있어, 기업이 지속가능성 경영을 더욱 강화하고 투명하게 보고하도록 유도하는 중요한 기준으로 자리 잡고 있다. 이를 통해 EU는 지속가능성 중심의 경제 전환을 가속화하며, 글로벌 기업들이 보다 높은 수준의 ESG 책임을 이행하도록 장려하고 있다.

GRI(글로벌리포팅인셔티브)

(1) GRI의 도입 배경과 목적

1997년 설립된 GRI(Global Reporting Initiaative)는 세계 최초의 지속가능성 보고 지침으로, 기업이 환경, 사회, 지배구조 전반에 걸친 지속가능성 정보를 보고하도록 권장하는 국제적 표준을 제시한다. 특히 비재무적 정보의 중요성을 부각시키며, 전통적 회계 보고에 포함되지 않은 환경 및 사회적 영향을 기업의 주요 성과로 간주하도록 유도하고 있다. 기업은 GRI를 통해 비재무적 성과를 보고함으로써 지속가능성을 강화하고, ESG 경영을 통해 장기적인 성장을 도모할 수 있다.

(2) GRI의 주요 특징과 적용 범위

GRI는 전 세계의 다양한 산업과 조직에 적용 가능한 포괄적인 표준을 제공하며, 기업뿐만 아니라 정부 기관, 비영리단체(NGO), 지방자치 단체와 같은 다양한 기관에서도 활용 가능하다. 특히 GRI 표준은 ESG 영역을 폭넓게 다루고 있어 기업의 전체적인 지속가능성 성과를 평가하는 데 적합하다. 환경 부분에서는 온실가스 배출, 에너지 사용량, 물과 생물 다양성 보호 등을 평가 항목으로 삼고 있으며, 사회 부분에서는 노동 인권, 다양성과 포용성, 지역사회 기여 등을 포함한다. 지배구조 부분에서는 투명성, 윤리적 경영, 이사회 구성의 독립성을 강조한다. 이러한 포괄적 접근은 이해관계자가 기업의 지속가능성 전반을 이해하고 비교할 수 있게 해준다.

(3) GRI 공시 지침의 구성과 세부 내용

GRI 공시 지침은 〈표4-1〉과 같이 주로 세 가지 수준의 표준으로 구성된다. 공통 표준(Universal Standards), 산업영역 표준(Sector Standards), 주제 표준(Topic Standards)이다. 이 세 가지 수준의 표준을 조합하여, 기업이 특정 영역에서 필요한 세부 항목을 보고할 수 있도록 유도한다.

〈표4-1〉 GRI Standards 기본 구조

Universal Standards (공통 표준)	Sector Standards (산업영역 표준)	Topic Standards (주제 표준)
GRI 1, 2, 3	GRI 11, 12, 13, 14	GRI 201~418
GRI 1: 기본 개념(5개 영역) GRI 2: 일반 공개(5개 영역) GRI 3: 중요 주제(2개 영역)	GRI 11: 오일, 가스 GRI 12: 석탄 GRI 13: 농업, 양식, 어업 GRI 14: 광업	GRI 201~207: 경제 관련 (7개 범주/17개 요구사항) GRI 301~308: 환경 관련 (7개 범주/28개 요구사항) GRI 401~418: 사회 관련 (17개 범주/36개 요구사항)
총 12개 영역	총 4개 영역	총 31개 범주/ 81개 요구사항

① 공통 표준(Universal Standards)

모든 조직이 보고해야 하는 기본 사항(GRI 1, 2, 3)을 다룬다. 기업의 일반적인 경영 정보와 조직의 전반적인 지속가능성 방침을 기술하도록 요구하며, 경영 방침과 이해관계자와의 관계, 지속가능성에 대한 접근 방식을 포함한다.

② **산업영역별 표준(Sector Standards)**

특정 산업에 적용되는 공시 항목을 제시한다. 각 산업이 다루는 핵심 문제를 반영하여 기업이 보다 특화된 정보를 보고하도록 돕는다. 예를 들어, 석유 및 가스 산업에서는 탄소배출량이 중점 항목으로, 금융업에서는 투자 및 대출의 환경적, 사회적 영향이 중점 항목으로 다뤄진다. 현재 GRI 11(오일, 가스), GRI 12(석탄), GRI 13(농업, 양식, 어업), GRI 14(광업) 4가지 산업별 기준을 제정하였으며, 향후 부문(산업)별 기준을 추가 확대 제정할 예정이다.

③ **주제 표준(Topic Standards)**

경제, 환경, 사회 관련 개별 항목을 다룬다. 경제 분야(GRI 200번대: 경제 성과 등 7개 범주, 17개 요구사항), 환경 분야(GRI 300번대: 원재료, 에너지 등 7개 범주, 28개 요구사항), 사회 분야(GRI 400번대: 고용, 노사 관계 등 17개 범주, 36개 요구사항)로 총 31개 범주, 81개 요구사항으로 구성되어 있다.

기업들은 이러한 각 기준에 따라 지속가능 보고서를 작성하여 투명성을 확보하고, 이해관계자와 신뢰를 구축할 수 있다.

(4) GRI Standards에서 준수해야 할 8개 보고 원칙

GRI Standards는 투명하고 신뢰성 있는 보고서를 작성하기 위해 기업이 준수해야 할 8가지 보고 원칙을 규정하고 있다. 이러한 8가지 원칙은 기업이 GRI Standards에 따라 보고서를 작성할 때 준수해야 하는 필수 지침으로, ESG 정보의 일관성, 신뢰성, 투명성을 보장하는 데 기여한다.

① **지속가능성의 맥락(Sustainability Context)**

기업의 ESG 성과는 더 넓은 환경적, 사회적 맥락에서 평가될 수 있어야 한다. 기업은 자사 활동이 사회와 환경에 어떤 영향을 미치는지 구체적으로 설명함으로써 보고서의 신뢰성을 강화한다.

② **완전성(Completeness)**

보고서는 모든 주요 정보를 빠짐없이 포함하여 이해관계자가 기업의 지속가능성 성과를 전체적으로 평가할 수 있도록 해야 한다. 이는 보고 범위, 기간, 성과 지표 등을 명확히 하여 전체적인 성과를 보여준다.

③ **정확성(Accuracy)**

보고서에 포함된 정보는 명확하고 정확해야 한다. 정확한 데이터와 세밀한 측정 방법은 보고서의 신뢰성을 높이며, 기업의 성과를 객관적으로 평가할 수 있게 한다.

④ **비교 가능성(Comparability)**

기업은 이해관계자가 다양한 시점의 ESG 성과를 비교할 수 있도록 보고서의 내용과 형식을 일관되게 유지해야 한다. 이는 ESG 성과를 분석하고 평가하는 데 중요한 역할을 한다.

⑤ **균형성(Balance)**

기업은 긍정적 성과뿐만 아니라 부정적 성과도 함께 포함하여 ESG 성과의 균형 잡힌 평가를 제공해야 한다. 균형성 원칙은 보고서가 신뢰할 만한 정보를 제공하는 데 중요하다.

⑥ **검증 가능성(Verifiability)**

보고서 내용은 외부에서 검증이 가능해야 하며, 공개된 데이터가 신뢰성 있고 객관적으로 확인될 수 있어야 한다. 검증 가능성은 보고서의 신뢰성과 투명성을 강화하는 중요한 원칙이다.

⑦ **명료성 (Clarity)**

보고서는 누구나 쉽게 이해할 수 있는 명확한 언어와 형식으로 작성되어야 한다. 이는 이해관계자가 복잡한 ESG 정보에 쉽게 접근하고 의미를 파악할 수 있도록 돕는다.

⑧ **적시성 (Timeliness)**

ESG 보고서는 정기적으로 발행되어야 하며, 정보는 최신의 것으로 유지되어야 한다. 이는 이해관계자가 기업의 지속가능성 성과를 실시간으로 평가할 수 있도록 돕는다.

(5) 요구사항

GRI Standards 2021 부합을 위한 필수요건으로서 다음의 요구사항 모두를 충족해야 한다.

① 보고 원칙을 적용한다.
② GRI 2가 제시하는 일반공시 사항을 보고해야 한다.
③ 중요 주제를 설정해야 한다.
④ GRI 3가 제시하는 중요 주제 개념 및 설정 방식을 따라야 한다.
⑤ 주제 표준이 제시하는 각각의 주제를 보고해야 한다.
⑥ 원칙을 따르지 않거나 주제를 보고하지 않는 경우 그 이유를 제시해야 한다.
⑦ 인덱스를 제시해야 한다.
⑧ 기준을 사용했다는 것을 보고서에 명시해야 한다.
⑨ 완성된 보고서를 제출해야 한다.

상기 ⑥항 관련하여 GRI 기준에 제시된 모든 항목을 직접 공시해야 하는 것은 아니며, 원칙이나 요구를 따르지 않거나 주제를 보고하지 않는 경우 그 이유를 적용 불가능, 특정 금지 법률, 기밀 사항, 정보 부족 등 공시하지 않은 사유를 간단히 표시할 수도 있다.

(6) GRI의 국제적 영향과 활용 사례

GRI는 전 세계에서 널리 채택되고 있는 공시 기준으로, 다수의 글로벌 기업이 이를 기반으로 지속가능 보고서를 작성한다. 유럽연합의 기업 지속가능성 보고지침(CSRD)은 GRI를 중심으로 비재무 정보 공개 요구를 강화하고 있으며, 다수 아시아 국가들도 GRI 표준을 기반으로 ESG 공시 가이드라인을 마련하고 있다. 미국, 유럽, 아시아의 다국적 기업들이 GRI 표준에 따라 보고서를 작성하며, 공시의 일관성을 높이는 데 기여하고 있다.

세계적 소비재 기업인 유니레버(Unilever)는 GRI 표준을 기반으로 환경적 성과와 사회적 기여를 보고하며, 해당 보고서를 통해 지속가능성 목표 달성 여부를 검증받고 있다. 또한 금융 분야에서도 많은 글로벌 금융기관이 GRI 표준에 따라 사회적 책임투자를 강화하고 있으며, 이를 통해 자금 조달 비용을 절감하고 기업 평판을 제고하고 있다.

3. K-ESG 가이드라인

(1) 개요

산업통상자원부와 관계부처 합동으로 2021년(V1.0) 발표된 이후 국내외 ESG 규범의 변화 사항 및 국내기업을 대상으로 실시된 활용 실태조사 결과를 반영하여 2024년 12월(V2.0) 개정하여 발표된 K-ESG 가이드라인은 한국에서 기업의 ESG(환경, 사회, 지배구조) 관련 정보 공시를 표준화하기 위해 마련된 공시 기준이다. 이 가이드라인은 한국의 산업 환경과 특수성을 반영하여 개발되었으며, ESG 정보의 신뢰성과 일관성을 높여 국내외 투자자들의 평가 기준에 부합하도록 설계되었다.

(2) K-ESG 가이드라인의 주요 목적

한국 기업들이 글로벌 ESG 공시 기준에 부합하는 정보를 제공할 수 있도록 다음과 같은 목적을 가지고 있다.

① **기업의 지속가능성 강화**

K-ESG 가이드라인은 기업이 환경 보호, 사회적 책임, 투명한 지배구조를 통해 장기적 가치를 창출할 수 있도록 장려한다.

② **투명성 제고**

이해관계자들이 기업의 ESG 활동과 성과를 명확히 이해할 수 있도록 투명한 보고 기준을 제공한다.

③ **글로벌 경쟁력 확보**

한국 기업이 글로벌 ESG 공시 기준(GRI, TCFD, SASB 등)과 일관성 있는 정보를 제공하여 국제 경쟁력을 갖출 수 있도록 지원한다.

(3) K-ESG 가이드라인 진단항목 체계

K-ESG 가이드라인의 진단항목 체계는 〈표4-3〉과 같이 정보 공시 5개 문항, 환경 25개 문항, 사회 22개 문항, 지배구조 17개 문항으로 구성되었다.

〈표4-3〉 영역별 진단항목 체계

영 역	범 주	진단항목
정보 공시(P) (5개 문항)	정보 공시 형식	-ESG 정보 공시 방식 -ESG 정보 공시 주기 -ESG 정보 공시 범위
	정보 공시 내용	-ESG 핵심 이슈 및 KPI
	정보 공시 검증	-ESG 정보 공시 검증
환경(E) (25개 문항)	환경경영 목표	-환경경영 목표 수립 -환경경영 추진체계
	원부자재	-원부자재 사료량 -재생 원부자재 비율
	온실가스	-온실가스 배출량(Scope 1&2) -온실가스 배출량(Scope 3) -온실가스 배출량 검증
	에너지	-에너지 사용량 -재생에너지 사용 비율
	용 수	-용수 사용량 -재사용 용수 비율
	폐기물	-폐기물 배출량 -폐기물 재활용 비율
	오염물질	-대기오염물질 배출량 -수질오염물질 배출량
	환경 법/규제 위반	-환경 법/규제 위반
	환경 라벨링	-친환경 인증 제품 및 서비스 비율
	기후변화대응	-기후변화 거버넌스 -기후변화 중장기 리스크 식별 -기후변화 물리 리스크 및 대응방안 -기후변화 전환 리스크 및 대응방안 -온실가스 배출량 감축 선언
	생물다양성	-자연자본 식별 -생물다양성 보존 전략 -산림보호 활동

사회(S) (22개 문항)	목표	-목표 수립 및 공시
	노동	-신규 채용 및 고용 유지 -정규직 비율 -자발적 이직률 -교육 훈련비 -복리 후생비 -결사의 자유 보장
	다양성 및 양성평등	-여성 구성원 비율 -여성 급여 비율 -장애인 고용률
	산업안전	-안전보건 추진체계 -산업재해율
	인권	-인권정책 수립 -인권리스크 평가
	동반성장	-협력사 ESG 경영 -협력사 ESG 지원 -협력사 ESG 협약 사항
	지역사회	-전략적 사회 공헌 -구성원 봉사 참여
	정보보호	-정보보호 시스템 구축 -개인정보 침해 및 구제
	사회 법/규제 위반	-사회 법/규제 위반
지배구조(G) (17개 문항)	이사회 구성	-이사회 내 ESG 안건 상정 -사외이사 비율 -대표이사 이사회 의장 분리 -이사회 성별 다양성 -사외이사 전문성
	이사회 활동	-전체 이사 출석률 -사내이사 출석률 -이사회 산하 위원회 -이사회 안건 처리
	주주 권리	-주주총회 소집 공고 -주주총회 집중일 이외 개최 -집중/전자/서면 투표제 -배당정책 및 이행
	윤리경영	-윤리규범 위반사항 공시
	감사기구	-외부감사 부서 설치 -감사기구 전문성 (감사기구 내 회계/재무 전문가)
	지배구조 법/규제 위반	-지배구조 법/규제 위반

- 합 계 : 4개 영역, 29개 범주, 69개 기본 진단항목

〈출처 : 관계 부처 합동 K-ESG 가이드라인, 2024.12.〉

(4) K-ESG 가이드라인의 특징

글로벌 기준을 바탕으로 하면서도 한국의 기업 환경과 특수성을 반영하여 설계되었다. 한국의 중소기업과 대기업 모두 K-ESG 가이드라인을 통해 자신들의 ESG 성과를 투명하게 보고할 수 있으며, 가이드라인의 권고사항은 한국 기업들이 글로벌 시장에서 ESG 경쟁력을 강화할 수 있도록 돕는다. 특히 한국의 산업 구조에 맞는 구체적 지침을 제공하여, 모든 규모의 기업들이 접근 가능한 표준으로서의 역할을 한다. 또한 공공기관 및 금융기관의 투자 결정을 위한 중요한 기준으로 활용되며, 이를 통해 ESG 경영을 국내기업들이 적극적으로 도입하고 운영할 수 있는 환경을 조성한다.

(5) K-ESG 가이드라인의 의의와 발전 가능성

K-ESG 가이드라인은 한국 내에서 ESG 공시 표준을 정립하고, 기업들이 지속가능성 경영을 체계적으로 도입할 수 있도록 하는 중요한 역할을 하고 있다. 또한 정부의 지속가능한 성장 정책과도 연계되어, 기업들이 지속가능성 이슈에 대한 책임감을 가지고 적극적인 변화를 추구하도록 하는 기준으로 자리 잡고 있다.

4. IFRS의 공시 기준 통합 트렌드

글로벌 ESG 규제강화에 국내기업들이 미리 대비할 수 있도록, ISSB의 첫 지속가능성 공시 기준인 IFRS S1(일반)·S2(기후) 기준을 한국의 금융위원회가 번역하여 공개한바, 일부 내용을 발췌 정리하였다.

- **IFRS 재단:** 국제재무보고기준(International Financial Reporting Standards) 재단, 전 세계 약 146개국이 도입하고 있는 국제회계기준(IFRS 회계기준) 등을 제정하는 국제기구
- **ISSB:** 국제지속가능성기준위원회(International Sustainability Standards Board), 2021년 11월 IFRS재단 산하에 설립된 위원회로, 글로벌 지속가능성 공시 기준을 제정

(1) **추진 배경**

전 세계적으로 다양한 ESG 공시 기준이 존재하지만, 각국의 규제 및 조직마다 요구사항이 상이했다. 대표적인 기준으로는 GRI(글로벌 보고 이니셔티브), SASB(지속가능성 회계기준 위원회), TCFD(기후 관련 재무정보 공개 태스크포스) 등 다양하게 존재하고 있다. 이러한 단편화는 투자자와 기업 모두에게 복잡성과 비용 부담을 증가시켰다. 이에 따라서 글로벌 금융시장 참가자들은 통합된 고품질의 ESG 정보 공시 기준의 필요성을 지속적으로 제기해 왔다.

ISSB는 국제회계기준재단(IFRS Foundation)에 의해 설립되었다. IFRS 재단은 금융 보고 분야에서 국제회계기준(IFRS)을 성공적으로 제정함으로써 전문성을 인정받은 조직이다. 비재무적 ESG 정보가 기존의 재무적 정보와 일관성 있게 연계될 필요성이 있다는 점

등의 이유로 IFRS 재단이 통합된 ESG 공시 기준을 제정할 최적임자로 인식되었다. IFRS 재단은 2020년 9월 지속가능성 공시 기준을 개발하기 위한 초기 제안을 발표하였고, 이를 바탕으로 2021년 11월에 ISSB가 공식적으로 출범했다. 2022년 3월 일반 및 기후 분야의 지속가능성 공시 기준('ESG 공시 기준')에 대한 공개 초안을 발표한 이후, 의견 수렴을 거쳐 2023년 6월 첫 번째 지속가능성 공시 기준인 IFRS S1(일반) 및 S2(기후) 최종안을 발표하였다.

특히 기후변화문제는 ISSB 설립의 주요 동인이었다. 2015년 파리협정 이후 기업들이 탄소배출량과 기후변화 완화 전략을 공개하도록 요구하는 압력이 증가했다. 이에 따라 기후변화 관련 공시 기준의 통합이 시급해졌으며, ISSB는 TCFD의 권고안과 SASB의 산업별 접근 방식을 기반으로 표준화를 추진하고 있다.

(2) ISSB 기준 개요

① 제정 주체: 국제지속가능성기준위원회

② 기준 공표

2023년 6월, 첫 번째 기준인 IFRS S1 및 S2 발표

S1: 지속가능성 관련 재무정보 공시를 위한 일반 요구사항

S2: 기후 관련 공시

③ 기준 구성

IFRS S1, S2 기준서, 기준서별 결론 도출 근거 및 부속 지침

④ 기준 내용

S1: 재무정보 공시 전반에 대한 포괄적인 기준선 제시

S2: 기후 관련 위험 및 기회에 대한 공시 요구사항 제시, S1과 함께 적용되도록 고안

(3) 주요 내용

① IFRS S1 지속가능성 관련 재무정보 공시

투자자 정보 필요를 위해 지속가능성 관련 위험과 기회에 대한 중요 정보의 공시를 요구하고 있다.

가. 목적: 일반목적 재무보고서의 주요 이용자가 기업에 대한 자원 제공과 관련된 의사결정을 할 때 유의적인 기업의 지속가능성 관련 위험 및 기회에 대한 유용한 정보를 기업이 공시하도록 요구

나. 적용 범위: IFRS 지속가능성 공시 기준에 따라 기업이 지속가능성 관련 재무 공시를 작성 및 보고할 때 적용

다. 핵심 요소: 지배구조, 전략, 위험 관리, 지표 및 목표
IFRS 지속가능성 공시 기준에서 달리 허용하거나 요구하지 않는 한, 기업은 다음 사항에 대한 공시를 제공해야 한다.

라. 일반 요구사항

【지배구조】
- 지속가능성 관련 위험 및 기회를 모니터링하고 관리하기 위해 사용하는 지배구조 과정, 통제 및 절차를 이해할 수 있도록 하는 정보

【전 략】
- 지속가능성 관련 위험 및 기회를 관리하기 위한 기업의 전략을 이해할 수 있도록 하는 정보
- 관련 위험 및 기회가 기업의 재무 상태, 재무 성과, 현금 흐름에 미치는 영향

재무정보 공시에 관한 일반 요구사항과 관련하여 보고 주체, 중요성, 보고 시기 등에 대하여 추가로 규정하고 있다.

-기업 전략의 회복력 및 현금 흐름에 대한 질적 및 양적 정보

【위험 관리】
- 기업이 지속가능성 관련 위험 및 기회를 식별, 평가, 우선순위 설정 및 모니터링하기 위해 사용하는 프로세스를 이해할 수 있도록 하는 정보

【지표 및 목표】
- 지속가능성 관련 위험 및 기회를 측정, 감독, 관리 방법을 이해하고, 기업의 성과를 평가할 수 있는 정보
- 전략적 목표에 대한 진척을 평가하기 위한 목표와 사용된 지표, 적용되는 기간 기준 시점 및 이정표 등
- 공시된 목표에 대한 성과, 추세 분석 및 유의적인 변화

【중요성】 누락, 잘못 기재, 불분명한 경우 투자자의 의사결정에 영향을 줄 것으로 예상되는 정보

【공정한 표시】 기준서에 명시된 원칙에 따라 지속가능한 위험과 기회를 충실하게 표현

【보고기업】 일반 목적 재무제표 보고기업과 동일

【연계된 정보】 지속가능성 위험과 기회와 재무공시 정보와의 연계성

【공시의 위치】 재무보고의 일부로 공시하며 상호 참조 허용

【보고 시기】 재무제표와 동일한 보고 기간에 공시

【비교 정보】 필요한 경우 서술형에 대한 비교 정보도 공시

【지침의 원천】 지속가능성 위험과 기회 주제 선정 및 공시에 SASB 고려 및 기타 원천도 고려

【준수 문구】 법에서 공지하지 않는 한 요구사항 준수 시만 준수 문구 사용 가능

【판 단】 지속가능성 관련 재무 공시에 사용되었고, 가장 유의적인 영향에 미치는 판단 사용

【불확실성】 지속가능성 관련 재무 공시 금액이 영향을 미치는 불확실성 공시

【오 류】 실무적으로 적용이 불가능한 경우가 아니면 재작성 필요

② IFRS S2 기후 관련 공시

기후 관련 위험과 기회에 대한 물리적 위험 및 전환 위험 등 중요 정보의 공시를 요구하며, SASB 기준에 기반한 정부 가이던스를 활용할 수 있는 산업별 공시를 요구하고 있다. TCFD 권고사항을 완전히 반영하고 투자자 정보 필요를 맞추기 위해 IFRS S1과 함께 사용하고 있다.

가. 목적: 일반목적 재무보고서의 주요 이용자가 기업에 대한 자원 제공과 관련된 의사결정을 할 때 유의적인 기업의 기후 관련 위험 및 기회에 대한 유용한 정보를 기업이 공시하도록 요구
나. 적용 범위: 기업에 노출되는 기후 관련 위험과 기업이 이용할 수 있는 기후 관련 기회에 적용
다. 핵심 요소: 지배구조, 전략, 위험 관리, 지표 및 목표 일반목적 재무보고의 이용자들이 다음 사항을 이해할 수 있도록 정보를 제공하도록 요구하고 있다.
라. 실무적 지침: IFRS S2 기후 관련 공시에서는 산업과 관련 없이 공통으로 공시해야 하는 7가지 지표를 요구하고 있다.

【지배구조】
- 기업이 기후 관련 위험 및 기회를 모니터링하고 관리하기 위해 사용하는 지배구조 과정, 통제 및 절차를 이해할 수 있도록 하는 정보

【전 략】
- 기후 관련 위험 및 기회를 관리하기 위한 기업의 전략을 이해할 수 있도록 하는 정보
- 관련 위험 및 기회가 기업의 재무 상태, 재무 성과, 현금 흐름에 미치는 영향
- 기업 전략의 회복력 및 현금 흐름에 대한 질적 및 양적 정보

【위험 관리】
- 기업이 기후 관련 위험 및 기회를 식별, 평가, 우선순위 설정 및 모니터링을 위해 사용하는 프로세스를 이해할 수 있도록 하는 정보

【지표 및 목표】
- 기후 관련 위험 및 기회를 측정, 감독, 관리 방법을 이해하고, 기업의 성과를 평가할 수 있는 정보
- 산업 공통 지표: 온실가스 배출량, 전환 위험, 물리적 위험, 기후 관련 기회, 자본 배치, 내부 탄소 가격, 보상
- 산업 기반 지표: 산업 설명, 공시 주제 지표, 세부 프로토콜 및 활동 지표
- 기타 성과 지표: 기후 관련 목표의 진척을 측정하기 위해 이사회 또는 경영진이 사용하는 지표
- 기후 관련 목표: 목표 달성까지 진척을 평가하는 지표, 기후 관련 위험 및 기회를 다루기 위해 기업이 설정한 목표 등

【온실가스 배출량】: Scope 1, 2, 3
- 온실가스 프로토콜 기업 기준에 따른 절대 총배출량 공시
- Scope 1&2 배출량은 연결기업, 관계기업 등의 배출량을 별도 공시하고 기업의 배출량을 포함하기 위한 접근법
- Scope 2는 지역 기반 방법론에 기초
- Scope 3는 가치사슬 배출량을 포함하며, 금융기관은 금융배출량 공시(촉진배출량은 제외)

【물리적 위험】
- 물리적 위험에 취약한 자산 또는 사업활동의 금액 및 비율

【전환 위험】
- 전환 위험에 취약한 자산 또는 사업활동의 금액 및 비율

【기후 관련 기회】
- 기후 관련 기회에 부합하는 자산 또는 사업활동의 금액 및 비율

【자본 배치】
- 기후 관련 위험 및 기회에 배치된 자본적 지출

【내부 탄소 가격】
- 배출 원가를 평가하기 위해 사용하는 온실가스 1톤당 가격
- 탄소 가격을 의사결정에 적용하고 있는 방법 설명
  (투자의사 결정, 이전 가격 및 시나리오 분석)

【보상】
- 기후 관련 사항과 연계되어 당기에 인식된 경영진 보상 비율
- 기후 관련 사항이 경영진 보상에 어떻게 고려되는지에 대한 기술

02 ESG 경영 평가 기준

1. 평가 기준 개요

　ESG 평가 기준은 기업의 환경, 사회, 지배구조 성과를 체계적으로 평가하는 지침이다. 이는 투자자와 이해관계자가 기업의 지속가능성과 사회적 책임 이행 수준을 객관적으로 비교·평가할 수 있도록 하며, 투자의사 결정에 필수 정보를 제공한다. 최근에는 정량적 평가를 넘어, 진정성 있는 실행과 통합적 경영전략 반영 여부를 포함한 정성적 평가로 확장되고 있다. 이는 ESG 성과가 일회성이 아닌 지속가능 경영의 핵심으로 자리 잡도록 유도한다.

2. ESG 평가의 중요성

　ESG 평가는 기업의 장기적인 가치 창출 잠재력을 측정하는 주요 지표로 작용한다. 재무적 성과만으로는 기업의 지속가능성을 온전히 평가하기 어렵기 때문에, ESG 평가는 기업이 환경적 책임과 사회적 역할을 수행하면서 얼마나 안정적으로 경영을 유지할 수 있는지를 측정한다. 이를 통해 기업은 단기 수익에 집중하지 않고, 지속가능 성장을 추구할 수 있는 동력을 갖추게 된다.

　기업의 리스크 관리 능력을 평가하는 데 중요한 역할을 한다. 기후 변화, 자원 고갈, 노동 환경, 지배구조 등 ESG와 관련된 리스크는 기업의 운영과 재무 성과에 큰 영향을 미칠 수 있다. ESG 평가를 통해 기업은 잠재적 리스크를 사전에 식별하고 대응 전략을 수립할 수 있으며, 기업이 예기치 못한 위험 상황에 대비하고 장기적 안정성을 유지하는 데 도움이 된다.

투자자와 금융기관들이 기업을 평가하고자 결정을 내리는 데 중요한 기준이 된다. 투자자들은 기업의 재무적 성과뿐 아니라 비재무적 성과를 고려하여 투자 여부를 결정하며, ESG 성과가 우수한 기업을 선호하는 경향이 강해지고 있다. 이는 ESG 경영이 단순한 평판 관리가 아니라, 투자 유치를 위한 핵심 전략임을 보여준다. 따라서 ESG 평가는 기업이 자본 시장에서 경쟁력을 높이고, 더 많은 투자 기회를 확보하는 데 중요한 역할을 한다.

기업의 사회적 책임을 보여주는 중요한 지표로, 소비자와의 신뢰 관계를 강화하는 데 중요한 역할을 한다. 오늘날 많은 소비자는 환경 보호, 윤리적 경영 등을 중시하는 기업을 선호한다. ESG 평가는 소비자에게 기업이 얼마나 책임감 있는 경영을 하고 있는지 알려주는 지표로, 이를 통해 기업은 긍정적인 브랜드 이미지를 구축하고 소비자 신뢰를 강화할 수 있다.

기업 내부의 조직 문화와 직원들의 만족도를 평가하는 중요한 요소가 된다. ESG 성과가 우수한 기업은 더 나은 근로 환경과 공정한 처우를 제공하는 경향이 있으며, 이는 직원들의 만족도를 높이고 기업의 유능한 인재 유지와 채용에 긍정적인 영향을 미친다. ESG 평가는 조직 문화 개선에 도움을 주며, 기업이 임직원의 신뢰를 얻고 긍정적인 직장 문화를 구축하는 데 기여한다.

3. ESG 평가와 금융생태계

ESG 평가는 이제 전 세계 금융생태계에서 필수적인 요소로 자리 잡고 있으며, 투자자와 금융기관이 기업의 장기적 가치를 판단하고 리스크를 평가하는 데 중요한 역할을 한다. 〈그림4-1〉과 같이 ESG 평가를 통해 금융생태계는 지속가능성 중심의 경제로 전환하는 데 기여하고 있으며, 이는 장기적 안정성, 리스크 관리, 윤리적 가치 기반의 성장을 목표로 하는 현대 금융 시스템에서 중요한 역할을 한다.

〈그림4-1〉 ESG 평가와 금융생태계

기업	금융 중개기관				최종 투자자
	평가기관	지표 산출기관	자산 운용사	기관 투자자	
ESG 정보공시	ESG 등급산출 및 투자 인덱스 구성		자산을 관리할 수탁 책임		투자 수익과 위험 최종부담
공시기준 제정 기구		규제 감독 당국		규범적 기준 제정 기구	
ESG 공시기준 제정 (GRI, TCFD, SASB, ISSB 등)		거래, 규제, 감독 (증권거래소, 금융감독원 등)		가치기준, 행동기준 제정 (OECD, UN 등)	

〈출처: 손기원 저, ESG 경영실무〉

ESG 평가는 투자자들에게 기업의 지속가능성을 평가하는 기준을 제공하며, ESG 성과가 높은 기업에 대한 투자 선호를 촉진한다. 이는 글로벌 연기금과 기관 투자자들을 중심으로 ESG 관련 펀드와 채권 발행 확대로 이어지고 있다. ESG 채권, 펀드, ESG 연계 대출 등 다양한 금융 상품이 ESG 평가를 기반으로 확산되고 있다. 이는 투자자들에게 지속가능성과 윤리적 가치를 반영한 투자 기회를 제공하며, 자본 배분의 지속가능성을 강화한다. 금융기관은 ESG 평가를 활용해 기업의 환경, 사회, 지배구조 리스크를 사전에 식별하고 관리 전략에 반영함으로써 포트폴리오의 안정성을 높이고 있다. 이를 통해 금융생태계는 신뢰할 수 있는 장기적 자본 환경을 구축하고 있다.

한편, 투자자와 자산운용사는 ESG 평가를 통해 기업의 지속가능성을 정밀히 평가하고, ESG 성과가 높은 기업에 대한 선호를 강화하고 있다. 결과적으로 ESG 우수 기업은 더 안정적이고 지속가능한 투자 대상으로 부각되고 있다. 한편, 금융기관과 은행은 ESG 평가를 대출 조건과 투자 의사 결정 과정에 반영해 지속가능성을 강화하고 있다. ESG 성과가 높은 기업에는 낮은 금리와 같은 우대 조건을 제공하고, 성과가 낮은 기업에는 대출을 제한하는 방식으로 ESG 리스크를 적극 관리한다. 이러한 방식은 금융기관이 ESG 경영을 장려하는 강력한 동기가 되고, 기업들로 하여금 ESG 성과를 개선하도록 유도하는 역할을 하고 있다. 규제 기관과 정부는 ESG 공시 의무화와 평가 기준의 표준화를 통해 금융생태계에서 ESG의 중요성을 더욱 강조하고 있다. 유럽연합은 기업 지속가능성 보고지침(CSRD)을 도입해 ESG 정보 공개를 의무화하고 있으며, 이를 통해 정보의 투명성과 신뢰성을 높이고 있다. 이와 같은 정책적 움직임은 기업들이 ESG 정보를 체계적으로 관리하고 공개하도록 유도하며, ESG 평가의 질적 향상에 기여하고 있다.

ESG 평가를 도입함으로써 금융생태계는 지속가능한 경제를 지향하는 방향으로 전환되고 있다. 금융시장이 ESG 평가를 통해 기업의 비재무적 성과와 지속가능성을 중요하게 여기면서, 장기적인 성장과 사회적 가치를 함께 추구하는 기반을 마련할 수 있다. ESG 평가는 투자자들이 윤리적, 사회적 책임을 실현하는 데 도움을 준다. 투자자들은 ESG 평가를 바탕으로 기업을 검토하여 책임 있는 투자를 실현할 수 있다. 이는 사회적 가치를 추구하는 금융생태계의 발전을 이끌며, 기업의 ESG 경영 강화와 함께 긍정적인 사회적 영향을 창출할 수 있다.

ESG 평가를 통해 금융생태계는 기업의 장기적 리스크를 사전에 파악하고 대응할 수 있게 된다. 기후 변화나 사회적 불평등, 기업 지배구조 문제는 기업의 장기적 성과와 가치를 저해할 수 있는 요인들이다. ESG 평가는 이러한 리스크를 종합적으로 반영하여 투자자와 금융기관이 신중한 결정을 내릴 수 있게 돕는다.

4. 평가기관별 평가 기준

ESG 평가 기준은 주요 글로벌 및 국내 평가기관에 따라 다양한 항목과 방식으로 적용된다. 글로벌 ESG 평가기관들은 ESG 영역에서 기업의 비재무적 성과를 평가해, 투자자들에게 중요한 지표를 제공한다. 이러한 평가 기준은 국가와 산업군과 관계없이 일관성 있는 정보를 제공하려는 목적을 가지고 있다. 반면, 국내 기관들은 한국의 사회적, 환경적 특성과 규제 요건을 반영하여 보다 현지화된 평가 기준을 마련해 왔다. 평가기관별로 ESG의 세 가지 축을 평가하는 방식에는 차이가 있지만, 궁극적으로는 기업의 지속가능성과 사회적 책임을 측정하고 평가하는 점에서 공통된 목표를 가진다. 대표적인 글로벌 ESG 평가기관으로는 모건스탠리캐피털인터내셔널(Morgan Stanley Capital International, MSCI), 지속가능성평가지수(Dow Jones Sustainability Index, DJSI), 톰슨 로이터의 리피니티브(Refinitiv), 그리고 서스테이널리틱스(Sustainalytics)가 있다.

(1) MSCI

가장 권위 있는 글로벌 평가기관으로써 환경, 사회, 지배구조 영역을 종합적으로 평가하며, 〈표4-4〉와 같이 핵심 이슈별로 각 항목에서 기업이 처한 산업별 리스크와 기회를 반영해 점수를 부여한다. 탄소 집약적 산업에 속한 기업의 경우 환경 영향이 높은 점수를 차지하는 반면, 금융 분야에서는 지배구조의 투명성과 책임성이 중점적으로 평가된다.

〈표4-4〉 MSCI ESG 핵심 이슈 체계

3대 축	10개 주제	35개 핵심 이슈	
환 경	기후변화	탄소배출 제품 탄소발자국	자본 조달의 환경 영향 기후변화 취약성
	자연자본	물 스트레스 (*) 생물다양성과 토지 이용	원자재 조달
	오염 및 폐기물	유해물질 및 폐기물 포장재 및 폐기물	전자 폐기물
	환경 관련 기회	청정기술 기회 재생에너지 기회	그린빌딩 기회 (친환경 건축)
사 회	인적 자본	인력 관리(고용 관행) 보건과 안전	인적자본 개발 공급망 근로 기준
	제품 책임	제품 안전 및 품질 화학물질 안전성 금융상품 안전성 (소비자 보호)	개인정보 보호 및 데이터 보안 책임투자 보건 및 인구 통계적 리스크
	이해관계자 갈등	분쟁광물 소싱	지역사회 관계
	사회적 기회	통신 접근성 금융 접근성	의료서비스 접근성 영양과 보건의 기회
지배 구조	기업 지배구조	소유와 경영 이사회	경영진 보상 회계
	기업 행동	기업 윤리	조세 투명성

〈출처: 손기원 저, ESG 경영실무〉

(*) 물 스트레스: 사용 가능한 물 부족으로 인해 사람과 생물이 겪는 스트레스

MSCI는 등급은 〈표4-5〉와 같이 7개 등급 AAA, AA, A, BBB, BB, B, CCC으로 표시한다.

〈표4-5〉 MSCI ESG 등급 (7등급)

구 분	등 급	특 징
선도자(Leader)	AAA, AA	가장 중요한 ESG 리스크와 기회를 관리함에 있어서 업계를 선도하는 기업
평 균(Average)	A, BBB, BB	업계 동종 업체와 비교하여 ESG의 가장 중요한 리스크와 기회를 관리함에 있어서 실적이 교차하거나 평범한 기업
낙오자(Laggard)	B, CCC	중대한 ESG 리스크에 노출도가 높고, 관리에 실패함으로 인해 업계에서 뒤처지는 기업

〈출처:손기원 저, ESG 경영실무〉

(2) DJSI

기업의 경제적, 환경적, 사회적 성과를 통합하여 종합 지수를 산출하며, 주로 업계 선두 기업을 대상으로 평가를 진행해 해당 기업의 지속가능성을 측정한다.

(3) 서스테이널리틱스

ESG 요소를 세부적으로 평가하여 산업별, 지역별 비교 가능하도록 지원한다. 서스테이널리틱스는 기업의 ESG 리스크 노출과 관리 역량을 평가해 리스크 기반 점수를 제공하며, 기업의 관리 능력과 관련 사건 분석을 통해 구체적 평가 정보를 제공한다.

(4) 리피니티브

400여 가지의 ESG 항목을 통해 기업의 지속가능성 성과를 평가하며, 기후변화 대응과 같은 중요한 글로벌 이슈를 반영해 평가 기준을 지속적으로 업데이트하고 있다. 이러한 글로벌 평가 기준은 국제적으로 비교 가능한 데이터를 제공하여 기업의 ESG 성과를 객관적으로 평가하는 데 기여한다. 국내에서는 한국ESG기준원과 한국거래소가 주요 ESG 평가기관으로 활동하고 있다.

(5) 한국ESG기준원

한국의 경제와 산업 구조에 맞춘 ESG 평가 기준을 제공하며, 환경, 사회, 지배구조 각 영역에 대한 세부 항목을 평가해 기업의 책임 경영을 유도한다. KCGS의 평가는 〈표4-6〉과 같이 기본평가와 심화평가로 구분한다.

〈표4-6〉 KCGS ESG 기업 분류 및 평가문항 구성

유형분류		환 경	사 회	지배구조	금융사 지배구조
기본 평가	기업 분류	〈민감도별 분류〉	〈업종 기준별 분류〉	〈자산규모별 분류〉	〈상장여부별 분류〉
		환경민감도 상	에너지	자산 2조 원 이상	상장 금융사
		환경민감도 중	소 재	자산 2조 원 미만	비상장 금융사
		환경민감도 하	---		
	문항 구성	환경경영	근로자	주주 권리 보호	주주 권리 보호
		환경 성과	협력사 및 경쟁사	이사회	이사회
		이해관계자 대응	소비자	감사기구	최고경영자
			지역사회	정보 공개	보 수
		3대 대분류	4대 대분류	(일반) 4대 대분류 (금융사) 7대 대분류	위험 관리
					감사기구 및 내부 통제
					정보 공개
심화 평가	분석 방법	1. 기업 활동에서 발생한 부정적 이슈를 확인하기 위해 공시 자료, 뉴스, 미디어 등 다양한 출처의 정보를 상시 수집 2. 기업 가치의 훼손 우려가 높은 ESG 이슈를 법 위반 여부, 중대성, 규모, 기간 등을 종합적으로 고려하여 감점 수준을 결정			

〈출처: 손기원 저, ESG 경영실무〉

기본평가는 기업 특성별로 분류한 후 가점 방식을 적용하며, 심화평가는 부정적 ESG 이슈에 대한 감점 방식을 적용한다. 최종등급은 기본평가 점수 백분율에서 심화평가 점수 백분율을 차감한 값을 기준으로 산정한다.

평가문항은 총 18개 대분류(환경 3, 사회 4, 지배구조 4, 금융사 지배구조 7대), 265개 핵심 평가항목으로 구성되어 있다.

5. 평가 기준의 트렌드

최근 ESG 평가 기준은 더욱 세분화되고 있다. 이는 기업의 ESG 성과가 투자 결정에 중요한 영향을 미치는 요소로 자리 잡으면서, 보다 구체적이고 체계적 평가가 요구되기 때문이다. ESG 평가기관들은 전통적인 정량적 지표뿐만 아니라 정성적 요소를 반영하여 평가의 정교함을 높이고 있으며, 산업의 특성을 고려한 맞춤형 평가를 통해 실질적인 지속가능성을 측정하고 있다.

특히 ESG 평가 기준에서는 기후 변화 대응과 같은 글로벌 환경 이슈가 중점적으로 다뤄지고 있다. 많은 평가기관이 탄소배출량, 기후변화 리스크 관리, 재생에너지 사용 여부와 같은 항목을 평가에 포함하여 기업이 얼마나 적극적으로 기후 위기에 대응하고 있는지를 살펴보고 있다. 기후관련재무공시협의체(Task Force on Climate-related Financial Disclosures, TCFD)와 같은 글로벌 프레임워크가 ESG 평가 기준에 통합되면서, 기업의 기후변화 대응능력은 ESG 평가의 중요한 요소로 자리 잡았다.

사회적 책임과 관련된 평가항목에서도 새로운 트렌드가 나타나고 있다. 과거에는 주로 노동 환경이나 인권 보호 수준이 평가되었다면, 최근에는 다양성과 포용성(Diversity and Inclusion)이 중요한 평가항목으로 추가되었다. 기업의 인종, 성별, 연령 등에서 다양성을 얼마나 확보하고 있는지, 그리고 포용적인 조직 문화를 조성하고 있는지가 평가의 중요한 부분이 되고 있다. 이러한 변화는 법적 요건 충족에 그치지 않고, 사회적 다양성과 포용을 적극적으로 실천하는지를 보여주는 지표로 사용되고 있다.

지배구조 측면에서는 투명성과 책임 경영에 대한 요구가 점차 강화되고 있다. 특히 평가 기준은 이사회의 독립성, 최고 경영진의 윤리성, 내부 감사 및 통제 체계의 효율성을 평가하는 요소로 구성된다. 지배구조가 평가의 핵심 항목으로 자리 잡으면서, 기업은 이사회가 독립적으로 운영되고 있는지, 이해관계자에게 투명한 정보가 제공되고 있는지 등에 대한 검증을 요구받고 있다. 특히 ESG 평가에서 지배구조의 투명성과 책임성 강화는 투자자들에게 기업이 장기적 리스크를 얼마나 잘 관리할 수 있는지를 판단하는 중요한 지표로 활용된다.

또한 기술혁신에 따른 ESG 데이터의 자동화와 정밀한 분석 기법의 도입도 평가 기준 트렌드의 중요한 변화 요소다. ESG 데이터를 인공지능(AI)이나 빅데이터를 통해 수집하고 분석함으로써, 더욱 정교한 평가가 가능해졌다. 예를 들어, 위성 데이터를 활용하여 기업의 탄소배출량을 실시간으로 모니터링하거나, 소셜 미디어와 뉴스 데이터를 통해 기업의 사회적 영향력을 분석하는 방법이 등장하고 있다. 이러한 기술의 도입은 ESG 평가 기준이 정교화되고 신뢰도를 높이는 데 기여하며, 기업의 실제 ESG 성과를 보다 정확히 반영하는 평가를 가능하게 한다.

PART 5

공급망평가와 ESG 관련 제도

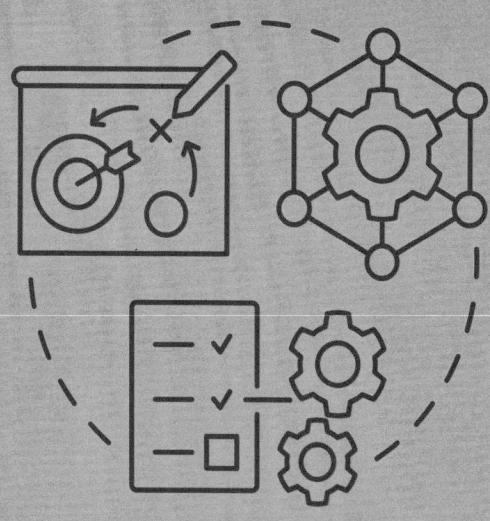

01 EU 공급망 실사 지침(CSDDD)

1. CSDDD 도입 배경과 목적

　국내에서는 '공급망 실사법'으로 불리는 EU의 기업 지속가능성 실사 지침(Corporate Sustainability Due Diligence Directive: CSDDD)이 2024년 7월 25일 발효되어, 2027년부터 단계적으로 시행될 예정이었다. 그러나, 2025년 2월 26일 EU집행위원회가 EU옴니버스 간소화 패키지를 통해 2028년부터 적용할 것을 제안함에 따라 시행시기가 1년 미루어진 바 있다. 〈표5-1〉과 같이 글로벌 공급망에서 발생하는 아동 노동, 강제 노동, 열악한 근로 조건과 같은 인권 침해와 무분별한 자원 개발로 인한 생태계 파괴와 같은 환경 파괴 문제를 막기 위해 EU는 기업들이 공급망 전반에 걸쳐 인권과 환경에 미치는 영향을 평가하고 관리하도록 하는 법적 구속력 있는 지침을 마련했다.

〈표5-1〉 인권 및 환경 위반금지 협약 예시

구 분	위반금지 협약
인 권	· 시민적 및 정치적 권리에 관한 국제규약 · 경제적, 사회적 및 문화적 관리에 관한 국제규약 · 최저연령협약(국제 노동기구 제138호 협약) · 강제근로 협약(국제 노동기구 제29호 협약) 등
환 경	· 수은에 관한 미나마타 협약 · 생물다양성 협약 등 · 물새 서식처로서 국제적으로 중요한 습지에 관한 협약(람사르 협약) · 유해폐기물의 국가 간 이동 및 그 처리의 통제에 관한 바젤협약 등

CSDDD 목적은 크게 세 가지로 요약된다. 첫째, 인권 보호와 환경 보전이다. 기업이 공급망 전반에 걸쳐 인권과 환경에 미치는 영향을 파악하고 개선하도록 함이다. 실사 항목에는 생명권, 자유권, 노동권, 아동노동 금지 등의 인권 요소와 생물다양성, 폐기물, 오염물질, 세계문화 및 자연유산, 해양, 습지 등의 환경 요소가 포함된다. 둘째, 기업의 책임 강화다. 기업이 자사 활동뿐 아니라 협력업체와 협력업체의 활동까지 관리하도록 함으로써 기업의 사회적 책임 범위를 확대한다. 셋째, 투명성 제고다. 기업이 실사 과정과 결과를 공개하도록 함으로써 이해관계자들의 정보 접근성을 높이고 기업 활동의 투명성을 강화한다.

2. CSDDD 주요 내용

CSDDD는 EU 역내 기업뿐 아니라 EU 시장에서 활동하는 역외 기업에도 적용된다. 이는 글로벌 공급망 전반에 걸쳐 지속가능성을 제고하려는 EU의 의지를 보여준다. 또한 중소기업에 대한 간접적 영향도 고려했다. 대기업들이 공급망 관리를 강화함에 따라 중소 협력업체들도 간접적으로 적용 대상이 된다. 국내 중견, 중소기업들은 CSDDD가 EU 지역 수출 규모가 큰 대기업에 국한되는 얘기라고 생각하는데, 실상은 그렇지 않다. 원청사가 적용 대상이 되면 부품, 원자재를 납품하는 우리 회사도 CSDDD의 영향을 받는다. 실제로 현재 국내 대기업들의 경우 납품 규모가 큰 협력업체들을 대상으로 CSDDD 실사 및 보고에 대한 대비를 요구하고 있으며, 향후 단계적으로 납품 규모가 크지 않은 협력업체들에게도 요구해 올 가능성이 크다. 따라서 중소기업의 입장에서는 원청사가 CSDDD 대상이 되는지를 살펴보고 이에 대한 사전 대비가 중요하다.

CSDDD 적용 대상은 기업의 매출액과 직원 수에 따라 단계적으로 확대될 예정이며, 〈표5-2〉와 같이 2028년부터 2029년까지 순차적으로 시행된다. CSDDD 미준수 기업에는 전 세계 순매출액 기준으로 벌금이 부과될 수 있으므로, CSDDD를 경영의 핵심 요소로 받아들이도록 하는 강력한 동기가 될 것으로 예상된다.

〈표5-2〉 EU CSDDD 적용 시기

적용 시점		2028.7.26.	2029.7.26.
적용 대상	역내기업	임직원 수 3,000명 및 전 세계 순 매출액 9억 유로 초과	임직원 수 1,000명 및 전 세계 순 매출액 4.5억 유로 초과
	역외기업	EU 역내 순 매출액 9억 유로 초과	EU 역내 순 매출액 4.5억 유로 초과

CSDDD는 기업에 자사 활동뿐만 아니라 자회사 활동, 그리고 가치사슬 내 협력업체와 관계에서 발생할 수 있는 환경 및 인권에 대한 부정적 영향 관련 실사를 요구한다. CSDDD 부속서에 기업이 준수해야 할 협약 리스크가 예시로 나와있기는 하나, 이에 국한되지 않는다고 명시하고 있다. 즉, 환경 및 인권과 관련해 포괄적으로 다른 법률과 협약도 준수해야 한다고 명시되어 있기 때문에 기업이 대응하는데 혼란과 어려움이 가중되고 있다.

CSDDD는 기업에 여러 가지 의무 사항을 부과한다. 첫째, 기업은 실사 정책을 수립하고 이를 모든 기업 정책에 통합해야 한다. 즉, 정책에 강제노동, 아동 노동을 다루고 있는지를 명시해야 한다. 실사 정책에는 실사 접근 방식, 행동 강령, 실사 프로세스 설명 등이 포함되어야 한다. 둘째,

기업은 자사 활동과 가치사슬 내에서 발생할 수 있는 인권 및 환경 관련 부정적 영향을 식별해야 한다. 이를 위해 위험 매핑, 영향평가 등의 방법을 활용할 수 있다. 셋째, 식별된 부정적 영향에 대해 예방 조치를 수립하고 이행해야 한다. 이미 발생한 부정적 영향에 대해서는 적절한 시정 조치를 취해야 한다. 넷째, 기업은 잠재적 또는 실제 부정적 영향과 관련된 불만을 접수하고 처리할 수 있는 절차를 마련해야 한다. 이 절차는 모든 이해관계자가 접근 가능해야 한다. 다섯째, 기업은 자사의 실사 정책과 조치의 효과성을 정기적으로 모니터링 및 평가하고 필요시 개선해야 한다. 마지막으로, 기업은 매년 실사 활동에 대한 보고서를 발행하고 공개해야 한다. 이 보고서에는 식별된 위험, 취해진 조치, 그 결과 등이 포함되어야 한다. 또한 CSDDD의 이행을 위해 각 EU 회원국은 하나 이상의 감독 기관을 지정해야 한다. 이 기관은 기업의 실사 의무 이행을 모니터링하고 필요시 조사를 수행할 권한을 가진다.

CSDDD 위반 시 회원국은 효과적이고 비례적이며, 억제력 있는 제재를 부과할 수 있다. 제재에는 과징금, 공공 조달 배제, 수출 신용 제한 등이 포함될 수 있다. 또한 CSDDD는 기업이 고의 또는 과실로 실사 의무를 위반하여 발생한 손해에 대해 민사 책임을 질 수 있음을 명시한다. 이 경우 EU 수출로 인해 CSDDD 대상이 되는 기업 입장에서는 자사 책임이 없고 협력업체의 잘못으로 인한 책임도 져야 하는지에 대한 의문이 들 것이다. 만약 손해 발생의 원인이 전적으로 공급망 상의 협력업체에게 있다고 입증된다면 손해배상책임은 면책될 수 있다고 명시되어 있다.

3. 기업에 미치는 영향 및 대응 전략

CSDDD 도입은 기업 경영 환경에 광범위한 영향을 미칠 것이다. 이 지침은 기업의 운영 방식과 전략 수립에 근본적인 변화를 요구한다. 기업들은 이러한 변화에 적응하고 새로운 기회를 창출하기 위해 다각도의 대응 전략을 마련해야 한다.

기업의 리스크 관리 체계에 큰 변화를 가져올 것이다. 재무적 성과만이 중시되던 과거와 달리 비재무적 성과도 재무적 성과에 못지않게 중요해진 지금은 기존의 재무적 리스크 중심에서 벗어나 환경, 사회, 인권 관련 리스크까지도 포괄적으로 관리해야 한다. 이를 위해 기업은 전사적 리스크 관리 시스템을 재구축해야 한다. 새로운 시스템은 공급망 전반에 걸친 잠재적 리스크를 식별하고, 이를 지속적으로 모니터링할 수 있어야 한다. 또한 식별된 리스크에 대한 신속한 대응 체계도 갖춰야 한다.

공급망 관리 방식도 크게 변화할 것이다. 기업은 단순히 비용과 품질만을 고려하는 것이 아니라, 협력사의 인권과 환경 관련 성과를 중요한 선정 기준으로 삼아야 한다. 이는 공급업체 평가 및 선정 프로세스의 전면적인 개편을 의미한다. 또한 기존 협력사들의 역량 강화를 위한 지원 프로그램도 마련해야 한다. 교육, 기술 지원, 재정 지원 등 다양한 방식의 협력이 필요할 것이다.

기업의 정보 공개 범위와 방식도 확대될 것이다. CSDDD는 기업에 실사 활동과 그 결과에 대한 상세한 보고를 요구한다. 이는 기업의 비재무 정보 공시 체계를 강화하고, 데이터 수집 및 분석 능력을 향상시켜야 함을 의미한다. 특히 공급망 전반에 걸친 정보를 효과적으로 수집하고 관리할 수 있는 시스템 구축이 필요하다.

인적 자원 관리 측면에서도 변화가 필요하다. CSDDD 대응을 위해서는 지속가능성, 인권, 환경 분야의 전문 인력이 필요하다. 기업은 이러한 인재를 영입하거나 기존 직원들의 역량을 강화하는 교육 프로그램을 마련해야 한다. 또한 지속가능성 성과를 임원들의 평가 및 보상 체계와 연계하는 방안도 고려해야 한다.

기업 문화와 가치관의 변화도 수반되어야 한다. CSDDD의 효과적인 이행을 위해서는 단순한 규제 준수를 넘어, 지속가능성을 기업의 핵심 가치로 내재화해야 한다. 이를 위해 최고 경영진의 강력한 리더십과 전사적인 인식 개선 노력이 필요하다. 직원 교육, 내부 캠페인, 성과평가 체계 개선 등 다양한 방안을 통해 지속가능성 중심의 기업 문화를 조성해야 한다.

제품 및 서비스 개발 전략도 재검토해야 한다. CSDDD는 기업의 전체 가치사슬에 걸친 영향을 고려하도록 요구한다. 따라서 제품 설계 단계에서부터 환경 및 사회적 영향을 고려하는 '지속가능한 설계(Sustainable Design)' 원칙을 도입해야 한다. 이는 자원 효율성, 재활용 가능성, 인권 친화적 생산 방식 등을 고려한 제품 개발을 의미한다.

재무 전략의 변화도 필요하다. CSDDD 대응을 위한 투자가 단기적으로는 비용 증가로 이어질 수 있다. 그러나 장기적으로는 리스크 감소, 평판 향상, 새로운 시장 기회 창출 등의 효과를 가져올 수 있다. 기업은 이러한 장기적 관점에서 투자 결정을 내려야 한다.

이해관계자와의 소통 전략도 강화해야 한다. CSDDD는 기업에 다양한 이해관계자와의 협력을 요구한다. 따라서 주주, 직원, 협력사, 지역사회, NGO 등 다양한 이해관계자와의 소통 채널을 구축하고, 그들의 의견을 경영 의사결정에 반영하는 체계를 마련해야 한다. 이는 기업의 사회적 정당성을 강화하고, 잠재적 리스크를 조기에 파악하는 데 도움이 될 것이다.

02 탄소국경조정제도(CBAM)

1. CBAM의 도입 배경과 목적

 탄소국경조정제도(Carbon Border Adjustment Mechanism, CBAM)는 EU가 기후변화 대응과 자국 산업 보호를 위해 도입한 획기적인 정책이다. '탄소국경세'라 불리는 CBAM의 도입 배경과 목적을 이해하기 위해서는 먼저 글로벌 기후변화 대응 노력과 EU의 선도적 역할을 살펴볼 필요가 있다. 기후변화는 21세기 인류가 직면한 가장 큰 도전 중 하나로 인식되고 있다. 산업화 이후 급격히 증가한 온실가스 배출로 인해 지구 평균 기온이 상승하고 있으며, 이로 인한 극단적 기상 현상, 해수면 상승, 생태계 파괴 등의 문제가 심각해지고 있다. 이에 국제사회는 1992년 유엔기후변화협약(UNFCCC)을 시작으로 1997년 교토의정서, 2015년 파리협정 등을 통해 온실가스 감축을 위한 공동의 노력을 기울여왔다. 이러한 국제적 흐름 속에서 EU는 기후변화 대응에 있어 선도적 역할을 자처해 왔다. EU는 2005년 세계 최초로 탄소배출권거래제(EU-ETS)를 도입하였으며, 2019년에는 2050년까지 탄소중립을 달성하겠다는 '유럽 그린딜(European Green Deal)'을 발표하였다.

 EU의 이러한 노력은 두 가지 중요한 도전에 직면하게 되었다.

 첫째는 '탄소 누출(Carbon Leakage)' 문제이다. 탄소 누출이란 EU의 엄격한 탄소 규제로 인해 생산비용이 증가한 EU 기업들이 규제가 덜한 국가로 생산 시설을 이전하는 현상을 말한다. 즉, EU 친환경 규제를 피해

석탄으로부터 발전된 저렴한 전기, 탄소배출이 많지만, 원가 절감이 가능한 방식으로 제조된 원재료를 활용할 수 있는 EU 외의 지역으로 생산 공장을 옮기는 것이다. 이 제품을 EU로 수출한다면 높은 가격경쟁력으로 인해 경쟁사 제품을 압도할 수 있을 것이다. 반면 EU 지역 내에서 친환경 에너지원으로부터 발전된 전기를 쓰고, 친환경 정책에 입각해 만들어진 비싼 원재료를 쓴 업체는 높은 제조원가로 인해 가격경쟁력이 낮을 수밖에 없을 것이다. 결국 EU 외부에서 들어온 제품이 시장을 장악할 것이고, 이는 EU 지역 내 업체의 산업 경쟁력 약화뿐만 아니라 전 지구적 차원의 온실가스 감축 노력을 무력화시킬 수 있는 심각한 문제로 인식되었다.

둘째는 '불공정 경쟁' 문제이다. EU 기업들은 탄소배출권 구매 등으로 인해 추가적인 비용을 부담하는 반면, 탄소 규제가 약한 국가의 기업들은 이러한 비용 부담 없이 EU 시장에 제품을 수출할 수 있었다. 이는 EU 기업들의 경쟁력을 약화시키는 동시에, 전 세계적인 탄소 감축 노력을 저해하는 요인으로 작용하였다. 이러한 배경에서 EU는 CBAM을 통해 이 두 가지 문제를 동시에 해결하고자 하였다.

CBAM의 주요 목적은 다음과 같이 정리할 수 있다. 첫째, 탄소 누출 방지 및 공정 경쟁 환경 조성이다. CBAM은 EU로 수입되는 제품에 대해 탄소 비용을 부과한다. 즉, EU 기업들이 제조 비용을 낮추기 위해 생산 시설을 해외로 이전하고자 하는 유혹을 줄이는 것이 목적이다. 탄소를 다량 배출하는 방법을 통해 생산된 제품을 EU에서 판매하고자 하면 제조 과정에서 배출된 탄소량만큼의 배출권 값을 지불하라는 것이다. 이를 통해 EU 기업들과 공정하게 경쟁하게 함으로써 EU 산업 기반을 보호하고, 전 지구적 차원의 탄소 감축 노력이 무력화되는 것을 방지한다. 둘째, 글로벌 기후 행동 촉진이다. CBAM은 EU의 무역 파트너 국가들이 보다 적극적인 기후 정책을 채택하도록 유도하는 효과를 가진다. 즉, EU 시장 접근성을 유지하기 위해 각국 정부가 탄소 감축 정책을 강화하도록 하는 것이다. 셋째, 탄소중립 목표달성 지원이다. CBAM은 EU의 2050년 탄소중립 목표달성을 위한 핵심 정책 수단 중 하나이다. 수입 제품에 대한 탄소 비용 부과는 EU 경제 전반의 탄소 집약도를 낮추는 데 기여할 것으로 예상된다. 넷째, 새로운 경제 모델로의 전환 촉진이다. CBAM은 단순한 무역 정책을 넘어, 저탄소 경제로의 전환을 가속화하는 촉매제 역할을 한다. 이는 청정 기술 혁신과 녹색 산업 육성을 통한 새로운 성장 동력 창출로 이어질 수 있다.

CBAM의 도입은 EU가 기후변화 대응과 경제 정책을 통합적으로 접근하고 있음을 보여준다. 이는 환경 보호와 경제성장이 상충되는 목표가 아니라 상호 보완적일 수 있다는 EU의 비전을 반영한다. 또한 CBAM은 국제 무역 질서에 '기후'라는 새로운 변수를 도입함으로써, 글로벌 경제 시스템의 근본적인 변화를 예고하고 있다.

2. CBAM 주요 내용

CBAM은 2023년부터 2025년까지 과도기간을 거쳐 2026년부터 본격적으로 시행될 예정이다. 과도기간 동안에는 EU로 수입되는 제품의 탄소배출량을 보고하는 의무만 부과되며, 실제 비용 부과는 2026년부터 시작된다. CBAM 적용 국가는 EU와 전력시장이 통합된 국가 또는 EU 회원국의 역외 영토 등을 제외한 EU로 대상 품목을 수출하는 역외국으로, 적용 예외 국가는 아이슬란드, 리히텐슈타인, 노르웨이, 스위스와 세우타 등 외부 영토이다. CBAM의 적용 대상은 〈표5-3〉과 같이 초기에는 철강, 시멘트, 알루미늄, 비료, 전력, 수소 등 총 6개 품목으로 한정되어 있다. 그러나 향후 적용 범위가 확대될 것으로 예상된다. 유럽의회가 포함시키고자 했던 유기화학제품, 플라스틱과 같은 폴리머 제품은 1차 대상 품목에서 제외되었으나, 향후 포함될 가능성이 크다. 시멘트, 전력, 비료는 Scope 1, Scope 2가 적용 대상이며, 철강, 알루미늄, 수소는 Scope 1만이 적용 대상이다. 단, 전환 기간에는 6가지 품목 모두 Scope 1, 2를 모두 보고해야 한다.

CBAM의 핵심 메커니즘은 다음과 같다. EU로 수입되는 제품에 대해 해당 제품의 생산 과정에서 발생한 탄소배출량에 상응하는 비용을 부과한다. 이때 탄소 비용은 EU 배출권거래제(ETS)의 탄소 가격을 기준으로 산정된다. CBAM 인증서 구매 의무는 EU 수입업자에게 있다. 수입업자는 수입 제품의 탄소배출량에 해당하는 CBAM 인증서를 구매해야 하며, 이를 위해 수출국의 제조업체로부터 정확한 탄소배출 데이터를 제공받아야 한다.

〈표5-3〉 CBAM 적용 대상 품목

품목	세부품목(품목코드)
시멘트	252310, 252321, 252329, 252390, 250700, 252330
전력	271600
비료	280800, 2814, 283421, 3102, 3105(제외품목 : 310560)
철강	72(일부 철강류 제외)*1, 7301, 7302, 730300, 7304, 7305, 7306, 7307, 7308, 7309, 7310, 731100, 7318, 7326, 260112 * 제외품목 : 7204, 7202, 72023, 720250, 720270, 720280, 720291, 720292, 720293, 72029910, 72029930, 72029980
알루미늄	7601, 7603, 7604, 7605, 7606, 7607, 7608, 760900, 7610, 761100, 7612, 761300, 7614, 7616
수소	280410
전구체	26011200, 72021, 7202472026, 25070080
다운스트림	7318, 7326, 7616

〈출처: EU 탄소국경조정제 Q&A, Kotra〉

CBAM은 EU의 탄소중립 목표달성을 위한 핵심 정책 중 하나로, 국제

무역에 큰 영향을 미칠 것으로 예상된다. 특히 탄소 집약적 산업을 가진 국가들의 수출에 상당한 부담을 줄 수 있다. CBAM의 주요 쟁점 중 하나는 WTO 규정과의 합치성이다. EU는 CBAM이 WTO 규정에 위배되지 않는다고 주장하지만, 일부 국가들은 이에 대해 이의를 제기하고 있다. 또한 CBAM의 구체적인 이행 방식에 대해서도 여러 쟁점이 존재한다. 탄소배출량 계산 방법, 제3국의 탄소가격제 인정 여부, 최빈개도국에 대한 예외 적용 등이 주요 논의 대상이다.

CBAM은 EU뿐만 아니라 다른 국가들의 기후 정책에도 영향을 미칠 것으로 예상된다. 많은 국가가 CBAM에 대응하여 자국의 탄소 가격제를 도입하거나 강화할 가능성이 있다. CBAM의 도입은 글로벌 공급망에도 큰 변화를 가져올 것으로 보인다. 기업들은 탄소배출이 적은 공급업체를 선호하게 될 것이며, 이는 저탄소 기술 및 생산 방식의 확산을 촉진할 수 있다. CBAM은 또한 국제 기후 협상에도 중요한 영향을 미칠 것으로 예상된다. EU는 CBAM을 통해 다른 국가들의 기후 행동을 촉구하고, 국제적인 탄소 가격 형성을 유도하고자 한다.

CBAM의 효과적인 이행을 위해서는 정확하고 투명한 탄소배출 데이터의 수집과 관리가 필수적이다. 이를 위해 EU는 CBAM 보고 및 검증 시스템을 구축하고 있으며, 기업들도 이에 대응하기 위한 준비를 해야 한다.

3. 기업에 미치는 영향 및 대응 전략

EU로 수출하는 기업들과 탄소 집약적 산업에 속한 기업들이 큰 영향을 받을 것이다. CBAM은 기업의 비용 구조에 직접적인 영향을 미친다. EU로 수출하는 제품에 대해 탄소 비용이 부과되면, 이는 제품의 가격경쟁력에 영향을 줄 수 있다. 따라서 기업들은 탄소배출량을 줄이거나 더 효율적인 생산 방식을 도입하여 이러한 비용 증가에 대응해야 한다.

CBAM은 또한 기업의 공급망 관리에도 큰 변화를 가져올 것이다. 기업들은 탄소배출이 적은 공급업체를 선호하게 될 것이며, 이는 전체 공급망의 재구성으로 이어질 수 있다. 기업들은 CBAM 대응을 위해 탄소배출량 측정 및 보고 시스템을 구축해야 한다. 이는 상당한 투자와 노력이 필요한 과제로, 특히 중소기업들에는 큰 부담이 될 수 있다.

기업들은 CBAM에 대응하기 위해 다음과 같은 전략을 고려할 수 있다. 첫째, CBAM의 영향을 받는 제품과 공급업체를 정확히 파악해야 한다. 전체 공급망을 분석하고 각 단계에서 어떤 공급업체가 어떤 제품을 제공하는지 체계적으로 분석해야 한다. 둘째, 공급업체와의 계약 조건을 수정해야 한다. CBAM 준수를 위해 필요한 탄소배출 데이터 제공 의무, 데이터 개선을 위한 협력, 책임 분담 등의 조항을 계약서에 추가해야 한다. 셋째, CBAM을 위한 보고 절차와 프로세스를 구축해야 한다. 탄소배출 데이터 수집 및 관리 시스템을 도입하고, 기업 내부에서 CBAM 규제 준수 전담자를 지정해야 한다. 넷째, 대내외적인 협력 관계를 강화해야 한다. CBAM 준수를 위해서는 조달, 세무, 재무, 법무, ESG 등 다양한 내부 부서 간의 협력이 필요하며, 외부 전문가의 자문도 활용할 필요가 있다. 다섯째, 탄소배출량이 적은 제품을 발굴하여 공급망에 도입해야 한다. 이는 CBAM 준수뿐만 아니라 기업의 지속가능성 강화에도 도움이 된다. 여섯째, EU로 수출하는 기업들은 CBAM 적용 대상 제품을 사전에 파악하고, 배출량 계산을 위한 준비를 해야 한다. 또한 기업들은 CBAM 과도기간 동안 정부 지원을 최대한 활용하여 관련 행정 능력, 보고 역량, 검증 체계를 갖추고 전문 인력을 확보해야 한다.

03 온실가스 인벤토리

1. 온실가스 인벤토리 개요

　온실가스 인벤토리는 조직의 온실가스 배출량을 체계적으로 파악하고 관리하기 위한 핵심 도구이다. 이는 기업이나 기관이 자신의 활동으로 인해 발생하는 온실가스 배출량을 정량화하고 보고하는 과정을 의미한다. 온실가스 인벤토리의 주요 목적은 다음과 같다. 조직의 온실가스 배출 현황을 정확히 파악하여 감축 목표 설정의 기준을 제공한다. 그리고 배출 감축 활동의 효과를 측정하고 평가하는 데 활용된다. 이해관계자들에게 조직의 기후변화 대응 노력을 투명하게 공개하는 수단이 된다.

　온실가스 인벤토리 구축 과정은 크게 다섯 단계로 나눌 수 있다. 조직 경계와 운영 경계 설정, 배출원 식별 및 배출량 산정, 데이터 수집 및 관리, 배출량 계산, 결과 보고 및 검증이 그것이다. 온실가스 인벤토리 구축 시 가장 널리 사용되는 국제 표준은 온실가스 프로토콜(GHG Protocol)로, 전 세계적으로 가장 널리 사용되는 온실가스 산정 및 보고 기준이다. 온실가스 인벤토리 구축 시 주요 고려 사항은 다음과 같다.

　첫째, 데이터의 정확성과 일관성 확보
　둘째, 조직의 모든 관련 활동과 배출원 포함
　셋째, 시간에 따른 배출량 변화 추적 가능
　넷째, 투명성을 확보하여 제3자 검증 가능

　최근에는 온실가스 인벤토리의 범위가 확대되고 있는 추세이다. 특히

Scope 3 배출량에 관한 관심이 높아지고 있으며, 이는 조직의 가치사슬 전반에 걸친 배출량을 포함한다. 이를 통해 조직은 더욱 포괄적인 기후변화 대응 전략을 수립할 수 있다. 온실가스 인벤토리 구축은 조직 내 여러 부서의 협력이 필요한 복잡한 과정이다. 따라서 경영진의 지원과 조직 전체의 참여가 중요하다. 또한 전문 인력 확보와 지속적인 교육도 필요하다. 온실가스 인벤토리의 품질을 보장하기 위해서는 정기적인 내부 감사와 외부 검증이 필요하다. 이를 통해 데이터의 정확성과 신뢰성을 확보할 수 있으며, 지속적인 개선이 가능하다. 디지털 기술의 발전은 온실가스 인벤토리 관리를 더욱 효율적으로 만들고 있다.

빅데이터, IoT, AI 등의 기술을 활용하면 실시간 데이터 수집과 분석, 자동화된 보고서 생성 등이 가능해진다. 온실가스 인벤토리는 국가 온실가스 감축 목표 달성에도 중요한 역할을 한다. 기업과 기관의 정확한 배출량 보고는 국가 차원의 온실가스 통계 작성과 정책 수립의 기초가 된다.

2. Scope 1, 2, 3 정의 및 배출량 산정

온실가스 프로토콜에 따르면, 조직의 온실가스 배출은 Scope 1, Scope 2, Scope 3으로 구분된다. 이러한 구분은 배출원의 특성과 조직의 통제 범위를 고려한 것으로, Scope별로 배출량 산정 방법이 다르다.

Scope 1은 직접 배출을 의미한다. 이는 조직이 소유하거나 통제하는 배출원에서 직접적으로 발생하는 온실가스 배출을 말한다. 주요 Scope 1 배출원으로는 보일러, 용광로, 차량 등이 있다. 또한 공정에서 발생하는 직접 배출, 냉매 사용으로 인한 누출 등도 Scope 1에 포함된다.

Scope 1 배출량 산정은 일반적으로 다음과 같은 방식으로 이루어진다. 먼저 연료 사용량, 공정 투입물 등의 활동 데이터를 수집한다. 그다음 이에 해당하는 배출계수를 곱하여 배출량을 계산한다. 예를 들어, 보일러의 경우 연료 사용량에 해당 연료의 배출계수를 곱하여 CO_2 배출량을 산정한다.

Scope 2는 간접 배출을 의미한다. 이는 조직이 외부로부터 구매하여 소비한 전기, 스팀, 열, 냉방 등의 생산 과정에서 발생한 온실가스 배출을 말한다. Scope 2 배출은 실제로는 에너지 공급자의 시설에서 발생하지만, 에너지를 소비하는 조직의 책임으로 간주된다. Scope 2 배출량 산정은 크게 두 가지 방식으로 이루어진다. 첫째는 위치 기반(location-based) 방식으로, 조직이 위치한 지역의 평균 전력 배출계수를 사용한다. 둘째는 시장 기반(market-based) 방식으로, 조직이 실제로 구매한 전력의 특성을 반영한 배출계수를 사용한다. 온실가스 프로토콜은 두 방식을 모두 보고할 것을 권고하고 있다.

Scope 3는 기타 간접 배출을 의미한다. 이는 조직의 가치사슬에서 발생하는 모든 간접 배출로, Scope 1과 Scope 2에 포함되지 않는 모든 간접 배출을 말한다. Scope 3는 15개의 카테고리로 구분되며, 구매한 제품 및 서비스, 자본재, 연료 및 에너지 관련 활동, 운송 및 유통, 폐기물 처리, 출장, 직원 통근, 임대 자산, 판매된 제품의 사용 및 폐기 등이 포함된다. Scope 3 배출량 산정은 가장 복잡하고 어려운 과정이다. 이는 조직의 직접적인 통제 범위를 벗어난 영역에서 발생하는 배출이기 때문이다. Scope 3 배출량 산정을 위해서는 다양한 데이터 수집이 필요하며, 많은 경우 추정치나 산업 평균값을 사용해야 한다.

Scope 3 배출량 산정 시 주요 고려 사항은 다음과 같다. 첫째, 조직의 비즈니스 모델과 운영 특성을 고려하여 관련성 높은 카테고리를 식별해야 한다. 둘째, 데이터의 품질과 가용성을 평가하고, 필요한 경우 데이터 수집 방법을 개선해야 한다. 셋째, 사용된 가정과 방법론을 명확히 문서화하여 투명성을 확보해야 한다.

Scope 별 배출량 산정 시 주의해야 할 점들이 있다. Scope 1의 경우, 연료의 종류와 품질에 따라 배출계수가 달라질 수 있으므로 정확한 배출계수 적용이 중요하다. Scope 2의 경우, 전력 배출계수의 변동성을 고려해야 하며, 재생에너지 사용 시 이를 적절히 반영해야 한다. Scope 3의 경우, 이중 계산을 방지하고 중요성 평가를 통해 핵심 카테고리에 집중해야 한다. 배출량 산정 시 사용되는 온실가스의 종류도 중요하다. 교토의정서에서 규정한 6대 온실가스(CO_2, CH_4, N_2O, HFCs, PFCs, SF_6)를 기본으로 하며, 최근에는 NF_3를 포함하여 7대 온실가스라고 한다. 각 온실가스는 지구온난화 잠재력(GWP)이 다르므로, 이를 고려하여 CO_2 등가량(CO_2 equivalent)으로 환산해야 한다.

배출량 산정의 정확성을 높이기 위해서는 지속적인 데이터 품질 관리가 필요하다. 이를 위해 데이터 수집 프로세스를 표준화하고, 정기적인 내부 감사를 실시하며, 필요한 경우 외부 전문가의 검증을 받는 것이 좋다. 배출량 산정 결과는 온실가스 인벤토리 보고서의 형태로 정리된다. 이 보고서에는 조직 개요, 보고 경계, 산정 방법론, Scope별 배출량, 시계열 분석, 불확실성 평가 등이 포함되어야 한다. 결론적으로, Scope 1, 2, 3의 정확한 정의와 배출량 산정은 조직의 온실가스 관리의 기초가 된다. 이를 통해 조직은 자신의 온실가스 배출 현황을 정확히 파악하고, 효과적인 감축 전략을 수립할 수 있다. 따라서 모든 조직은 Scope별 특성을 이해하고, 정확하고 일관된 배출량 산정을 위해 노력해야 한다.

이외에도 최근에는 회피된 배출량(avoided emission)이라고 하는 Scope 4도 논의되고 있다. Scope 4는 제품이나 서비스를 사용한 결과로 감소되는 배출량을 의미하는데, 예를 들어 에너지 효율이 높은 제품을 사용하는 경우나 화상회의를 통해 자동차 이용을 줄임으로써 감축한 양을 의미한다. 기업 지속가능 보고서 등에 종종 언급되고 있으나 방법론에 대한 논의가 아직 더 필요해 보인다.

〈표5-4〉 국내 산업별 Scope 1, 2, 3 배출량 비교

산업	Scope 1	Scope 2	Scope 3
금융서비스			100%
자본재			99%
운송 OEM			98%
부동산	5%		93%
건설	6%		92%
광물&금속	6%		92%
농산품	7%		92%
석유&가스	10%		89%
식음료&담배	7%	5%	87%
화학물질	17%	7%	76%
석탄	33%		65%
종이&산림	31%	10%	59%
전동 차량	50%		49%
운송서비스	64%		33%
강철	67%	6%	27%
시멘트	79%	4%	16%

〈출처: 사회적가치연구원〉

3. 데이터 관리 및 목표 수립

데이터 관리의 첫 단계는 데이터 수집이다. 이는 조직의 모든 관련 부서와 시설로부터 필요한 활동 데이터를 체계적으로 수집하는 과정을 말한다. 수집해야 할 데이터는 연료 사용량, 전력 소비량, 원료 투입량, 생산량, 폐기물 발생량 등 다양하다. 데이터 수집 시 주의해야 할 점은 다

음과 같다. 첫째, 데이터의 출처와 수집 방법을 명확히 해야 한다. 둘째, 데이터의 단위와 측정 기간을 일관되게 유지해야 한다. 셋째, 데이터 수집 담당자를 지정하고 적절한 교육을 제공해야 한다. 수집된 데이터는 체계적으로 저장되고 관리되어야 한다. 이를 위해 전문적인 데이터 관리 시스템을 구축하는 것이 좋다. 이러한 시스템은 데이터의 입력, 저장, 검증, 분석, 보고 등의 기능을 제공해야 한다.

데이터 품질 관리도 중요하다. 이는 데이터의 정확성, 완전성, 일관성, 투명성을 확보하기 위한 활동을 말한다. 데이터 품질 관리를 위해 정기적인 내부 감사를 실시하고, 이상치 탐지 및 처리 절차를 마련해야 한다. 데이터 보안도 고려해야 할 중요한 요소이다. 온실가스 데이터는 조직의 민감한 정보를 포함할 수 있으므로, 적절한 보안 조치를 통해 데이터의 무단 접근과 유출을 방지해야 한다. 데이터 관리의 최종 목표는 정확하고 신뢰할 수 있는 온실가스 인벤토리를 구축하는 것이다. 이를 위해 데이터의 수집부터 최종 보고서 작성까지의 전 과정을 문서화하고, 필요한 경우 외부 전문가의 검증을 받는 것이 좋다.

온실가스 감축 목표 수립은 데이터 관리의 결과를 바탕으로 이루어진다. 목표 수립은 조직의 온실가스 감축 노력에 방향성을 제시하고, 구체적인 행동 계획을 수립하는 기초가 된다. 목표 수립의 첫 단계는 기준 연도(base year) 설정이다. 기준 연도는 향후 감축 성과를 측정하는 기준점이 되므로, 신뢰할 수 있는 데이터가 확보된 가장 최근의 연도를 선택하는 것이 좋다. 목표의 유형은 크게 절대량 감축 목표와 원 단위 감축 목표로 나눌 수 있다. 절대량 감축 목표는 총배출량의 감축을 목표로 하는 반면, 원 단위 감축 목표는 생산량이나 매출액 대비 배출량의 감축을 목표로 한다. 목표 수준을 설정할 때는 여러 요소를 고려해야 한다. 국가의 감축 목표, 산업 평균, 경쟁사의 목표, 과학기반감축목표(SBTi) 등을 참고할 수 있다. 특히 최근에는 파리협정의 목표에 부합하는 과학기반감축목표 설정이 권장되고 있다. 목표 기간도 중요한 고려 사항이다. 단기(1~5년), 중기(5~15년), 장기(15년 이상) 목표를 균형 있게 설정하는 것이 좋다. 이를 통해 즉각적인 행동과 장기적인 전략을 모두 고려할 수 있다.

목표 수립 시에는 Scope 1, 2, 3를 모두 포함하는 것이 이상적이다. 특히 Scope 3 배출량이 상당한 비중을 차지하는 경우, 이에 대한 목표도 함께 설정해야 한다. 목표 달성을 위한 구체적인 실행 계획도 함께 수립해야 한다. 이는 에너지 효율 개선, 재생에너지 도입, 공정 개선, 저탄소 원료 사용 등 다양한 감축 수단을 포함할 수 있다. 목표와 실행 계획이 수립되면 이를 정기적으로 모니터링하고 평가해야 한다. 연간 진척도를 확인하고, 필요한 경우 목표나 실행 계획을 조정해야 한다. 효과적인 목표 달성을 위해서는 조직 내 인센티브 체계와의 연계도 고려해 볼 만하다. 온실가스 감축 성과를 임원 평가나 보상 체계에 반영할 수 있다.

04 RE100, CDP, SBTi의 의미와 목표

1. 신재생에너지 100% 'RE100'

RE100은 'Renewable Electricity 100%'의 약자다. 이는 기업 활동에 필요한 전력을 100% 태양광, 풍력 등 신재생에너지로부터 생산된 전기로 사용하겠다는 자발적인 글로벌 캠페인이다. RE100 캠페인은 2014년 국제 비영리 환경단체인 '더 클라이밋 그룹(The Climate Group)'과 전 세계 주요 상장기업들의 온실가스 배출량, 기후변화 대응 전략 등 환경 관련 정보를 수집하고 평가하는 국제 비영리 기구인 '탄소정보공개프로젝트(CDP, Carbon Disclosure Project)'가 연합하여 공동으로 시작되었다.

RE100의 주된 목적은 기후변화 대응이다. 기업 활동에 필수적으로 필요한 전기를 온실가스를 배출하지 않는 재생에너지로 전환함으로써 기후 위기에 적극적으로 대응하고자 하는 것이다. RE100 참여 대상은 주로 연간 100GWh 이상의 전력을 소비하는 대기업으로, Fortune 지 선정 1,000대 기업 등 영향력 있는 기업들이다. 2024년 7월 기준으로 전 세계적으로 433개의 글로벌 기업이 RE100에 가입했다. 여기에는 메타(Meta), 구글(Google), 애플(Apple), 스타벅스(Starbucks) 등 유명 다국적 기업들이 포함되어 있다. 국내에서는 2024년 6월 기준 삼성, 현대, LG 등 36개 기업이 RE100에 참여하고 있다. RE100에 참여하는 기업은 2050년까지 재생에너지 전력 사용 100% 달성을 최종 목표로 한다. RE100 회원사들의 평균 목표 달성 연도는 2030년이며, 2030년까지

60%, 2040년까지 90% 이상의 재생에너지 사용 실적 달성을 권고받고 있기는 하나 실제로 중간 목표는 참여자의 자율성이 보장되어 있다. 이행 보고는 연 1회 CDP에 재생에너지 사용 실적을 보고하고, CDP 위원회는 연례보고서를 통해 이행 실적을 공개하는 방식이다.

RE100의 중요성은 단순히 기후변화 대응을 넘어 기업의 경쟁력과 직결된다는 점에 있다. 글로벌 기업들이 RE100에 참여하고 자사의 공급망에도 RE100 참여를 요구하면서, 이는 이제 기업의 생존과 직결되는 필수 과제가 되고 있다. 특히 우리나라와 같이 수출 의존도가 높은 국가의 기업들에는 RE100 참여가 글로벌 시장에서의 경쟁력 유지를 위한 필수 조건이 되고 있다. 우리나라는 재생에너지 생산량이 적고(전체의 8%), 가격도 높아서 기업들에는 매우 우려되는 상황이다. 따라서, 국가 차원에서 기업들이 재생에너지를 사용할 수 있는 여건과 환경을 적극적으로 조성하여야 한다. 한국에서 RE100 이행을 위한 재생에너지 조달 방식은 전력구매계약(PPA, Power Purchase Agreement), 재생에너지 인증서 구매, 기업이 스스로 재생에너지 발전시설을 갖추는 재생에너지 자가발전 등이 있으나, 아직까지 실효성은 미미하다.

RE100의 이행은 기업들에 여러 가지 도전 과제를 제시한다. 재생에너지 조달 비용, 안정적인 전력 공급 확보, 관련 제도 및 인프라 구축 등이 주요 과제다. 특히 재생에너지 발전 비중이 낮은 한국과 같은 국가의 기업들은 RE100 이행에 더 큰 어려움을 겪을 수 있다. 그러나 이러한 도전에도 불구하고 RE100은 기후변화 대응을 위한 중요한 수단으로 자리잡고 있다. RE100은 기업들의 재생에너지 수요를 증가시켜 재생에너지 시장의 성장을 촉진하고, 이는 다시 재생에너지 발전 비용의 하락으로 이어지는 선순환을 만들어내고 있다.

또한 RE100은 기업의 이미지 제고와 ESG 경영 강화에도 도움이 된다. 소비자들의 환경 의식이 높아지면서 RE100 참여는 기업의 브랜드 가치를 높이는 데 기여할 수 있다.

2. 탄소정보공개 프로젝트(CDP)

탄소정보공개 프로젝트(CDP, Carbon Disclosure Project)는 전 세계 주요 상장기업들의 온실가스 배출량, 기후변화 대응 전략 등 환경 관련 정보를 수집하고 평가하는 국제 비영리기구이다. 1998년 영국 런던에서 설립된 CDP는 현재 기후변화는 물론이고, 수자원, 산림자원 관리에 대한 정보도 함께 수집하고 있다. CDP의 주요 목표는 기업의 환경 정보 공개를 통해 지속가능한 경제를 구축하는 것이다. 이를 위해 CDP는 기업, 도시, 국가 및 지역의 환경 영향을 측정하고 이해하며 공유하도록 촉진한다. CDP는 이러한 활동을 통해 기후변화, 물 안보, 삼림 파괴 등 환경 문제에 대한 인식을 제고하고, 기업과 정부의 적극적인 대응을 유도하고자 한다.

CDP의 운영 방식은 다음과 같다. 먼저, CDP는 매년 전 세계 주요 기업들에 표준화된 설문지를 발송한다. 이 설문지는 〈표5-5〉와 같은 주제에 대하여 기업의 온실가스 배출량, 에너지 사용량, 기후변화 대응 전략, 물 사용량, 산림자원 관리 등에 대한 상세한 정보를 요구한다. 기업들은 자발적으로 이 설문에 응답하며, CDP는 이를 수집하고 분석한다. CDP의 설문 응답률은 해마다 증가하고 있으며, 2023년 말 기준 전 세계 시가총액의 약 64%를 차지하는 18,700개 이상의 기업이 CDP를 통해 환경 데이터를 공개했다. 이는 CDP가 기업의 환경 정보 공개에 있어 글로벌 표준으로 자리 잡았음을 보여준다. CDP는 수집된 정보를 바탕으로 기업들의 환경 성과를 평가하고 등급을 부여한다. 평가 등급은 A, B, B-, C, C-, D, D-, F로 구분되며, A등급은 환경 리더십을 보여주는 최고 등급이다. 이러한 평가 결과는 투자자, 정책 입안자, 소비자 등 다양한 이해관계자들에게 제공되어 의사결정에 활용된다.

CDP의 활동은 기업의 환경 경영에 큰 영향을 미치고 있다. 많은 기업이 CDP 평가 결과를 자사의 환경 성과 개선을 위한 지표로 활용하고 있으며, 높은 등급을 받기 위해 적극적으로 환경 경영을 강화하고 있다. 이는 결과적으로 전 세계적인 온실가스 감축과 지속가능한 자원 관리에 기여하고 있다.

〈표5-5〉 CDP 기본 구조 및 공지 주제

공시 주제		
	기후변화	C0 소개 / C1 거버넌스 / C2 리스크 및 기회 / C3 사업 전략 / C4 감축목표 및 성과 / C5 배출량 산정방법 / C6 배출량 데이터 / 7 배출량 세부내역 / C8 에너지 / C9 그 밖의 기후변화 관련 지표 / C10 검증 / C11 탄소가격시스템 / C12 인게이지먼트 / C13 모듈 종속성(일부 섹터 적용) / C15 생물다양성 / C16 최종 서명 / SC 공급망
	숲	F0 소개 / F1 현황정보 / F2 절차 / F3 리스크 및 기회 / F4 거버넌스 / F5 사업 전략 / F6 실행 / F7 검증 / F8 한계요인 / F17 최종서명 / SF 공급망
	물	W0 소개 / W1 현황정보 / W2 비즈니스 영향 / W3 절차 / W4 리스크 및 기회 / W5 사업장 및 시설 물 관련 회계 / W6 거버넌스 / W7 사업 전략 / W8 목표 / W9 검증 / W10 플라스틱 / W11 최종 서명 / SW 공급망

〈출처: ESG 정보 공개, 사회적가치연구원〉

CDP는 또한 투자자들에게 중요한 정보를 제공한다. 2023년 기준으로 680개 이상의 금융기관(총 운용자산 130조 달러 이상)이 CDP의 정보를 활용하고 있다. 투자자들은 CDP 데이터를 통해 기업의 환경 리스크와 기회를 평가하고, 이를 투자 결정에 반영한다. CDP의 영향력은 기업을 넘어 도시와 지방정부로도 확대되고 있다. 2023년에는 1,100개 이상의 도시, 주, 지역이 CDP를 통해 환경 데이터를 공개했다.

CDP의 활동은 국제사회의 기후변화 대응 노력과도 긴밀히 연계되어 있다. 특히 파리협정 이후, CDP는 기업들이 과학기반감축목표(SBTi)를 설정하고 이행하도록 독려하고 있다. 이를 통해 CDP는 글로벌 기후변화 대응에 기업들의 적극적인 참여를 유도하고 있다. CDP의 데이터는 학계, 정책 입안자, NGO 등 다양한 이해관계자들에게도 중요한 자료로 활용된다. CDP 데이터를 바탕으로 한 연구와 정책 제안들이 이루어지고 있으며, 이는 환경 정책과 규제의 발전에 기여하고 있다. 앞으로도 CDP는 글로벌 환경 문제 해결을 위한 핵심적인 플랫폼으로서 그 역할을 계속해 나갈 것으로 예상된다.

3. 과학기반 감축목표 이니셔티브(SBTi)

과학기반 감축목표 이니셔티브(Science Based Targets Initiative, 이하 SBTi)는 2015년 CDP, 유엔글로벌콤팩트(UNGC), 세계자원연구소(WRI), 세계자연기금(WWF)이 공동으로 설립한 국제적 이니셔티브이자 글로벌 민간협력체이다. 기후 위기에 대응하고 파리협정 목표를 달성하기 위해 과학적 기반에 근거한 목표 설정 가이드라인과 방법론을 제공하고 있다. SBTi의 핵심 개념은 '과학기반 감축목표(Science-based targets)'이다. 이는 2015년 12월 채택한 파리협정상의 지구 온도 상승 폭 1.5℃, 2050년까지 2℃ 이하로 제한하는 데 필요한 수준의 탄소 감축 목표를 의미한다. SBTi는 기업들이 이러한 과학 기반 목표를 설정하고 이행하도록 독려함으로써 전 세계적인 탄소배출 감축을 촉진하고자 한다. 2030년 이전에 배출량을 절반으로 줄이고 2050년 이전에 넷제로 배출을 달성하도록 전 세계 기업의 참여를 촉구하는 데 중점을 둔다

SBTi의 주요 활동 중 하나는 목표 설정 기준 개발이다. SBTi는 다양한 산업 부문에 대한 과학기반 감축목표 설정 방법론과 기준을 개발하고 지속적으로 업데이트하여 기업들이 이를 활용할 수 있도록 지원한다. 또한 기업들이 제출한 감축 목표가 SBTi의 기준에 부합하는지 검토하고 승인하는 목표 검증 프로세스를 운영한다. 이와 함께, 기업들이 과학기반 목표를 설정하고 이행할 수 있도록 가이드라인과 도구를 제공하는 기술 지원도 중요한 역할을 한다.

SBTi는 과학 기반 목표의 중요성에 대한 인식을 높이고 기업들의 참여를 독려하기 위해 다양한 캠페인과 교육 프로그램을 운영하고 있다. SBTi는 기업들에 단기, 장기, 넷제로 목표 등 다양한 유형의 목표 설정을 권장한다. 단기 목표는 5~10년 내 달성할 목표를 의미하며, 장기 목표는 2050년까지의 목표를 포함한다. 특히 SBTi는 2021년 10월에 발표한 '넷제로 표준'을 통해 기업들이 2050년까지 넷제로를 달성하기 위한 장기 목표를 설정하도록 권고하고 있다.

SBTi의 목표 설정 프로세스는 서약 단계에서 시작된다. 기업이 SBTi에 과학 기반 목표를 설정하겠다고 서약하면, 그다음 단계로 기업이 SBTi의 기준에 따라 감축 목표를 개발하게 된다. 이후 개발된 목표를 SBTi에 제출하고, SBTi가 제출된 목표를 검토하여 승인 여부를 결정한다. 마지막으로 승인된 목표는 공개적으로 발표된다. SBTi는 기업들이 Scope 1, 2, 3 배출량을 모두 고려하여 포괄적인 목표를 설정하도록 권장하고, 단순히 목표 설정에 그치지 않고 지속적인 모니터링과 보고를 강조한다. 승인받은 기업들은 매년 진행 상황을 공개해야 하며, SBTi는 이를 통해 기업들의 실제 감축 성과를 추적하고 평가한다.

PART 6

ESG 금융과 탄소 회계

01
ESG 대출

1. ESG 대출의 개요

ESG 대출이란 ESG 요소를 기준으로 한 대출 상품을 의미한다. 기존의 대출은 주로 재무적 안정성, 신용등급 등 재무적 요소만을 고려하였으나, ESG 대출은 기업의 환경, 사회적 책임, 그리고 투명한 지배구조의 운영 여부를 중요하게 반영하여 대출 여부를 결정하는 방식을 따른다. 이 대출 방식은 금융기관이 사회적 책임을 다하는 기업에 더 많은 자금을 지원하고, 이를 통해 사회 전반의 지속가능성을 높이려는 노력의 일부이다. 자원을 효율적으로 관리하고, 탄소배출을 줄이며, 노동자의 권리나 지역사회 기여와 같은 사회적 요소에 더 많은 관심을 기울이도록 유도한다. ESG 대출은 금융기관의 입장에서도 중요한 리스크 관리 도구로 작용한다. ESG 요소를 고려한 대출은 장기적으로 안정적인 수익을 창출할 가능성이 크며, 특히 환경 규제강화와 같은 외부 요인에 대비할 수 있는 역량을 기르는 데 도움이 된다. 따라서 ESG 대출은 단순히 기업의 자금조달을 넘어서, 〈표6-1〉과 같은 요소들을 반영하여 기업이 사회적 책임을 다하는 경영을 실천하도록 유도하는 중요한 금융 상품이다.

2. 금융기관 정책 동향

ESG 대출 활성화에 따라, 금융기관들도 점차 ESG 기준을 반영한 정책을 수립하고 운영 방침을 수정하는 움직임을 보이고 있다. 이는 단순히 이윤을 추구하는 금융기관의 전통적인 역할에서 벗어나, 기업의 환경적, 사회적 책임을 중요한 평가 요소로 삼아 지속가능한 발전을 촉진하기 위한 변화이다. 이러한 정책 변화는 금융기관의 리스크 관리와 장기적인 안정성 확보를 위한 필수적인 요소이기도 하다.

〈표6-1〉 ESG 대출의 주요 요소

요소	설명
E	탄소배출량, 에너지 소비, 자원 관리 등 환경적 책임 반영
S	노동자 권리, 지역사회 기여, 공급망 관리 등 책임 강조
G	투명한 경영구조, 이사회 구성, 윤리적 경영 평가
평가 기준	재무적 안정성 외 ESG 성과를 기준으로 대출 결정

많은 금융기관은 대출을 제공하는 기업이 환경 규제를 준수하고, 재생에너지 사용과 같은 친환경적인 경영 방식을 도입하도록 유도한다. 기업이 친환경적일수록 더 우호적인 대출 조건을 제공받을 수 있도록 한다. 또한, 대출 심사 과정에서 기업의 노동 환경, 인권 문제, 지역사회에 미치는 영향 등 기업의 사회적 책임 성과를 반영하며, 기업의 이사회 구성, 내부통제 시스템, 경영 투명성 등도 중요하게 평가한다.

3. 적도원칙(Equator Principles)

적도원칙(Equator Principles)은 환경 파괴나 인권 침해를 일으킬 수 있는 대규모 개발사업에는 금융지원을 하지 않겠다는 협약으로 2003년 6월 채택됐다. 현재는 전 세계 37개국 118개 금융기관이 참여하고 있다. 적도원칙 적용 대상은 미화 1,000만 불 이상 규모 프로젝트파이낸싱(PF) 및 미화 5,000만 불 이상 기업 대출 등이다. 적도원칙에 가입한 금융기관은 적도원칙 준수 여부 심사 및 적도원칙에 부합되는 경우에만 금융지원이 가능하다. 국내 은행 중에서는 신한은행이 지난해 시중은행으로는 처음으로 적도원칙에 가입했으며, 이후 KB국민은행, 하나은행 등 대형 금융회사들이 적도원칙에 가입했다.

적도원칙은 금융기관이 프로젝트 파이낸싱 과정에서 환경적, 사회적 위험을 평가하고 관리하기 위해 사용하는 위험관리 프레임워크이다. 이 원칙은 금융기관이 대출을 제공할 때, 해당 프로젝트가 환경과 사회에 미칠 잠재적 영향을 사전에 분석하고 이를 관리할 수 있도록 체계적인 가이드를 제공한다. 적도원칙은 2003년에 처음 도입된 후, 현재까지도 글로벌 금융기관들이 채택하고 있는 대표적인 환경·사회적 리스크 관리 기준으로 자리 잡고 있다. 이 원칙을 채택한 금융기관은 프로젝트가 일정 금액 이상일 경우, 해당 프로젝트가 환경적으로 지속가능하고, 사회적으로 책임 있는 방식으로 진행되도록 철저한 관리와 감독을 실시해야 한다. 적도원칙은 다음과 같은 핵심 요소를 포함한다.

(1) 환경 및 사회적 위험 평가

금융기관은 대출 신청 시 프로젝트가 환경에 미치는 영향과 사회적 위험을 사전에 평가해야 한다. 이는 특히 프로젝트의 위치, 규모,

산업적 특성 등을 고려하여 이루어진다. 환경적으로 민감한 지역에서 진행되는 프로젝트는 그만큼 높은 기준의 평가가 필요하다.

(2) 적도원칙 기준 적용

적도원칙을 따르는 프로젝트는 국제적으로 통용되는 환경 및 사회 기준을 충족해야 한다. 세계은행 그룹의 환경·사회적 보호정책 및 국제 금융공사(IFC)의 성과 기준이 적용된다. 이는 개발도상국에서 진행되는 프로젝트에도 동일하게 적용되어, 글로벌 스탠다드를 유지한다.

(3) 리스크 관리 및 모니터링

프로젝트가 실행되는 동안 금융기관은 지속적으로 리스크를 관리하고 모니터링해야 한다. 이를 통해 프로젝트가 원칙에서 제시하는 환경적, 사회적 목표를 충족하고 있는지 확인하며, 필요시 수정 및 보완을 요구할 수 있다.

(4) 투명성 및 보고

적도원칙을 적용한 프로젝트는 일정 수준 이상의 투명성을 유지해야 하며, 프로젝트 진행 상황과 리스크 관리 방안을 금융기관과 이해관계자에게 정기적으로 보고해야 한다. 이는 프로젝트가 사회적 책임을 다하는지에 대한 신뢰성을 높인다.

4. ESG 대출에 관한 금융기관의 과제

　ESG 대출을 실행하는 과정에서 금융기관들이 직면하는 여러 가지 과제가 존재한다. ESG 요소를 대출 평가와 결정 과정에 통합하는 일은 금융기관에 새로운 기회와 함께 다양한 도전 과제를 안겨준다. 이러한 과제들은 주로 리스크 관리 평가 기준의 불확실성, 그리고 규제 준수의 어려움에서 비롯된다.

　첫째, ESG 관련 리스크 평가의 복잡성이 있다. 금융기관은 전통적으로 재무적 요소를 중심으로 대출 심사를 진행해 왔으나, ESG 대출에서는 환경적, 사회적, 지배구조적 요소를 함께 고려해야 한다. 특히 환경적 리스크는 프로젝트가 자연환경에 미치는 영향을 측정하는데, 이는 해당 지역의 생태적 특성, 기후변화, 자원 사용 등을 종합적으로 분석해야 하므로 매우 복잡하다. 또한 사회적 리스크는 노동자의 권리, 지역사회와의 상생, 인권 문제 등을 포함하며, 이는 수치화하기 어려운 부분이 많아 금융기관이 정교한 평가 시스템을 구축해야 하는 어려움을 겪는다.

　둘째, 평가 기준의 불확실성이다. ESG 요소를 평가하는 데 있어 명확한 글로벌 기준이 아직 완전히 통일되지 않은 상태이다. 각국의 환경 규제나 사회적 책임 기준이 다르기 때문에, 동일한 프로젝트라도 지역에 따라 평가 결과가 달라질 수 있다. 금융기관은 이러한 불확실성 속에서 대출 결정을 내리는 데 신중을 기해야 하며, 이는 ESG 대출 실행 과정에서 큰 과제로 작용한다. ESG 평가 모델이나 기준이 지속적으로 발전하고 있으나, 아직 완전히 표준화된 평가 도구가 부족한 것이 현실이다.

　셋째, 규제 준수와 관련된 문제이다. ESG 대출은 각국의 환경 보호법, 사회적 책임 이행 규제, 그리고 지배구조 투명성에 대한 법적 요구를 충족해야 한다. 그러나 금융기관이 대출을 실행할 때, 이러한 다양한 규제를 모두 고려하면서 대출 결정을 내리는 것이 쉽지 않다. 특히 글로벌 금융기관의 경우, 다국적 프로젝트에 대해 각국의 규제를 모두 충족해야 하는 복잡성이 존재한다. 이로 인해 ESG 대출을 관리하고 모니터링하는 데 상당한 인력과 자원이 필요하다.

넷째, ESG 성과 측정의 어려움이다. ESG 대출을 받은 기업이 실제로 ESG 목표를 얼마나 달성했는지를 측정하는 것도 금융기관의 중요한 과제 중 하나다. 친환경 대출을 받은 기업이 과연 탄소배출을 얼마나 줄였는지, 사회적 책임을 제대로 이행하고 있는지 등을 평가하고 추적하는 일이 필요하다. 하지만 이는 단순히 재무적 성과를 측정하는 것과는 달리, 정성적 평가가 많이 포함되기 때문에 그 기준을 설정하고 실질적인 성과를 추적하는 데 어려움이 따른다.

다섯째, 시장 경쟁과 수익성 유지의 문제다. ESG 대출은 기존의 대출보다 상대적으로 높은 기준을 요구하기 때문에, 더 많은 시간과 비용이 소요될 수 있다. 이러한 추가적인 비용을 감수하면서도 금융기관이 수익성을 유지하는 것이 또 다른 과제이다. ESG 대출이 기업의 장기적인 성장과 안정성에 기여할 수는 있지만, 단기적으로는 수익성에 압박을 줄 수 있다. 금융기관은 이러한 균형을 맞추기 위해 대출 포트폴리오를 조정하고, 위험 관리와 수익성 관리를 동시에 진행해야 한다.

5. ESG 대출 촉진을 위한 규제 기관의 역할

규제 기관은 금융기관들이 ESG 대출을 적극적으로 시행하고, 기업들이 이러한 대출을 활용하여 지속가능 경영을 할 수 있도록 다양한 정책적 지원과 규제 환경을 조성해야 한다. 규제 기관의 역할은 ESG 대출 촉진과 관리에 필수적이며, 이 역할은 크게 정책 개발, 감독, 그리고 지침 제공으로 나눌 수 있다.

첫째, 정책 개발 및 법적 프레임워크 구축이다. ESG 대출이 원활히 이루어지기 위해서는 명확한 법적 기반이 필요하다. 규제 기관은 ESG 요소가 대출 평가에 반영될 수 있도록 구체적인 가이드라인을 마련하고, 이를 바탕으로 금융기관이 대출 결정을 내릴 수 있도록 지원해야 한다. 이러한 정책은 금융기관이 환경적·사회적 책임을 고려한 대출을 할 수 있는 제도적 틀을 마련하는 데 중요한 역할을 한다. 탄소배출 감축목표를 달성하는 기업에 우호적인 대출 조건을 제공하도록 하는 법적 규정이 대표적이다.

둘째, 감독과 평가 시스템 운영이다. 규제 기관은 금융기관들이 ESG 대출을 제대로 실행하고 있는지에 대한 감독과 평가를 수행해야 한다. 금융기관이 ESG 대출을 명목상으로만 시행하는 것이 아니라, 실제로 환경적·사회적·지배구조적 기준을 충족하는 기업에 대출이 이루어지고 있는지를 모니터링해야 한다. 또한 ESG 대출을 받은 기업이 해당 기준을 얼마나 잘 준수하고 있는지도 지속적으로 평가해야 한다. 이를 위해 규제 기관은 투명한 보고 시스템을 마련하고, 금융기관과 기업이 ESG 성과를 정기적으로 보고하도록 요구할 수 있다.

셋째, 지침 제공과 지원 프로그램 운영이다. ESG 대출을 활성화하기 위해 금융기관과 기업들이 참고할 수 있는 명확한 지침을 제공하는 것이 규제 기관의 또 다른 중요한 역할이다. 규제 기관은 금융기관이 ESG 대출을 시행하는 과정에서 겪는 어려움을 해소할 수 있도록 교육 프로그램이나 자문 서비스를 제공할 수 있다. 또한 중소기업이나 환경적으로 불리한 위치에 있는 기업들이 ESG 대출을 받을 수 있도록 정부 차원의 지원 프로그램을 마련할 수 있다.

넷째, 국제 협력 강화이다. ESG 대출의 글로벌 확산을 위해 규제 기관들은 국제적인 협력을 강화할 필요가 있다. 각국의 규제 기관들은 ESG 대출과 관련된 기준을 표준화하고, 글로벌 시장에서 일관된 ESG 평가와 대출이 이루어지도록 협력해야 한다. 국제 금융기구나 UN과 같은 글로벌 기관들과의 협력을 통해 글로벌 ESG 대출 가이드라인을 마련하고, 이를 각국의 정책에 반영하는 것이 필요하다. 이는 금융기관들이 국경을 넘어 ESG 대출을 시행할 때, 통일된 기준에 따라 운영될 수 있도록 돕는다.

마지막으로, 인센티브 제공이다. 규제 기관은 ESG 대출을 활성화하기 위해 금융기관과 기업에 인센티브를 제공할 수 있다. 환경적 목표를 달성한 기업에 세제 혜택을 주거나, ESG 대출을 적극 시행한 금융기관에 정부 차원의 보조금을 지원하는 방식으로 ESG 대출을 장려할 수 있다. 이러한 인센티브는 금융기관이 ESG 대출을 더욱 적극적으로 시행하도록 유도하는 중요한 수단이 될 수 있다.

02 ESG 투자(채권, 주식)

1. ESG 기준을 투자전략에 통합

ESG 기준을 투자전략에 통합하는 것은 아래와 같은 요인으로 현대 금융 시장에서 매우 중요한 흐름으로 자리 잡고 있다. ESG 기준을 투자전략에 통합하는 것은 기업과 투자자 모두에게 장기적인 이익을 제공할 수 있는 중요한 투자 접근법으로 인정받고 있다. ESG 기준을 투자전략에 통합하는 방식은 다음과 같은 방법으로 이루어진다.

(1) 포지티브 스크리닝(Positive Screening)
투자자는 ESG 기준을 잘 준수하는 기업에 집중적으로 투자한다. 즉, 환경적으로 친화적인 기업, 사회적 책임을 다하는 기업, 지배구조가 투명한 기업을 선정하여 포트폴리오를 구성한다.

(2) 네거티브 스크리닝(Negative Screening)
ESG 기준에 미치지 못하는 기업을 투자에서 배제하는 방식이다. 탄소배출량이 많은 기업, 노동 환경이 열악한 기업, 지배구조가 부실한 기업 등은 투자 대상에서 제외된다.

(3) 임팩트 투자(Impact Investing)
ESG 요소를 고려하여 사회적 또는 환경적 긍정적 변화를 가져오는 기업에 투자하는 방식이다. 이는 단순한 재무적 수익을 넘어서, 투자 자체가 사회적 가치를 창출하는 데 목적을 둔다. 기후변화 대응 기술을 개발하는 기업이나 개발도상국의 빈곤 문제 해결에 기여하는 기업에 대한 투자가 해당된다.

(4) ESG 지수 및 평가 모델 활용

많은 금융기관과 투자자는 ESG 지수나 평가 모델을 활용하여 기업의 ESG 성과를 분석하고, 이를 바탕으로 투자 결정을 내린다.

2. 지속가능한 채권: 녹색, 사회적, 지속가능성 연계채권

지속가능한 채권은 ESG 기준을 반영한 금융 상품으로, 기업이 자금을 조달할 때 환경적·사회적 목표를 달성하기 위한 프로젝트에 사용되는 채권을 의미한다. ESG 경영을 실천하는 기업들에 자금을 조달할 수 있는 효과적인 수단을 제공하며, 투자자들에게는 재무적 수익 외에도 사회적, 환경적 가치를 창출할 수 있는 투자 기회를 제공한다. 지속가능한 채권은 크게 녹색채권, 사회적 채권, 그리고 지속가능성 연계채권으로 구분되며, 각각 특정 목표와 조건을 가진 채권이다. 정부와 국제기구도 이러한 채권 발행을 장려하고 있으며, 이는 지속가능한 금융 생태계 구축에 기여하고 있다.

(1) 녹색채권(Green Bonds)

녹색채권은 주로 환경 보호와 관련된 프로젝트에 자금을 지원하는 채권이다. 이 채권을 발행하는 기업은 조달한 자금을 기후변화 대응, 재생에너지 개발, 오염 방지, 자원 효율성 개선 등 환경적 목표를 달성하는 데 사용해야 한다. 태양광 발전소 건설, 에너지 절감 기술 도입, 탄소배출 감축 프로젝트 등이 녹색채권의 자금 활용 대상이 될 수 있다.

(2) **사회적 채권**(Social Bonds)

사회적 채권은 사회적 문제 해결을 목적으로 발행되는 채권이다. 자금은 주로 빈곤 퇴치, 소외계층 지원, 저소득층 주거 개선, 공공 의료 시스템 강화, 교육 접근성 개선 등의 사회적 프로젝트에 사용된다. 사회적 채권은 환경보다 사회적 책임에 더 중점을 두고 있으며, 발행자는 이러한 프로젝트가 사회에 미치는 긍정적 영향을 증명해야 한다.

(3) **지속가능성 연계채권**(Sustainability-linked Bonds)

지속가능성 연계채권은 기업의 지속가능성 목표 달성을 위한 성과에 따라 조건이 변화하는 채권이다. 다른 지속가능한 채권들과 달리, 자금 사용처가 특정 프로젝트에 제한되지 않고, 기업의 전반적인 지속가능성 성과와 연계되어 있다는 점이 특징이다. 발행 기업이 탄소배출 감축목표를 달성하거나, 에너지 효율성 목표를 달성하지 못할 경우, 채권의 이자율이 상승하는 식으로 설계될 수 있다.

3. ESG 등급이 주식 성과에 미치는 영향

ESG 등급은 기업의 지속가능성을 평가하는 지표로, 이는 주식 성과에도 중요한 영향을 미친다. ESG 등급은 기업이 환경 보호, 사회적 책임 이행, 투명한 지배구조를 얼마나 잘 실천하고 있는지를 평가하여 등급화한 것이다. 투자자들은 ESG 등급을 고려하여 장기적으로 안정적이고 지속가능한 수익을 기대할 수 있는 기업에 투자하는 경향이 강해지고 있다.

(1) ESG 등급과 주식 성과의 긍정적 연관성
많은 연구와 실무 경험에서 ESG 등급이 높은 기업이 더 나은 주식 성과를 기록하는 경향이 있다는 사실이 밝혀졌다. 이는 ESG 등급이 단순히 비재무적 평가 요소로만 작용하는 것이 아니라, 기업의 리스크 관리 능력과 장기적인 생존 가능성을 반영하기 때문이다. ESG 등급이 높은 기업은 환경적 리스크와 사회적 리스크를 효과적으로 관리하며, 지배구조도 투명하여 주주들에게 신뢰를 주기 때문에, 주식 시장에서 긍정적인 평가를 받는다.

(2) 리스크 완화와 ESG 등급의 역할
ESG 등급이 주식 성과에 미치는 또 다른 중요한 요소는 리스크 완화에 있다. ESG 등급이 높은 기업은 환경 규제, 노동 관련 이슈, 지배구조 불투명성 등의 리스크를 사전에 관리하고 대비하는 능력이 뛰어나기 때문에, 이러한 리스크가 현실화되더라도 그 영향을 최소화할 수 있다. 탄소배출을 줄이는 기술을 도입한 기업은 기후 변화 관련 규제 리스크 강화에 대비할 수 있으며, 이는 향후 기업 운영에 큰 부담을 주지 않게 된다. 한편, ESG 등급이 낮은 기업은 예상치 못한 규제강화나 사회적 비난 문제로 인해 주식 가격이 급락하는 리스크가 크다.

(3) ESG 등급과 투자자 관심 증가

최근 들어 기관 투자자와 개인 투자자 모두 ESG 등급을 투자 결정의 중요한 기준으로 삼고 있다. 특히 장기적인 수익을 추구하는 연기금, 자산운용사 등의 기관투자자들은 ESG 등급이 높은 기업을 포트폴리오에 포함시키는 경향이 강하다. 이는 ESG 등급이 높은 기업들이 장기적으로 더 나은 재무성과를 기록할 가능성이 크다는 연구 결과에 기반하고 있다.

4. 기관 투자자의 ESG 투자 동향

기관 투자자는 금융 시장에서 중요한 역할을 하며, 그들의 투자 결정은 ESG 기준을 점점 더 중요하게 반영하고 있다. 연기금, 자산운용사, 보험회사 등 대규모 자금을 운용하는 기관 투자자들은 장기적인 안정성과 지속가능한 성장을 추구하기 때문에 ESG 요소를 고려한 투자전략을 채택하는 경향이 강해지고 있다. 이러한 투자 동향은 글로벌 금융 시장에서 중요한 변화로 평가받고 있으며, 기업들에도 지속가능 경영을 요구하는 압력으로 작용하고 있다.

(1) 기관 투자자들의 ESG 투자 관심 증대

최근 몇 년간 기관 투자자들은 ESG 요소를 투자 결정 과정에 적극적으로 통합하기 시작했다. 이는 기후변화, 사회적 불평등, 지배구조의 투명성 부족과 같은 리스크가 기업의 장기적인 재무 성과에 부정적인 영향을 미칠 수 있다는 인식에서 비롯된 것이다. 노르웨이 정부 연기금이나 일본의 정부연기금투자펀드(GPIF)와 같은 글로벌 주요 연기금들은 ESG 투자 원칙을 강력하게 도입하고 있다. 이들은 장기적인 투자 성과를 목표로 하며, ESG 요소를 반영한 투자 전략이 장기적으로 더 나은 성과를 낼 것이라는 믿음을 가지고 있다.

(2) ESG 펀드의 성장

ESG 기준을 적용한 ESG 펀드의 규모는 급속히 성장하고 있다. ESG 펀드는 ESG를 고려해 장기적인 성장 가능성을 갖춘 기업 포트폴리오에 투자하는 방식이다. 이러한 펀드는 투자자들에게 재무적 수익과 동시에 사회적, 환경적 가치를 창출하는 기회를 제공한다. 여러 연구에서 ESG 펀드가 단기적인 시장 변동성에 덜 민감하고, 장기적으로 안정적인 수익을 창출할 가능성이 더 크다는 결과가 도출되고 있어 기관 투자자들이 ESG 투자를 선호하는 또 다른 이유가 되고 있다.

(3) 규제 기관과 국제기구의 역할

기관 투자자들이 ESG 투자를 확대하는 데 있어 규제 기관과 국제기구의 역할도 중요한 요소이다. 각국의 정부와 규제 기관은 ESG 투자를 장려하기 위해 다양한 정책을 마련하고 있으며, 이러한 정책은 기관 투자자들에 ESG 투자의 필요성을 강조하고 있다. EU는 지속가능한 금융에 대한 분류 체계(유럽 그린 택소노미)를 도입하여, 기업들이 ESG 기준을 준수할 수 있도록 구체적인 지침을 제공하고 있다. 이러한 규제는 기관 투자자들이 더 적극적으로 ESG 투자에 나설 수 있는 환경을 조성한다. 또한 유엔 책임투자 원칙(PRI)과 같은 국제기구의 가이드라인은 전 세계적으로 통일된 ESG 투자 기준을 마련하여, 기관 투자자들이 일관성 있게 ESG 기준을 적용할 수 있도록 돕고 있다.

03 ESG 보증

1. ESG 보증의 개념과 필요성

　ESG 보증은 ESG 기준을 충족하는 프로젝트나 기업 활동에 대해 금융기관이나 투자자에게 신뢰를 제공하는 보증제도로 자리 잡았다. 이를 통해 ESG 기준을 기반으로 한 사업이 일정한 신뢰성을 갖추었음을 보장하고, 외부 이해관계자들에게 긍정적인 인식을 심어주는 역할을 한다. 이는 ESG 보증이 단순히 서류상의 인증을 넘어, 실제로 지속가능성과 사회적 책임을 실행하는 사업에 투자할 수 있는 기회를 제공한다는 점에서 중요한 의의를 가진다.

2. ESG 보증의 역할과 이점

　ESG 보증은 환경, 사회, 지배구조 원칙을 반영하여 기업과 프로젝트가 지속가능 경영을 할 수 있도록 돕는 중요한 역할을 한다. 이를 통해 기업은 ESG 기준을 충족하는 자금을 확보하며, ESG를 반영한 사업의 신뢰도를 높이는 데 기여한다. 또한 ESG 보증은 기업의 장기적 생존 가능성을 강화하고 투자자 및 이해관계자와의 신뢰 관계를 구축하는 데 중요한 기반이 된다.
　첫째, ESG 보증은 기업이 환경과 사회에 대한 책임을 다하도록 유도하는 동시에, 이로 인해 발생할 수 있는 리스크를 줄여준다. 환경적 리스크가 높은 사업의 경우 ESG 보증을 통해 환경 오염을 줄이는 기준을 적용하고, 이를 통해 잠재적 비용을 감소시킬 수 있다. 사회적 책임을 다하는 사업은 브랜드 가치를 높이고 소비자의 신뢰를 얻는 데 긍정적인 영향을 미친다.

둘째, ESG 보증은 투자자들에게 안정적이고 신뢰성 있는 투자 환경을 제공한다. ESG 기준을 충족하는 기업은 투자 유치를 더 쉽게 하며, 투자자들은 ESG 보증을 통해 기업의 재정적 위험이 낮고 장기적 가치 창출이 가능하다고 평가할 수 있다. 이는 특히 사회적 가치와 재무적 성과를 동시에 중시하는 기관 투자자들에게 매력적인 투자 조건을 제공한다.

셋째, ESG 보증은 기업이 ESG 관리 체계를 확립하고 지속가능 경영을 실천할 수 있도록 지원한다. ESG 보증을 받은 기업은 이를 통해 ESG 기준을 충족하는 비즈니스 프로세스를 구축하게 되며, 향후 더욱 강화될 ESG 관련 규제에도 효과적으로 대응할 수 있는 체계를 갖출 수 있다.

3. ESG 보증 프로세스

ESG 보증 프로세스는 기업이나 프로젝트가 환경, 사회, 지배구조 기준을 충족하는지를 평가하고 이를 인증하는 일련의 절차로 구성된다. 이 프로세스는 기업이 지속가능한 운영을 위해 필요한 표준을 준수하고 있는지를 객관적으로 검증하며, 이를 통해 투자자와 이해관계자들에게 신뢰를 제공한다. ESG 보증 프로세스는 다음과 같은 단계로 이루어진다.

첫째, 초기 평가 단계에서는 기업이나 프로젝트의 ESG 리스크와 잠재적 영향을 분석한다. 이 과정에서 해당 사업이 ESG 기준을 충족할 가능성이 있는지를 검토한다. 초기 평가 결과는 이후의 보증 심사 단계에서 활용된다.

둘째, 심층 심사단계에서는 기업의 운영 활동이 실제로 ESG 기준을 준수하는지를 구체적으로 검증한다. 이 단계에서는 종합적인 데이터와 보고서를 통해 ESG 기준에 대한 적합성을 판단한다. 심층 심사 결과는 ESG 보증의 승인 여부를 결정하는 중요한 역할을 한다.

셋째, 결과 평가와 보증 단계에서는 심층 심사를 통해 수집된 정보를 바탕으로 최종 보증 여부를 결정한다. ESG 기준을 충족하는 기업에는 공식적인 보증 인증이 부여되며, 인증을 확보한 기업은 투자자와 소비자에게 신뢰성을 인정받게 된다.

마지막으로 사후 관리 단계에서는 ESG 보증을 받은 기업이 지속적으로 기준을 유지하고 있는지 모니터링한다. ESG 보증이 일회성 인증에 그치지 않고 지속적인 기준 준수 여부를 확인함으로써, 기업이 장기적으로 ESG 목표를 유지하도록 장려한다.

04 탄소회계

1. 탄소회계의 개념 및 내용

　탄소회계의 기본 개념은 기업의 다양한 활동에서 발생하는 온실가스를 범주별로 분류하고, 각각의 배출량을 체계적으로 기록하는 것이다. 기업이 사용하는 에너지와 제조 과정에서 발생하는 직접 배출, 외부 공급망에서 발생하는 간접 배출 등을 포함한다. 이러한 배출을 세분화함으로써, 기업은 구체적인 배출원을 파악하고 해당 영역에서 배출을 줄이는 방안을 모색할 수 있다. 탄소회계는 글로벌 환경 규제강화에 따라 더욱 중요성이 부각되고 있다. 여러 국가에서는 탄소배출에 대한 규제를 강화하고 있으며, 특히 유럽연합과 같은 지역에서는 탄소배출에 대한 세금을 부과하는 탄소세 제도를 시행하고 있다. 이러한 규제들은 기업이 탄소배출량을 줄이도록 독려하며, 탄소회계를 통해 기업이 실질적인 감축 목표를 설정하고 이에 대한 책임을 다하도록 유도한다. 또한 기업의 투자 유치와도 밀접한 관련이 있다. 많은 투자자들은 기업의 지속가능성 여부를 평가할 때 탄소배출을 중요한 기준으로 삼고 있다. 따라서 탄소회계를 통해 명확한 감축 성과를 보이는 기업은 투자자들에게 긍정적인 평가를 받을 수 있다. 탄소회계에서 Scope 1, 2, 3 배출은 기업의 온실가스 배출량을 세분화하여 구체적으로 측정하고 보고하는 중요한 기준이다. 이 세 가지 범주는 기업의 활동에서 발생하는 배출원을 구체적으로 나누어, 각 영역에서 발생하는 온실가스 배출을 정확히 파악하고 효율적으로 관리할 수 있도록 돕는다. 이러한 범주화는 기업의 탄소 감축 목표를 명확히 하고, 각 영역에서 실질적인 개선을 이루는 데 중요한 역할을 한다.

2. 탄소상쇄와 배출량 감소에서의 역할

탄소상쇄는 기업이 발생시킨 온실가스 배출량을 상쇄하기 위해 다른 곳에서 온실가스를 줄이거나 제거하는 활동에 투자하는 방식이다. 이러한 상쇄 활동은 기업이 자체적인 배출량을 줄이는 것과 함께 탄소배출 감축목표를 달성하는 중요한 전략으로 자리 잡았다. 탄소상쇄를 통해 기업은 기후변화에 대응하면서도 사회적 책임을 다하고, 동시에 지속가능 경영을 실천할 수 있다. 탄소상쇄의 주요 방식 중 하나는 탄소배출권 구매이다. 탄소배출권은 기업이 일정한 탄소배출량만큼 배출할 수 있는 권리를 거래하는 제도로, 이를 통해 기업은 직접적인 배출 감축이 어려운 경우 다른 곳에서 배출권을 구매하여 상쇄 효과를 얻을 수 있다. 이는 특히 제조업이나 중공업처럼 온실가스 배출을 완전히 없애기 어려운 산업에서 탄소중립을 실현하는 데 중요한 수단으로 작용한다. 또한 탄소상쇄 프로젝트는 산림 복원, 재생에너지 프로젝트 투자와 같은 방법을 통해 이루어질 수 있다. 산림 복원 프로젝트는 나무를 심어 대기 중의 탄소를 흡수하여 기후변화 완화에 기여하는 방식이다. 이는 기업이 직접적인 배출 감축 활동을 수행하지 않더라도, 외부 프로젝트를 통해 배출을 상쇄하는 방법으로 널리 사용되고 있다.

탄소상쇄는 단순한 배출 상쇄 이상의 가치를 가진다. 예를 들어, 산림 복원이나 재생에너지 프로젝트는 배출량을 줄이는 효과 외에도 생태계를 보호하고 지역사회에 경제적 혜택을 제공하는 부가적 효과를 가져온다. 따라서 탄소상쇄는 기후변화 대응과 함께 환경적, 사회적 책임을 다하는 지속가능 경영을 실현하는 데 기여하는 중요한 방법이다. 탄소상쇄는 기업의 탄소회계 체계에서 중요한 역할을 담당한다. 기업은 자사의 전체 탄소 발자국을 파악하고, 탄소상쇄를 통해 남은 배출량을 보완함으로써 탄소중립 목표를 달성할 수 있다. 이는 기업이 탄소배출을 줄이는 것과 함께 기후변화 대응에 실질적인 기여를 하고 있음을 증명하는 방법이기도 하다.

3. 탄소회계 이니셔티브 소개

탄소회계 이니셔티브는 기업이 온실가스 배출량을 체계적으로 측정하고 보고하며 감축할 수 있도록 지원하는 다양한 국제적 및 국가적 프로그램과 표준을 의미한다. 이러한 이니셔티브들은 기업이 환경적 책임을 다할 수 있도록 탄소배출량 측정 기준과 보고 체계를 제공하여, 탄소중립 목표 달성을 위한 구체적인 지침을 제시한다. 탄소회계 이니셔티브는 특히 글로벌 기업과 투자자들이 탄소 관련 정보를 보다 정확하고 투명하게 접근할 수 있도록 돕는 중요한 도구로 자리 잡았다. 대표적인 탄소회계 이니셔티브 중 하나는 탄소회계 금융파트너십(Partnership for Carbon Accounting Financials, PCAF)이다. PCAF는 금융기관들이 자산 포트폴리오에서 발생하는 온실가스 배출을 측정하고 보고할 수 있도록 돕는 이니셔티브로, 금융업계에서 점점 널리 사용되고 있다. 이를 통해 은행, 투자자 등 금융기관들은 대출 및 투자 활동에서 발생하는 간접 배출량을 포함한 총배출량을 파악하고, 이 정보를 바탕으로 배출 감축 목표를 설정할 수 있다.

4. 기업 탄소회계 실천과 성과 분석

　기업 탄소회계 실천은 기업이 온실가스 배출량을 측정, 관리, 보고하여 지속가능 경영을 실현하고 기후변화에 대응하기 위한 중요한 과정이다. 기업은 탄소회계를 통해 자신의 탄소배출량을 정확히 파악하고, 이를 줄이기 위한 전략을 수립하며, 성과를 지속적으로 평가하여 환경적 책임을 다한다. 성과 분석은 기업의 탄소 감축 목표 달성 여부와 실질적 효과를 평가하는 과정으로, 향후 전략 수립에 필수적인 자료를 제공한다. 탄소회계를 효과적으로 실천하기 위하여 구체적인 전략과 개선 방향을 설정하여 관리하는 것이 필요하다.

(1) 탄소회계의 실천 과정

　기업은 탄소회계를 통해 Scope 1, 2, 3 배출량을 포함한 온실가스 배출량을 체계적으로 측정한다. 이는 에너지 사용, 생산 과정, 물류 및 공급망에서 발생하는 모든 배출량을 포함한다. 탄소회계를 위해 기업은 글로벌 표준인 탄소회계 금융협의체(PCAF)와 같은 표준을 따르며, 이를 통해 투명하고 일관성 있는 보고서를 작성할 수 있다. 탄소배출 데이터를 수집하고 보고하는 과정은 정기 내부 감사와 제3자 검증을 통해 신뢰성을 높인다.

(2) 탄소 감축 목표 설정과 전략 수립

　탄소회계 데이터를 기반으로, 기업은 탄소 감축 목표를 설정하고 이를 달성하기 위한 구체적인 전략을 수립한다. 재생에너지 사용을 확대하거나 에너지 효율성을 높이기 위한 기술을 도입하며, 공급망 전반에서 배출을 줄이는 방법을 모색한다. 또한 자원 순환경제를 도입하거나 탄소상쇄 프로그램에 참여하여 감축 목표를 보완할 수도 있다. 이와 같은 전략을 통해 기업은 지속가능 경영을 강화하고, 기후변화에 대응할 수 있다.

(3) 성과 분석을 통한 관리와 개선

탄소회계 성과 분석은 기업이 설정한 감축 목표를 얼마나 효과적으로 달성하고 있는지를 평가하는 과정이다. 기업은 탄소 감축 성과를 정기적으로 평가하고, 목표에 미치지 못하는 경우 원인을 분석하여 개선 방안을 마련한다. 성과 분석을 통해 기업은 탄소회계의 실질적 효과를 파악하고, 장기적으로 기후변화에 대응하는 지속가능한 성장 모델을 확립할 수 있다.

(4) 성과 분석의 이점

탄소회계를 통해 기업은 재정적, 환경적, 사회적 성과를 모두 개선할 수 있다. 탄소배출을 줄임으로써 에너지 비용을 절감하고, 친환경 이미지를 구축하여 브랜드 가치를 높일 수 있다. 또한 규제 변화에 선제적으로 대응하여 법적 리스크를 줄이고, ESG 평가에서도 긍정적인 성과를 기록할 수 있다.

(5) 탄소회계 실천을 위한 개선 방안

데이터의 정확성과 일관성을 높이기 위해 디지털화와 블록체인 기술을 활용하여 배출 데이터를 관리해야 한다. 또한 탄소 감축 성과가 우수한 부서나 파트너에게 인센티브를 제공하여 감축 동기를 부여하는 것이 바람직하다.

PART 7

탄소배출권 거래

01 탄소배출권 거래제도 배경

1. 지구 평균온도 상승

지구 기후 시스템의 급격한 변화가 가속화되고 있다. 2024년 2월 발표된 유럽연합 기후변화감시기구 코페르니쿠스(Copernicus)의 관측 자료에 따르면, 지난 12개월 동안 지구 평균기온이 산업화 이전 대비 1.52℃ 상승한 것으로 나타났다.

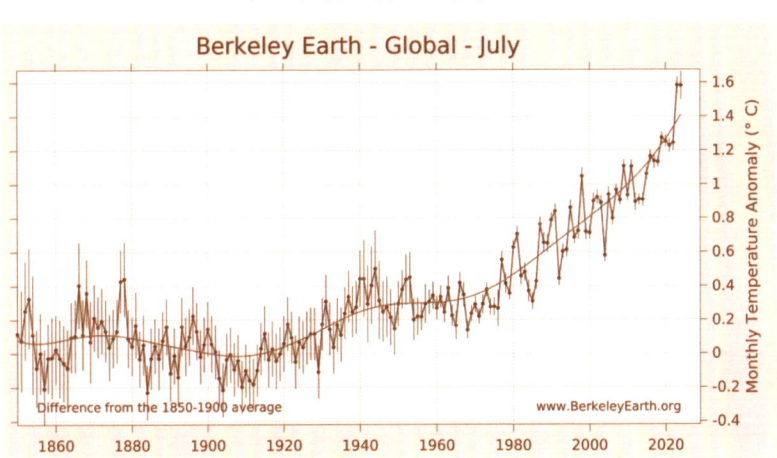

〈표7-1〉 평균 지구 온도 상승 추이

〈표7-1〉에서 볼 수 있듯이 지구온난화는 가속화되고 있다. 특히 2024년 1월의 기온은 산업화 이전 시대의 1월 평균기온보다 1.66℃ 상승하며, 관측 이래 가장 따뜻한 1월을 기록했다. 이러한 급격한 기온 상

승은 단순한 자연변동성을 넘어서는 수준으로, 인위적 요인에 의한 기후변화의 영향이 뚜렷하게 나타나고 있음을 시사한다.

지구 평균기온 상승의 영향은 단순히 기온 상승에 그치지 않는다. 기후 시스템의 복잡한 상호작용으로 인해 다양한 기후 요소들이 연쇄적으로 변화하고 있다. 해수면 온도의 상승은 해양생태계에 심각한 영향을 미치고 있으며, 극지방의 빙하 융해를 가속화시키고 있다. 이는 결과적으로 전 지구적인 해수면 상승으로 이어져, 연안 지역의 침수 위험을 높이고 있다. 더욱 우려되는 점은 기후 시스템의 비선형적 특성으로 인한 급격한 변화의 가능성이다. 소위 '티핑 포인트(tipping point)'라고 불리는 임계점을 넘어설 경우, 기후 시스템이 돌이킬 수 없는 변화를 겪을 수 있다는 것이다. 영구동토층의 해동, 아마존 열대우림의 사바나화, 그린란드 빙상의 붕괴 등이 이러한 티핑 포인트의 예시로 언급되고 있다. 최근의 연구 결과들은 이러한 기후변화의 속도가 예상보다 빠르게 진행되고 있음을 보여준다. 이는 기존의 예측보다 훨씬 이른 시점에 임계점에 도달했음을 의미하며, 기후변화 대응의 시급성을 더욱 부각시키고 있다.

지구온난화의 가속화는 전 지구적인 기후 패턴의 변화를 동반한다. 극단적인 기상 현상의 빈도와 강도가 증가하고 있으며, 이는 농업 생산성의 저하, 수자원 관리의 어려움, 생태계 교란 등 다양한 사회경제적 영향으로 이어지고 있다. 특히 취약 지역과 개발도상국의 경우, 이러한 기후변화의 부정적 영향에 더욱 심각하게 노출되어 있어, 국제사회의 공동 대응이 절실히 요구되는 상황이다. 지구 평균온도 상승은 해양생태계에도 심각한 영향을 미치고 있다. 해수 온도 상승으로 인한 산호 백화현상(coral bleaching)이 전 세계적으로 증가하고 있으며, 이는 해양생물 다양성의 급격한 감소로 이어지고 있다. 또한 해수 온도 상승은 해양 순환 패턴의 변화를 초래하여, 전 지구적 기후 시스템에 광범위한 영향을 미치고 있다.

극지방에서의 온도 상승은 특히 두드러지게 나타나고 있다. 북극권의 온도 상승 속도는 전 지구 평균의 약 4배에 달하는 것으로 관측되고 있으며, 이는 '북극 증폭(Arctic Amplification)' 현상으로 알려져 있다. 이로 인해 북극해 해빙의 면적과 두께가 급격히 감소하고 있으며, 이는 지역 생태계뿐만 아니라 전 지구적 기후 시스템에도 중대한 영향을 미치고 있다. 지구 평균온도 상승은 대기 중 수분 함량의 증가로 이어져, 강수 패턴의 변화를 초래하고 있다. 일부 지역에서는 극심한 가뭄이 발생하는 반면, 다른 지역에서는 집중호우와 홍수의 빈도가 증가하고 있다. 이러한 강수 패턴의 변화는 농업 생산성, 수자원 관리, 그리고 인프라 안정성에 중대한 도전을 제기하고 있다. 기온 상승은 또한 생물종의 서식지 변화와 계절적 활동 패턴의 변화를 유발하고 있다. 많은 동식물 종들이 서식지를 극지방이나 고도가 높은 지역으로 이동시키고 있으며, 봄철 개화 시기와 철새들의 이동 시기가 앞당겨지는 등의 현상이 관찰되고 있다. 이러한 변화는 생태계의 균형을 교란시키고, 일부 종의 멸종 위험을 높이고 있다. 지구 평균온도 상승은 인간의 건강에도 직접적인 영향을 미치고 있다. 열파의 빈도와 강도 증가로 인한 열 관련 질병과 사망률이 증가하고 있으며, 기후변화로 인한 질병 매개체의 서식지 확대로 말라리아, 뎅기열 등의 감염병 위험이 커지고 있다. 또한 대기 오염과의 상호작용으로 인해 호흡기 질환의 위험도 증가하고 있다.

이러한 지구 평균온도 상승의 다양한 영향에 대응하기 위해, 국제사회는 다각적인 노력을 기울이고 있다. 2015년 채택된 파리기후협정은 전 지구적 평균기온 상승을 산업화 이전 대비 2°C보다 현저히 낮은 수준으로 유지하고, 나아가 1.5°C로 제한하기 위해 노력한다는 목표를 설정했다. 그러나 최근의 관측 결과는 이러한 목표 달성이 매우 어려울 수 있음을 시사하고 있다. 따라서 보다 강력하고 신속한 기후변화 대응 노력이 요구되고 있다. 특히 재생에너지로의 전환, 에너지 효율 개선, 산림 보호 및 복원, 지속가능한 농업 방식의 도입 등 다양한 분야에서의 종합적인 접근이 필요하다. 또한, 이미 진행 중인 기후변화의 영향에 대응하기 위한 적응 전략의 수립과 이행도 병행되어야 한다.

2. 기후변화의 원인 온실가스

기후과학자들은 이러한 온도 상승의 주요 원인으로 인간 활동에 의한 온실가스 배출을 지목하고 있다. 특히 이산화탄소(CO_2)와 메탄(CH_4) 같은 주요 온실가스의 대기 중 농도가 지속적으로 증가하고 있어, 지구의 열 균형을 크게 교란시키고 있다. 〈표7-2〉와 같이 산업혁명 이후 화석연료의 대량 사용, 산림 파괴, 농업 활동의 확대 등이 이러한 온실가스 증가의 주된 요인으로 작용하고 있다. 지구 평균기온 상승의 영향은 단순히 기온 상승에 그치지 않는다. 기후 시스템의 복잡한 상호작용으로 인해 다양한 기후 요소들이 연쇄적으로 변화하고 있다. 해수면 온도의 상승은 해양생태계에 심각한 영향을 미치고 있으며, 극지방의 빙하 융해를 가속화시키고 있다. 이는 결과적으로 전 지구적인 해수면 상승으로 이어져, 연안 지역의 침수 위험을 높이고 있다.

<표7-2> 전 세계 이산화탄소 배출원별 구분 (2021)

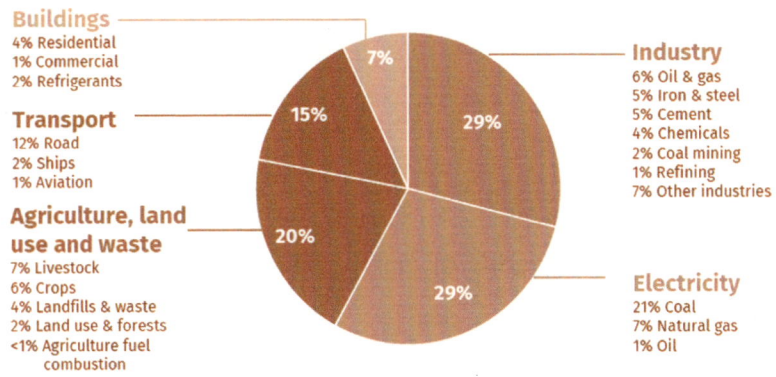

〈출처: Rhodium Group〉

  온실가스는 지구의 기후 시스템에 중대한 영향을 미치는 주요 요인으로, 그 종류와 발생원, 그리고 지구온난화에 미치는 영향은 다양하다. 국제적으로는 이산화탄소(CO2), 메탄(CH4), 아산화질소(N2O), 수소불화탄소(HFCs), 과불화탄소(PFCs), 육불화황(SF6), 삼불화질소(NF3)의 7개 물질을 대표적 온실가스로 정하고 있다.

  이러한 온실가스들은 지구의 열 균형을 교란시켜 평균온도를 상승시키는 메커니즘을 가지고 있다. 온실가스의 증가는 산업화 이후 인간 활동의 결과로 크게 가속화되었다. 특히 화석연료의 대량 사용, 산업 공정의 확대, 토지 이용 변화 등이 주요 원인으로 지목된다. 따라서 기후변화 대응을 위해서는 이러한 온실가스의 배출을 줄이는 것이 핵심이다. 산업 분야별로 온실가스 감축 기술을 개발하고, 에너지 효율을 높이며, 재생에너지로의 전환을 가속화하는 등의 노력이 필요하다. 또한 국제적인 협력을 통해 전 지구적 차원의 온실가스 감축 목표를 설정하고 이행하는 것이 중요하다.

3. 온실가스 감축을 위한 국제적 노력

온실가스 감축을 위한 국제사회의 노력은 1980년대 후반부터 본격화되었다. 1988년 유엔 기후변화정부간위원회(IPCC)의 발족은 지구온난화에 대한 과학적 합의를 마련하는 초석이 되었다. 이를 바탕으로 1992년 브라질 리우데자네이루에서 개최된 유엔환경개발회의에서 유엔기후변화협약(UNFCCC)이 채택되었다. 이 협약은 지구온난화 문제에 대처하기 위한 국제사회의 첫 공식적인 합의였다. 그러나 이 협약은 구체적인 감축목표나 이행 방안을 제시하지 않았다는 한계가 있었다.

이러한 한계를 극복하기 위해 1997년 일본 교토에서 열린 제3차 당사국총회(COP3)에서 '교토의정서'가 채택되었다. 교토의정서는 선진국들에 구체적인 온실가스 감축 의무를 부여했다는 점에서 획기적이었다. 의정서는 2008년부터 2012년까지 선진국들이 1990년 대비 평균 5.2%의 온실가스를 감축하도록 규정했다. 그러나 교토의정서 역시 한계점을 드러냈다. 세계 최대 온실가스 배출국인 미국이 자국 경제에 미칠 부정적 영향을 이유로 비준을 거부했고, 중국, 인도 등 주요 개발도상국들은 의무 감축 대상에서 제외되었다. 이로 인해 교토의정서의 실효성에 대한 의문이 제기되었다.

이러한 한계를 극복하고자 2011년 남아프리카공화국 더반에서 열린 제17차 당사국총회(COP17)에서는 2020년 이후 모든 국가가 참여하는 새로운 기후체제를 수립하기로 합의했다. 이 합의를 바탕으로 2015년 프랑스 파리에서 열린 제21차 당사국총회(COP21)에서 '파리협정'이 채택되었다. 파리협정은 교토의정서와 달리 모든 당사국이 자발적으로 국가온실가스감축목표(Nationally Determined Contribution, NDC)를 설정하고 이행하도록 함으로써, 선진국과 개발도상국 모두가 온실가스 감축에 참여하도록 했다. 또한 지구 평균기온 상승을 산업화 이전 대비 2℃보다 훨씬 낮은 수준으로 유지하고, 나아가 1.5℃로 제한하기 위해 노력한다는 장기 목표를 설정했다.

파리협정 이후에도 국제사회의 노력은 계속되고 있다. 2018년 폴란드 카토비체에서 열린 제24차 당사국총회(COP24)에서는 파리협정의 세부 이행규칙인 '카토비체 기후 패키지'가 채택되었다. 이는 각국의 온실가스 감축 목표 설정과 이행 상황 보고, 재정 지원 등에 대한 구체적인 지침을 제시했다. 2021년 영국 글래스고에서 열린 제26차 당사국총회(COP26)에서는 석탄 발전의 단계적 감축, 화석연료 보조금 폐지, 메탄 배출 감축 등에 대한 합의가 이루어졌다. 특히 이 회의에서는 파리협정의 1.5℃ 목표를 재확인하고, 이를 위해 2030년까지 2010년 대비 온실가스 배출량을 45% 감축하겠다는 목표가 제시되었다. 가장 최근인 2022년 이집트 샤름엘셰이크에서 열린 제27차 당사국총회(COP27)에서는 개발도상국의 기후변화 대응을 지원하기 위한 '손실과 피해' 기금 설립에 합의했다. 이는 기후변화로 인한 피해가 이미 현실화된 개발도상국을 지원하기 위한 중요한 진전으로 평가받고 있다. 이러한 국제적 노력과 더불어 개별 국가와 지역 차원의 대응도 강화되고 있다. 〈표7-3〉과 같이 EU는 2019년 '유럽 그린딜'을 발표하며 2050년까지 탄소중립 달성을 목표로 설정했다.

〈표7-3〉 EU 연도별 온실가스 감축 목표

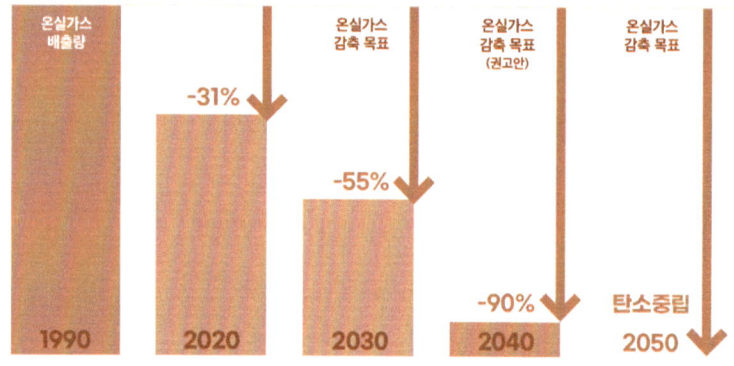

〈출처: EU집행위원회〉

　미국은 바이든 행정부 출범 이후 파리협정에 재가입하고 2050년 탄소중립 목표를 선언했다. 중국도 2060년까지 탄소중립을 달성하겠다고 선언하는 등 주요국들의 참여가 확대되고 있다. 우리나라도 2020년 10월 2050 탄소중립 목표를 선언하고, 이를 위해 신재생에너지 확대, 에너지 효율 개선, 탄소 흡수원 확대 등 다양한 정책을 추진하고 있다.

　온실가스 감축을 위한 국제사회의 노력은 점차 강화되고 있지만, 여전히 많은 과제가 남아있다. 2024년 2월 지구 평균기온이 산업화 이전 대비 이미 1.52℃ 상승한 것으로 나타난 상황이므로, 현재보다 더 강력하고 신속한 감축 노력이 요구되고 있으며, 이를 위한 기술 혁신과 재정 지원, 국제 협력의 강화가 필요한 상황이다.

02 탄소배출권과 기업의 대응사례

1. 탄소배출권 개요 및 필요성

배출권거래제(Emission Trading System, ETS)란 〈표7-4〉와 같이 정부가 배출권 거래제 대상 경제 주체들에게 온실가스 배출 허용 총량을 설정하여 배출권을 할당 또는 판매하고, 기업들은 시장에서 배출권 거래를 통해 여분 또는 부족분에 대하여 관리할 수 있도록 한 제도이다.

〈표7-4〉 배출권거래제 개념

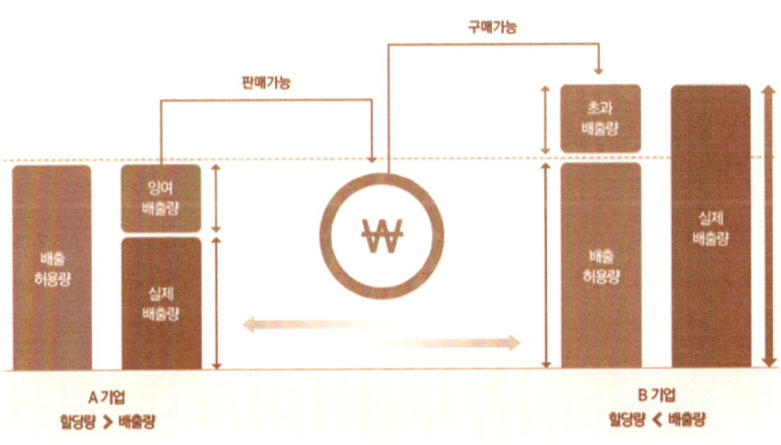

〈출처: KRX 배출권시장 정보플랫폼〉

이는 환경 보호와 경제적 효율성을 동시에 추구하는 혁신적인 접근 방식으로 평가받고 있다. 탄소배출권의 기본 단위는 이산화탄소 1톤을 배출할 수 있는 권리이다. 앞서 언급된 다른 온실가스의 경우 이산화탄소에 상응하는 양으로 환산하여 적용된다.

탄소배출권의 할당 방식은 크게 두 가지로 나뉜다. 하나는 무상 할당으로, 정부가 기업의 과거 배출량이나 산업 특성을 고려하여 무료로 배출권을 부여하는 방식이다. 나머지는 유상 할당으로, 경매를 통해 기업이 배출권을 구매하는 방식이다. 대부분의 국가에서는 제도 도입 초기에는 무상 할당 비중을 높게 가져가다가 점진적으로 유상 할당 비중을 늘리는 전략을 채택하고 있다.

탄소배출권의 가치는 시장에서 결정된다. 배출권의 수요와 공급에 따라 가격이 형성되며, 이는 기업의 온실가스 감축 비용과 밀접한 관련이 있다. 만약 배출권 가격이 기업의 온실가스 감축 비용보다 높다면 기업은 자체적으로 감축 활동을 수행하는 것이 더 경제적이다. 반대로 배출권 가격이 감축 비용보다 낮다면 기업은 배출권을 구매하는 것이 유리하다. 탄소배출권은 또한 국제적으로 거래될 수 있다. 교토의정서에서 도입된 청정개발체제(CDM)나 공동이행제도(Joint Implementation)를 통해 발생한 크레딧은 국가 간 거래가 가능하다. 이는 전 지구적 차원에서 비용 효과적인 온실가스 감축을 가능하게 한다. 탄소배출권의 유효기간은 일반적으로 특정 이행 기간으로 제한된다. 한 해에 발행된 배출권은 해당 연도 또는 정해진 기간 내에 사용해야 한다. 그러나 일부 제도에서는 배출권의 이월이나 차입을 허용하여 기업에 더 많은 유연성을 제공한다.

탄소배출권은 단순히 배출 허용량을 나타내는 것을 넘어, 기업의 환경 성과를 측정하는 지표로도 활용된다. 많은 기업들이 자발적으로 탄소중립을 선언하고 있는데, 이 과정에서 탄소배출권은 기업의 탄소 발자국을 상쇄하는 수단으로 사용된다. 최근에는 탄소배출권이 새로운 금융 상품으로 주목받고 있다. 탄소배출권 선물이나 옵션 등 파생상품이 거래되고 있으며, 일반 투자자들도 탄소배출권 ETF(상장지수펀드)를 통해 간접적으로 투자할 수 있게 되었다. 이는 탄소배출권 시장의 유동성을 높이고, 가격 발견 기능을 강화하는 데 기여하고 있다.

탄소배출권의 개념은 지속적으로 진화하고 있다. 최근에는 자연 기반 해법(Nature-based Solutions)에 대한 관심이 높아지면서, 산림 보존이나 복원을 통해 발생하는 탄소 크레딧도 탄소배출권의 한 형태로 인정받고 있다. 이는 생물다양성 보전과 기후변화 대응을 동시에 추구할 수 있는 방안으로 주목받고 있다.

그러나 탄소배출권 개념에 대한 비판도 존재한다. 일부에서는 이를 '오염할 권리를 사고파는 것'이라고 비판하며, 근본적인 산업 구조의 변화 없이 단순히 비용 전가에 그칠 수 있다고 우려한다. 또한 개발도상국에서 발생한 저렴한 크레딧으로 선진국의 의무를 대체하는 것이 윤리적으로 적절한지에 대한 논란도 있다. 이러한 비판에 대응하여, 탄소배출권 제도는 지속적으로 개선되고 있다. 예를 들어, 많은 국가에서 무상 할당 비중을 줄이고 유상 할당을 확대하고 있으며, 국제 크레딧의 사용을 제한하는 등의 조치를 취하고 있다. 또한, 배출권 가격의 안정성을 위해 가격 상한제나 하한제를 도입하는 국가들도 있다.

탄소배출권의 미래는 국제 기후변화 협상의 향방과 밀접하게 연관되어 있다. 파리협정 제6조에서는 국가 간 탄소시장 연계와 새로운 시장 메커니즘 도입을 논의하고 있다. 이는 전 세계적으로 통합된 탄소시장을 형성할 수 있는 기반이 될 것으로 기대된다.

2. 탄소배출권 거래 현황

탄소배출권 거래는 온실가스 배출 감축을 위한 시장 기반 정책 수단으로, 국내외에서 활발히 운영되고 있다. 이 제도는 정부가 국가의 총온실가스 배출량을 정하고, 배출권 거래 대상 할당업체들에 대해 배출 허용 총량(cap)을 설정하는 방식으로 작동한다. 할당 대상 업체들은 정해진 배출 허용 범위 내에서만 배출할 수 있는 권리, 즉 배출권을 부여받는다. 배출권 거래의 구체적인 과정은 다음과 같다.

- **할당:** 정부는 기업에 일정량의 배출권을 무상 또는 유상으로 할당
- **모니터링:** 기업들은 실제 배출량을 지속적으로 모니터링 및 보고
- **거래:** 배출권이 남거나 부족한 기업들은 배출권 거래 시장에서 거래
- **정산:** 이행연도 말에 기업들은 실제 배출량에 상응하는 배출권 제출

기업들은 배출권의 차입, 이월, 상쇄 등의 유연성 메커니즘을 활용하여 비용 효율적으로 의무를 이행할 수 있다. 배출권이 부족하면 다음 해 할당량에서 일부를 차입할 수 있고, 잉여 배출권이 발생하면 다음 해로 이월할 수 있다. 또한 외부 감축 사업을 통해 얻은 상쇄 크레딧을 활용할 수도 있다.

탄소배출권 거래시장은 크게 규제시장과 자발적시장으로 나누어진다. 규제시장은 정부주도로 운영되며, 유상할당과 무상할당 방법이 있으며, 점차 유상할당 비율을 늘려가는 추세이다. 한편 자발적 시장은 민간기업 주도로 운영되는 시장을 의미한다. 탄소배출권 거래시장은 온실가스 배출 감축을 위한 시장 기반 정책 수단으로, 현재 전 세계적으로 활발히 운영되고 있다.

해외 탄소배출권 시장 중 가장 대표적인 것은 유럽연합의 배출권 거래

제(EU ETS, Emission Trading System)다. EU ETS 시장은 세계 최대 규모의 탄소시장으로, 2005년 도입 이후 지속적으로 발전해 왔다. 2025년에는 해양 부문의 배출량이 70%까지 포함될 예정이며, 이는 EUA(EU Allowance) 수요를 크게 증가시킬 것이다. 미국의 경우 연방 차원의 통합된 배출권 거래제는 없지만, 캘리포니아주를 중심으로 한 서부기후이니셔티브(WCI)와 북동부 9개 주가 참여하는 지역온실가스이니셔티브(RGGI) 등 지역 단위의 배출권 거래제가 운영되고 있다. 중국도 2021년 7월 전국 단위의 배출권 거래제를 도입했다. 현재 전력 부문을 중심으로 운영되고 있으며, 향후 다른 산업 부문으로 확대될 예정이다. 중국의 탄소시장은 점차 확대되며 세계 최대의 탄소시장으로 자리 잡을 가능성이 높다. 한국 역시 2015년 탄소배출권 거래제(K-ETS)를 도입하여 꾸준히 성장하고 있다. 정부는 시장 활성화를 위해 지속적으로 제도를 개선하고 있으며, 기업들의 참여와 거래량이 증가하고 있다.

자발적 운영 플랫폼도 탄소배출권 거래 시장에서 중요한 역할을 하고 있다. 2019년 싱가포르에 본사를 설립한 AirCarbon Exchange(ACX)는 자발적 탄소 크레딧 거래를 위한 디지털 플랫폼으로, 24시간 실시간 거래와 정산을 지원한다. ACX는 수백만 톤의 CO_2에 해당하는 탄소 크레딧을 거래했으며, 전 세계 30개국에 걸쳐 고객을 보유하고 있다. ACX는 특히 블록체인 기술을 활용하여 탄소 크레딧을 표준화된 보안 토큰으로 전환하여 거래의 투명성과 효율성을 높이고 있다. 또 다른 자발적 플랫폼으로는 Carbon Trade eXchange(CTX)가 있다. CTX는 2009년 설립된 세계 최초의 디지털 탄소 오프셋 거래소로 24시간 365일 운영된다. 전 세계 어디서나 접속할 수 있는 온라인 플랫폼을 제공하여 특히 중소기업과 개인투자자에게도 접근이 용이한 환경을 제공한다. CTX는 영국, 호주, 미국 등 여러 국가에서 운영되고 있다. 국내에도 일부 자발적 플랫폼이 설립되어 운영되고 있으며 앞서 언급한 플랫폼에 비해 아직 규모 면에서는 작지만 향후 그 귀추가 주목된다.

한국의 탄소배출권 가격은 현재 유럽 등 선진국 시장에 비해 낮은 수준이지만, EU의 탄소국경조정제도(CBAM) 도입 등으로 인해 향후 상승 압력을 받을 것으로 예상된다. 이는 국내기업들의 온실가스 감축 투자 유인을 높이는 요인으로 작용할 수 있다.

한국의 탄소배출권 거래 시장은 2015년 도입 이후 꾸준한 성장세를 보이고 있다. 거래량 측면에서 2015년 32만 톤에서 2023년 말 약 2,900만 톤으로 증가했다. 이는 제도의 안착과 시장 참여자들의 인식 제고를 반영하는 결과라고 볼 수 있다. 정부는 시장 활성화를 위해 지속적으로 제도를 개선하고 있다. 2023년 9월 20일, 기획재정부는 배출권 이월 제도를 완화하고 시장안정화 조치를 개선하는 등 기업의 자유로운 배출권 운용을 저해하는 규제를 대폭 개선했다. 이는 시장의 유동성을 높이고 가격 발견 기능을 강화하는 데 기여할 것으로 예상된다. 한국 탄소배출권 시장의 또 다른 특징은 가격 변동성의 확대다. 이는 시장이 더욱 활성화되고 있음을 보여주는 지표이지만, 동시에 기업들의 리스크 관리 필요성도 높아지고 있음을 시사한다.

국제적 맥락에서 볼 때, 한국의 탄소배출권 가격은 여전히 유럽 등 선진국 시장에 비해 낮은 수준이다. 유럽과 한국의 탄소배출권 가격 차이는 다양한 요인으로 발생하며, 주요 원인은 다음과 같다. 참고로, 국내 배출권 가격정보는 배출권 시장 정보플랫폼을 참고하면 되며, EU 탄소배출권은 영국 런던 ICE 선물거래소에서 찾아볼 수 있다.

첫째, 시장 성장률과 규제 강도다. 유럽연합은 세계에서 가장 오래된 탄소배출권 거래 시스템(EU ETS)을 운영해 온 만큼, 시장이 매우 성숙하다. 유럽의 탄소중립 목표와 강력한 온실가스 감축 규제는 배출권 수요를 높여 가격 상승을 유도한다. 반면 한국의 배출권 거래제(K-ETS)는 도입된 지 오래되지 않아 시장 규모와 규제 강도에서 상대적으로 약세를 보이며, 유럽보다 가격이 낮은 편이다.

둘째, 공급 조정 및 배출권 할당 방식이다. EU ETS는 배출 상한선을 강화하며 점진적으로 공급을 줄여가면서 가격 상승을 유도한다. 반면, 한국의 K-ETS는 경제 및 산업 보호를 고려해 무료 할당 비율이 높고, 기업들이 배출권을 충분히 확보하기 쉽게 설계되어 있어 수요 압박이 덜하고 가격이 낮아지는 경향이 있다.

셋째, 탄소배출권 거래에 대한 정책적 차이다. 유럽은 높은 탄소 가격을 통해 기업들에 강한 감축 인센티브를 부여하지만, 한국은 비교적 완화된 감축 정책을 펼치고 있다. 한국은 장기적인 온실가스 감축 목표는 갖고 있지만, 산업 경쟁력 유지를 위해 탄소 가격을 낮게 유지하려는 경향이 있다.

마지막으로 외부 요인 및 경제 상황도 중요한 변수다. 에너지 가격과 경제 상황 같은 외부 요인이 탄소배출권 가격에 영향을 미치는데, 한국은 이러한 국제 경제 변화가 미치는 영향이 다를 수 있다.

하지만 최근 EU의 탄소국경조정제도(CBAM) 도입으로 인해 한국 기업들의 탄소 비용 부담이 증가할 것으로 예상된다. 이는 국내 탄소배출권 가격의 상승 압력으로 작용할 가능성이 크다. 한국 정부는 2030년까지 온실가스 배출량을 2018년 대비 40% 감축하겠다는 목표를 설정했다. 이러한 목표 달성을 위해 탄소배출권 거래 제도의 역할이 더욱 중요해질 전망이다. 향후 한국의 탄소배출권 시장은 더욱 성숙 단계로 진입할 것으로 예상된다. 정부의 규제 개선과 시장 개방 정책, 그리고 기업들의 ESG 경영 강화 추세가 맞물려 탄소배출권에 대한 수요가 증가할 것으로 전망된다.

한국의 탄소배출권 거래 제도는 도입 이후 꾸준한 성장과 발전을 이루어왔다. 거래량과 거래대금의 증가, 참여 기업의 확대, 제도의 지속적인 개선 등이 주요 성과로 꼽힌다. 그러나 여전히 선진국 시장에 비해 낮은 가격 수준, 시장 유동성 부족 등의 과제가 남아있다. 앞으로 정부의 정책적 지원과 기업들의 적극적인 참여, 그리고 국제 동향에 대한 대응이 한국 탄소배출권 시장의 발전을 위한 핵심 요소가 될 것이다.

3. 기업의 대응사례 및 시사점

탄소배출권과 관련하여 국내외 기업들은 다양한 방식으로 대응하고 있다. 먼저 해외기업들의 사례를 살펴보면, BP는 탄소비용을 원가에 반영하는 자체적인 비용분석 체계를 확립했다. 이를 바탕으로 CDM 사업 등 다양한 탄소감축 사업을 통해 상쇄배출권을 획득하는 전략을 펼쳤다. BASF는 사용단계와 생산단계에서 탄소규제를 모두 기회로 전환시켰다. 제품 사용 시 발생하는 탄소배출을 줄이는 친환경 제품을 개발하는 한편, 생산 공정의 효율화를 통해 자체 배출량도 감축했다. 프랑스의 EDF와 로디아(Rhodia)는 더욱 적극적인 접근을 취했다. 이들 기업은 배출권 거래 담당 조직을 별도로 설립하여 탄소배출권 거래를 통해 수익을 창출했다. 미국의 월마트는 공급망 전체의 탄소배출량을 줄이기 위해 'Project Gigaton'을 시작했다. 이 프로젝트를 통해 2030년까지 10억 톤의 온실가스 감축을 목표로 하고 있다. 월마트는 자사뿐만 아니라 협력업체들의 탄소배출 감축을 독려하고 있다. 구글은 2007년부터 탄소중립을 달성했으며, 2030년까지 24시간 무탄소 에너지 사용을 목표로 하고 있다. 이를 위해 재생에너지 구매 계약을 체결하고, 데이터 센터의 에너지 효율을 높이는 등의 노력을 기울이고 있다.

국내기업들의 대응도 점차 적극적으로 변화하고 있다. SK그룹은

2050년까지 넷제로 달성을 선언하고, 그룹 차원의 탄소 감축 로드맵을 수립했다. SK에코플랜트는 지난 2024년 6월 '웨이블 디카본'이라는 디지털 탄소 관리 솔루션을 출시했다. 이 솔루션은 탄소배출량 측정부터 실제 감축 방안까지 전 과정을 디지털을 통해 효율적으로 관리해 준다. 포스코는 2050년 탄소중립을 목표로 수소환원제철 기술 개발에 박차를 가하고 있다. 또한 그린 수소 생산을 위한 해외 사업 개발, 탄소포집 및 활용 기술 개발 등 다각도로 탄소 감축을 위해 노력하고 있다. 현대자동차그룹은 2045년까지 탄소중립 달성을 목표로 설정했다. 이를 위해 전기차, 수소차 등 친환경 차량 라인업을 확대하고 있으며, 생산 공정에서의 탄소배출도 줄이기 위해 노력하고 있다. 한국전력공사는 재생에너지 확대와 함께 CCUS(탄소포집·활용·저장) 기술 개발에 주력하고 있다. 또한 에너지 효율 향상을 위한 다양한 프로그램을 운영하고 있다. LG화학은 2050년까지 탄소중립 성장을 목표로 하고 있다. 이를 위해 재생에너지 사용 확대, 공정 혁신을 통한 에너지 효율 개선, 바이오 기반 원료 사용 확대 등의 전략을 추진하고 있다. 삼성전자는 2050년까지 탄소중립 달성을 목표로 설정했다. 이를 위해 재생에너지 사용 확대, 에너지 고효율 제품 개발, 반도체 공정가스 처리 효율 개선 등의 노력을 기울이고 있다.

 이처럼 국내외 기업들은 탄소배출권 제도에 대응하여 다양한 전략을 수립하고 실행하고 있다. 단순히 규제를 준수하는 차원을 넘어, 이를 새로운 비즈니스 기회로 활용하려는 움직임도 활발하다. 앞으로 기업들은 내부적으로는 탄소 관리 시스템을 고도화하고, 생산공정 및 제품의 저탄소화를 추진해야 한다. 외부적으로는 배출권 거래를 적극 활용하고, 해외 CDM 사업을 통한 상쇄배출권 확보에 주력해야 한다. 이를 통해 탄소 비용을 효과적으로 관리하면서 동시에 새로운 수익 창출의 기회를 모색할 수도 있다.

PART 8

기후테크와 ESG 경영 도전 과제

01 기후테크의 동향

1. 기후테크의 개념과 동향

　기후테크(Climate Tech)는 기후(Climate)와 기술(Technology)의 합성어로, 온실가스 배출량을 줄이거나 기후변화의 영향에 대응하는 데 초점을 맞춘 혁신적인 기술과 솔루션을 의미한다. 대통령 직속 '2050탄소중립녹색성장위원회(이하 탄녹위)'는 기후테크를 "온실가스를 감축할 수 있는 기후완화기술이나 기후변화 피해를 줄일 수 있는 기후적응기술을 통해 수익을 창출할 수 있는 산업"이라 정의하였다. 〈표8-1〉과 같이 탄소포집 및 저장 기술, 스마트그리드 등 에너지 효율을 개선하고 재생 가능 에너지 자원을 활용하는 것에서부터 탄소포집 및 저장, 배출량 관리 기술 등 다양한 분야를 포함한다. 기후테크는 특히 산업별로 적합한 해결책을 제공하여 기후변화에 대응할 수 있도록 돕고 있다.

〈표8-1〉 기후테크 기술의 종류와 주요 활용 분야

기술 유형	활동 분야	설 명
탄소포집 및 저장	에너지, 산업	배출되는 이산화탄소를 포집, 저장, 대기 중으로 방출
재생가능에너지	에너지	태양광, 풍력, 수력 이용 화석연료 의존도 줄이는 친환경 에너지 생성
에너지효율 기술	모든 산업	에너지 사용 효율을 높여 불필요 소비 줄이고 비용 절감 및 탄소배출 감소에 기여
스마트그리드	에너지, 주거	전력 공급의 효율성을 높이기 위해 실시간으로 수요와 공급 조정하는 시스템
생태계 복원	농업, 환경	생물 다양성 유지 및 기후변화에 강한 생태계 조성하기 위해 산림 복원, 습지 보전 등

최근 기후테크의 동향을 보면, 여러 국가와 기업들이 적극적으로 참여하면서 기후테크 산업이 급속도로 발전하고 있다. 글로벌 기후 규제가 강화됨에 따라, 각국 정부는 기후테크 연구와 개발을 위한 지원을 확대하고 있으며, 많은 기업이 이를 기반으로 친환경 기술을 개발하고 있다. 특히 탄소배출 저감을 위한 기술이 활발하게 개발되면서, 배출량을 측정하고 감축할 수 있는 새로운 솔루션들이 시장에 도입되고 있다. 또한 투자자들 사이에서도 기후테크에 대한 관심이 증가하고 있다. 지속가능한 투자 트렌드에 따라, 기후테크 분야는 주요 투자 기회로 주목받고 있으며, 많은 투자 펀드와 벤처 캐피털이 기후테크 스타트업에 자금을 지원하고 있다. 이는 단순히 환경적 책임을 다하는 것을 넘어서, 경제적 수익과 연계된 사업 기회로 인식되고 있음을 반영한다. 이러한 기후테크의 발전은 궁극적으로 기후변화에 대한 글로벌 대응을 가속화하고, 기업과 사회가 탄소중립 목표를 달성하는 데 중요한 기여를 할 것이다.

2. 탄소포집 및 저장 솔루션의 역할

탄소포집 및 저장(Carbon Capture and Storage, CCS) 솔루션은 온실가스 배출을 줄이고 기후변화 문제를 완화하기 위한 중요한 기술로, 대기 중에 배출된 이산화탄소를 포집하여 저장하는 방식이다. 이 기술은 특히 배출량이 많은 산업과 에너지 생산 부문에서 중요한 역할을 하고 있으며, 궁극적으로는 탄소중립 목표를 달성하는 데 기여한다. CCS는 생산 과정에서 불가피하게 발생하는 탄소를 제거하여 지구온난화를 억제하는 실질적인 해결책으로 주목받고 있으며, 크게 세 가지 단계로 구성된다. 첫째, 배출원에서 이산화탄소를 포집하는 단계이다. 여기서는 산업 공정과 화력발전소 등의 배출원에서 발생하는 이산화탄소를 모으고, 이를 분리하는 작업이 이루어진다. 둘째, 포집된 이산화탄소를 안전하게 운송하는 단계이다. 이 단계에서는 주로 파이프라인을 통해 포집된 이산화탄소를 저장 장소로 옮긴다. 마지막으로 이산화탄소를 지하 깊은 곳에 영구적으로 저장하여 대기로 재배출되지 않도록 하는 저장 단계가 있다. 이 과정에서 안정적인 저장 장소로는 지하암반층이나 염수층이 주로 사용된다.

CCS는 특히 탄소배출을 줄이기 어려운 산업, 예를 들어 시멘트, 철강, 화학 산업 등에서 유용하게 활용된다. 이러한 산업은 구조적으로 많은 양의 온실가스를 배출하는 특성을 가지고 있기 때문에, CCS 기술이 탄소중립을 달성하는 데 필수적인 역할을 한다. 더불어, CCS 기술을 통해 이산화탄소를 포집하여 다양한 제품의 원료로 재활용하는 새로운 경제적 기회도 창출되고 있다. CCS 기술은 기후변화 대응을 위한 필수적인 솔루션으로 자리 잡고 있으며, 전 세계 여러 국가가 CCS 기술에 대한 연구와 투자를 강화 중에 있다.

3. 탈탄소화를 위한 산업별 솔루션

탈탄소화는 온실가스 배출을 줄여 탄소중립을 실현하려는 노력으로, 산업별로 고유한 접근 방식과 솔루션이 필요하다. 산업별 배출량 특성과 생산 방식이 달라, 이를 고려한 맞춤형 탈탄소화 전략이 요구되며, 산업별 탈탄소화 솔루션의 개념과 기대효과는 〈표8-2〉과 같다.

〈표8-2〉 산업별 탈탄소화 솔루션 개념

산 업	탈탄소화 솔루션	기대 효과
에너지	재생에너지 도입, 탄소포집 기술 적용	화석연료 의존도 감소, 온실가스 배출량 감소
운 송	전기차, 수소차 도입, 대중 인프라 강화	차량 배출량 감소, 대기질 개선
제조업	친환경 공정 도입, 에너지 효율 향상	생산 과정에서의 탄소배출 최소화
농 업	스마트농업, 물 자원 효율화, 생태복원	물 절약 및 생태계 보존으로 기후변화 대응
건설업	저탄소 건축자재 사용, 에너지 절약형 건물 설계	건축 과정과 운영에서의 에너지 절감

에너지 산업에서는 재생에너지의 확대가 탈탄소화의 핵심 전략으로 자리 잡고 있다. 태양광, 풍력, 수력 발전 등 청정 에너지원을 확대해 화석연료 의존도를 줄이는 것이 주요 목표이다. 또한 에너지 저장 기술과 스마트 그리드 시스템을 통해 재생에너지의 안정성을 높이고, 전력 사용 효율을 개선하는 노력이 진행되고 있다. 제조업 부문에서는 에너지 효율 개선과 함께 CCS 기술이 중요한 솔루션으로 도입되고 있다. 제조 과정에서 배출되는 온실가스를 직접 포집하여 대기 중 배출을 억제하는 방식을 통해, 높은 배출량을 줄이는 효과를 기대할 수 있다. 또한 재활용 소

재 사용을 늘리고, 생산 공정을 최적화함으로써 자원 낭비를 줄이는 것도 중요한 탈탄소화 전략이다. 운송 산업은 연료 효율 개선과 전기차, 수소차 같은 친환경 차량으로의 전환이 중심에 있다. 특히, 도심 내 교통수단의 전동화는 대기 오염과 탄소배출을 줄이는 데 중요한 역할을 하고 있다. 더불어 해상과 항공 운송에서도 대체 연료 사용이 늘고 있으며, 효율적인 운송 경로 관리와 차량 경량화 등의 기술도 탄소배출 감소에 기여하고 있다. 농업 및 식품 산업에서는 지속가능한 농업 기술과 메탄가스 배출을 줄이는 방법이 주목받고 있다. 가축 사육에서 발생하는 메탄가스를 줄이기 위해 대체 사료가 개발되고 있으며, 친환경 비료와 무경운 농법 등의 기법도 탈탄소화에 효과적이다. 또한 식품 폐기물을 줄이고, 공급망 전반에서 탄소 발자국을 관리하는 시스템이 도입되고 있다.

4. 순환경제와 폐기물 감소 기술

 순환경제(Circular Economy)는 자원을 절약하고 재활용을 중시하는 친환경 경제 모델이다. 생산-소비-폐기의 선형적 흐름이 아니라, 경제계에 투입된 물질이 폐기되지 않고 유용한 자원으로 반복 사용되는 시스템을 의미한다. 자원을 효율적으로 사용하고, 폐기물을 최소화하는 경제 시스템으로, 지속가능한 미래를 위한 중요한 개념이다. 이 시스템은 자원의 순환을 통해 환경에 미치는 영향을 줄이며, 경제적 가치를 창출하는 것을 목표로 한다. 이를 실현하기 위한 핵심 기술로는 재활용, 재사용, 그리고 자원의 효율적 사용을 극대화하는 다양한 솔루션이 포함된다.
 먼저, 재활용 기술은 순환경제의 중요한 요소 중 하나로, 폐기물을 새로운 자원으로 재활용하여 원자재 사용을 줄이고, 배출되는 폐기물의 양을 줄이는 역할을 한다. 플라스틱 폐기물을 재활용하여 새로운 제품을 만드는 기술이 지속적으로 발전하고 있으며, 이를 통해 자원 사용을 줄이고 환경 오염을 줄일 수 있다. 또한 금속, 유리, 종이 등 다양한 재료에 대한 고효율 재활용 공정이 개발되고 있다.

재사용 기술도 자원 순환경제의 중요한 부분을 차지한다. 제품을 한 번 사용한 후 버리지 않고, 여러 번 사용할 수 있도록 설계함으로써 폐기물 발생을 줄이는 방식이다. 특히 포장재나 의류, 전자제품 등을 재사용 가능한 형태로 설계하여 사용 수명을 연장하고, 자원 낭비를 방지하는 것이 주목받고 있다. 이를 통해 자원 절약과 폐기물 감소라는 두 가지 목표를 동시에 달성할 수 있다.

폐기물 감소 기술 역시 자원 순환경제의 성공에 중요한 기여를 한다. 폐기물 발생을 줄이기 위해 제조 과정에서 자원을 효율적으로 사용하고, 필수적이지 않은 자원을 절약하는 것이 포함된다. 특히 음식물 쓰레기 감소를 위한 스마트 기술이나 효율적인 자원 관리 시스템이 도입되고 있으며, 이는 기업들이 환경적 책임을 다하는 동시에 경제적 비용을 절감하는 데 도움이 된다.

또한 폐기물 발생을 원천적으로 줄이는 새로운 기술로는 바이오 기반 소재나 생분해성 재료의 사용이 있다. 이러한 소재들은 폐기되더라도 자연환경에서 분해되기 때문에, 매립지에 쌓이는 쓰레기를 줄이고, 해양 오염을 방지하는 데 중요한 역할을 한다. 이는 플라스틱 폐기물 문제와 같은 심각한 환경 문제를 해결하는 데 크게 기여할 수 있다.

02 ESG 경영 도전 과제 및 대응 방안

1. ANTI-ESG 경향

미국의 트럼프 대통령은 파리기후변화 협약 탈퇴를 선언한 바 있고, 미국의 일부 주에서는 ESG를 반대하는 법안이 통과되기도 하였다. ANTI-ESG 경향은 ESG(환경, 사회, 지배구조) 경영의 확산에 반발하여 등장한 흐름이다. ESG가 기업 경영과 투자에서 지나치게 강조되며 본래의 경제적 목표를 저해한다는 비판에서 출발했다.

ANTI-ESG 경향은 일부 경제, 정치적 집단이 ESG가 기업의 이윤 극대화를 방해하고, 지나친 규제로 인해 경제성장을 둔화시킨다고 주장하면서 본격화되었다. 특히 ESG 경영이 기업의 사회적, 환경적 책임을 강조하면서 투자자와 소비자, 기업의 자유로운 시장 활동을 제한한다는 의견도 ANTI-ESG 경향의 주요 배경이 되었다.

이 운동의 배경에는 여러 가지 이유가 있다. 우선, ESG가 강하게 자리 잡은 금융 시장에서 환경적, 사회적 요소가 투자의사 결정에 과도하게 반영된다는 불만이 있었다. 일부 투자자와 기업은 ESG 기준을 충족하기 위한 비용이 증가하면서 재정적 부담이 가중된다고 주장하며, 특히 중소기업의 경우 ESG 규제에 따른 부담이 더 크다는 점을 지적하고 있다. ESG 기준을 따라야 한다는 압력이 기업의 창의성과 시장 경쟁력을 억제한다는 반발도 이러한 움직임을 강화하고 있다.

또한 ESG를 둘러싼 정치적 논란도 ANTI-ESG 경향의 배경이 된다.

ESG는 환경 보호와 사회적 평등을 중시하는 정치적, 사회적 가치관을 반영하고 있으며, 이에 대해 반대 의견을 가진 집단에서는 ESG가 특정한 이념을 강제하는 수단으로 이용되고 있다고 본다. 일부 환경 규제는 산업 발전을 억제하고, 자원의 자유로운 사용을 제한하는 정책으로 비춰질 수 있다. 이러한 규제와 제한은 기후변화 대응을 위한 조치임에도 불구하고, 산업 발전을 저해한다는 주장으로 이어지고 있다.

또한 ANTI-ESG 경향은 ESG가 실질적인 성과보다는 이미지 개선에 치중하고 있다는 비판을 기반으로 성장하고 있다. 일부 기업이 ESG 보고서를 작성하여 긍정적인 이미지를 부각시키는 반면, 실제로는 실질적인 ESG 성과를 달성하지 못하는 경우가 많아 '그린워싱'(Greenwashing) 논란이 불거지고 있다. 이로 인해 ESG 경영이 명목상의 마케팅 전략에 불과하다는 비판이 일각에서 제기되며, ANTI-ESG 경향의 근거로 자리 잡고 있다.

이러한 배경을 기반으로 ANTI-ESG 경향은 ESG가 본래의 취지를 벗어나 오히려 기업의 자유로운 경영을 방해하는 요소로 작용하고 있다는 입장을 강조한다. 앞으로 ANTI-ESG 운동이 ESG 경영과의 균형을 어떻게 맞춰 나갈지, 그리고 ESG에 대한 반발이 ESG 정책의 진화에 어떤 영향을 미칠지 주목되고 있다.

2. 정치적 반대와 사회적 반발

ESG 경영이 세계적으로 확산되면서, 이를 둘러싼 정치적 반대와 사회적 반발도 동시에 증가하고 있다. 일부 집단은 경제적 부담과 자유 시장 활동의 제한을 이유로 강하게 반발하고 있다. 이러한 반대는 ESG 경영이 특정 정치적, 사회적 가치를 강요하며, 기업과 소비자에게 불필요한 규제와 비용을 초래한다고 주장하는 데서 기인한다.

정치적 반대는 주로 ESG 경영이 지나치게 특정 정치적 이념에 치우쳐 있다는 비판에서 나온다. 환경 보호를 중시하는 ESG 정책이 화석연료 산업의 규제를 강화하거나 개발을 제한하는 정책으로 이어지면서, 석유나 석탄 같은 에너지 산업을 중심으로 한 지역과 그 이해관계자들은 ESG 경영을 경제적 타격으로 인식하고 있다. 이러한 이유로 정치권에서는 ESG 규제를 완화하거나 철회하라는 목소리가 나오고 있으며, 일부 지역에서는 ESG 관련 법안이 도입되거나 강화되는 것을 방해하는 움직임도 존재한다.

사회적 반발도 ESG의 일방적인 추진 방식에 대한 불만에서 비롯된다. 일부 소비자와 투자자들은 ESG가 실질적인 성과보다 기업 이미지 개선에만 초점을 맞춘 '그린워싱(Greenwashing)'과 같은 부작용을 낳는다고 비판한다. 이러한 그린워싱 논란은 ESG가 단지 형식적인 보고서 작성이나 외부 홍보에 그치고, 실제로는 환경 보호나 사회적 책임 실천이 미흡하다는 지적을 불러일으켰다. 이에 따라 일부 소비자들은 ESG에 대한 불신을 품고 있으며, 이는 ESG 경영을 향한 반발로 이어지고 있다.

또한 ESG 경영이 자유 시장 원칙을 저해한다는 비판도 정치적, 사회적 반발을 더욱 강화시키고 있다. 기업이 자율적으로 시장에서 최적의 이윤을 추구하는 대신, ESG 기준을 맞추기 위해 강제적으로 환경 및 사회적 책임을 다해야 한다는 압박을 받는다는 것이다. 특히 중소기업은 ESG 기준을 충족하기 위한 비용과 자원적 한계로 인해 경제적 부담이 더 크다는 점에서 불만을 표출하고 있다. 이로 인해 ESG가 대기업 위주의 정책으로만 작용하여 공정한 시장 경쟁을 저해한다는 지적이 존재한다.

이러한 정치적 반대와 사회적 반발은 ESG가 본래 목표인 지속가능한 성장을 달성하는 데 있어 새로운 도전 과제로 자리 잡고 있다. ESG 경영이 어떻게 다양한 이해관계자의 요구를 균형 있게 반영하며, 실질적인 성과를 보여줄 수 있을지가 ESG의 미래에 중요한 과제가 될 것이다.

3. 법적 규제와 ANTI-ESG 경향

ESG 경영이 기업 경영과 투자에서 중요한 요소로 자리 잡으면서, 이를 법적으로 규제하는 움직임도 확대되고 있다. ESG와 관련된 법적 규제는 일부 집단에서 반발을 일으키며, ANTI-ESG 경향의 충돌로 이어지고 있다. ANTI-ESG 경향의 지지자들은 ESG 법적 규제가 기업의 자유를 제한하고, 경제적 부담을 가중시킨다고 주장한다. 특히 작은 규모의 기업들은 ESG 규제를 준수하기 위한 추가 비용이 부담스럽다는 이유로 반발하고 있다. 이들은 법적 규제가 기업의 자율성을 침해하고, 자유 시장 경쟁을 저해한다고 보며, ESG 규제가 지나치게 강화될 경우 기업의 혁신과 성장에도 부정적이라고 주장한다.

또한 ESG 규제는 산업별로 다른 수준의 부담을 초래하기 때문에 특정 산업에서는 불공정하다는 목소리가 나온다. 화석연료나 제조업 같은 고탄소 산업은 ESG 규제로 인해 더 많은 비용과 노력을 요구받는다. 이러한 규제로 인해 해당 산업에서 일하는 근로자와 관련 기업들은 경제적 타격을 우려하며 ESG 규제에 대한 반대 입장을 강화하고 있다. 이러한 반발은 산업 경쟁력 유지를 위한 보호 조치와 경제적 자유 보장을 요구하는 ANTI-ESG 경향의 주요 논리가 되고 있다.

ANTI-ESG 경향과 법적 규제의 충돌은 정치적으로도 논란이 되고 있다. 일부 정치인들은 ESG 규제를 사회적 정의를 실현하는 중요한 수단으로 여기지만, 반대 측에서는 정부가 기업 활동에 과도하게 개입한다고 비판한다. 특히 ESG 규제를 강력하게 추진하는 정부 정책은 정치적, 사회적 갈등을 촉발하며 ANTI-ESG 경향을 더욱 강화하는 결과를 초래하고 있다.

이와 같은 법적 규제와 ANTI-ESG 경향의 충돌은 ESG 경영의 발전에 새로운 도전 과제를 제시하고 있다. 향후 ESG 관련 법적 규제가 어떤 방향으로 진화할지, 그리고 이러한 갈등을 해결하기 위한 정책적 방안이 어떻게 마련될지가 주목된다.

03 ESG 인식 전환

1. 미래세대의 비판과 행동 촉구

그레타 툰베리(Greta Thunberg, 스웨덴어, 2003.1.3.일~)는 스웨덴의 환경운동가다. 어린 시절 아버지의 영향으로 기후변화에 관심을 가졌다. 2018년 8월, 여고생으로 스웨덴 의회 밖에서 처음으로 청소년 기후행동을 한 것을 시작으로, 2019년 전 세계적인 기후 관련 동맹휴학 운동을 이끈 인물이다. 2019년 타임 올해의 인물에 선정되었다. 2019년에는 노벨평화상 후보로 선정되었다.

환경운동가 그레타 툰베리는 기후변화의 심각성을 전 세계에 알리며, 기후변화 대응에 대한 강력한 행동을 촉구하는 목소리를 내고 있다. 툰베리는 특히 정치 지도자들과 기업들이 기후 위기에 대해 미온적인 태도를 보이고, 실질적인 해결책보다는 형식적인 발표에 그친다고 강하게 비판했다. 그녀의 활동은 청소년들과 세계 시민들에게 환경 보호에 대한 경각심을 일깨우며, 기후변화에 대한 실질적인 대응을 요구하는 글로벌 운동을 이끌고 있다.

툰베리의 비판의 핵심은 기업과 정부의 책임 회피와 미흡한 대응에 있다. 그녀는 "우리의 미래가 걸린 문제에서 기업과 정치인들이 경제적 이익을 우선시하며, 기후변화 대응을 뒷전으로 미루고 있다"고 주장하며, 기후 위기 대응에 적극적인 행동을 취하지 않는 현재 상황을 강하게 비판했다. 툰베리는 기후변화가 먼 미래의 문제가 아니라 당장 해결이 필요한 현안임을 강조하며, 전 세계가 지금 당장 적극적인 행동을 시작해야 한다고 호소하고 있다.

그녀는 국제회의와 기후 정상회담에서 빈번하게 다루어지는 그린워싱(Greenwashing) 문제를 지적했다. 툰베리는 기업과 정부가 형식적인 ESG 보고서나 선언을 통해 환경 보호 이미지를 구축하는 반면, 실제로는 온실가스 배출 감축이나 기후변화 대응에 소극적이라는 점을 비판한다. 그녀의 비판은 기업들이 환경적 책임을 다하고 있다는 허울만을 내세우지 말고, 실질적이고 책임 있는 행동을 통해 진정성 있는 변화를 일으켜야 한다는 데 초점을 맞추고 있다.

그레타 툰베리의 행동 촉구는 특히 청소년들 사이에서 큰 공감을 불러일으키며 '미래를 위한 금요일(Fridays for Future)' 운동을 촉발했다. 이 운동은 매주 금요일에 학교를 쉬고 시위에 참여하여 기후변화에 대한 대중의 관심을 끌어올리는 방식으로, 각국의 청소년들이 참여하는 글로벌 운동으로 발전했다. 툰베리는 청소년들이 기후 문제에 목소리를 내는 것은 미래 세대가 환경 피해의 가장 큰 영향을 받기 때문이라고 강조하며, 이를 통해 기성세대의 책임 있는 행동을 요구하고 있다.

툰베리의 비판과 행동 촉구는 전 세계적으로 큰 반향을 일으키며, 기후변화 문제를 해결하기 위한 전방위적인 노력을 촉구하는 계기가 되었다. 그녀의 목소리는 기후변화에 대한 전 지구적 관심을 높이는 동시에, 실질적인 변화를 이끌어내기 위한 행동을 유도하고 있으며, 기후 위기 대응을 위해 세계가 함께 나아가야 할 방향을 제시하고 있다.

2. 그린워싱 문제와 해결 방안

그린워싱(Greenwashing, 위장환경주의)은 기업이 실제로는 환경 보호를 실천하지 않으면서 마치 친환경적인 경영을 하고 있는 것처럼 홍보하는 행위를 의미한다. 이 문제는 ESG 경영이 주목받으면서 더욱 두드러지고 있으며, 많은 기업이 형식적으로는 환경적 책임을 강조하지만 실질적인 개선 없이 이미지와 마케팅에만 집중하는 경향을 보인다. 그린워싱은 소비자와 투자자들을 오도하고, 기업의 지속가능한 성과에 대한 신뢰를 저하시키며, 궁극적으로 ESG 경영의 진정성과 효과를 약화시키는 요인이 된다.

그린워싱의 대표적인 사례로는 과장된 ESG 보고서나 광고가 있다. 일부 기업은 친환경 제품이나 서비스라고 홍보하지만, 실제로는 온실가스 배출이나 환경 오염 문제에서 큰 개선이 이루어지지 않는 경우가 많다. 또한 특정 제품의 환경적 성과를 과장하여 전체 기업 이미지가 친환경적이라고 포장하는 경우도 빈번하다. 이러한 그린워싱은 소비자들에게 혼란을 주고, 기업의 신뢰도를 떨어뜨린다.

그린워싱 문제를 해결하기 위해서는 투명하고 구체적인 ESG 정보 공개가 필요하다. 기업은 환경적 성과와 목표에 대해 명확하게 설명하고, 이를 뒷받침할 수 있는 데이터를 공개함으로써 신뢰성을 높여야 한다. 제품의 전체 수명 주기에서 발생하는 탄소배출량을 포함한 환경적 영향 데이터를 제공하거나, 구체적인 감축 목표와 진행 상황을 정기적으로 공개하는 것이 중요하다. 이를 통해 소비자와 투자자들이 실질적인 성과를 평가할 수 있도록 해야 한다.

또한 정부와 국제기구는 ESG 정보의 투명성을 강화하기 위한 규제와 표준을 마련해야 한다. ESG 보고와 관련한 국제적인 기준을 도입하여 기업들이 자발적으로 그린워싱을 피할 수 있도록 유도하는 것이 중요하다. 이를 위해 EU는 지속가능 금융 공시 규제(SFDR)를 도입하여 기업이 ESG와 관련된 정보 공개를 의무화하는 등 그린워싱 방지에 힘쓰고 있다. 이와 같은 규제는 기업이 ESG 경영의 신뢰성을 높이기 위한 중요한 역할을 한다.

소비자와 투자자들도 기업의 ESG 성과를 적극적으로 확인하고, 비판적인 시각을 유지하는 것이 중요하다. 그린워싱을 피하기 위해서는 단순히 기업의 마케팅에 의존하지 않고, 공신력 있는 ESG 평가 지표나 보고서를 참고하여 신뢰성 있는 정보를 바탕으로 소비하고 투자하는 노력이 필요하다.

3. ESG 무관심의 원인과 결과

ESG 경영이 세계적으로 확산되고 있음에도 불구하고, 일부 기업과 투자자, 소비자들 사이에서는 여전히 ESG에 대한 무관심이 존재한다. 이는 다양한 원인에서 기인하며, 이러한 무관심은 기업과 사회에 장기적으로 부정적인 영향을 미친다. ESG 무관심의 원인을 이해하고 그 결과를 파악하는 것은 ESG 경영이 지속가능한 성과를 이끌어내는 데 중요한 과제로 작용한다.

ESG 무관심의 주요 원인 중 하나는 ESG 경영이 단기적 이익을 추구하는 기업들에는 당장 가시적인 경제적 성과를 가져오지 않는다는 점이다. 특히 단기 성과에 집중하는 기업들은 ESG에 투자할 여유가 부족하다고 느끼거나, 비용을 절감하는 것이 더 중요하다고 판단하여 ESG 경영을 우선시하지 않는다. 이로 인해 ESG가 미래 지향적인 경영전략임에도 불구하고 당장의 이윤을 중시하는 기업들은 무관심을 보이는 경향이 있다.

ESG 경영의 복잡성과 정보의 부족도 무관심의 원인 중 하나로 작용한다. ESG 경영 모든 요소를 효과적으로 관리하는 것이 어렵다. 더불어 명확한 ESG 정보나 평가 기준이 부족하여 ESG 성과를 제대로 파악하기 어려운 경우도 많다. 이러한 정보 부족과 평가의 어려움은 기업들이 ESG에 대한 명확한 목표를 설정하고 관리하는 데 걸림돌이 되어 무관심으로 이어지게 한다.

ESG 경영의 진정성에 대한 의구심과 그린워싱에 대한 불신도 무관심을 초래하는 요인이다. 일부 기업들이 ESG를 실질적인 성과보다 홍보 수단으로만 활용하는 모습을 보이면서, ESG의 진정성에 대한 의심이 커지고 있다. 그린워싱 논란은 ESG 경영이 마치 마케팅 전략에 불과하다는 인식을 심어주어, 투자자와 소비자들이 ESG에 대해 무관심해지는 경향을 불러일으키고 있다.

ESG 무관심의 결과는 기업의 장기적 성과와 사회 전체에 부정적인 영향을 미친다. 먼저, ESG를 고려하지 않는 기업은 기후변화, 사회적 요구, 규제 변화에 대응하는 데 어려움을 겪으며, 장기적으로는 재무적 손실을 입을 가능성이 크다. 온실가스 감축에 미온적인 기업은 향후 강화될 환경 규제로 인해 추가 비용을 부담할 수밖에 없다. 또한 ESG 요소를 고려하지 않는 경영은 소비자와 투자자의 신뢰를 잃게 하여 시장에서의 경쟁력을 약화시킬 수 있다.

4. 무관심 극복을 위한 글로벌 협력의 중요성

ESG 경영과 기후변화 대응이 효과를 발휘하려면 개별 기업이나 국가의 노력만으로는 한계가 있다. 전 지구적인 문제에 대한 실질적인 성과를 이루기 위해서는 글로벌 협력이 필수적이다. 무관심을 극복하고 지속가능한 발전을 실현하려면 다음과 같이 정부, 기업, 그리고 국제기구가 긴밀히 협력하여 공동 대응할 필요가 있다.

첫째, 국제 규제와 표준화의 필요성이 강조된다. 현재 많은 국가가 각기 다른 ESG 기준과 환경 규제를 적용하고 있지만, 이는 글로벌 공급망에서 비효율성을 초래할 수 있다. 이를 해결하기 위해 국제기구나 다자간 협정을 통해 통일된 ESG 기준과 규제를 마련하는 것이 필요하다. 유엔 지속가능발전목표나 파리기후협약과 같은 국제 협정은 각국이 협력하여 일관된 목표를 추구하도록 돕고 있다.

둘째, 기술과 자금의 협력도 중요하다. 선진국과 개발도상국 사이에는 ESG 관련 기술과 자금의 격차가 존재하기 때문에, 선진국이 개발도상국에 기술 지원과 자금을 제공하여 공동의 ESG 목표를 달성할 수 있도록 도와야 한다. 재생 가능 에너지 기술, 탄소포집 및 저장 기술(CCS) 등의 최신 기술을 공유하고, 개발도상국이 이를 적용할 수 있도록 재정적 지원을 제공하는 것이다.

셋째, 글로벌 투자자 네트워크와의 연대가 필요하다. ESG 경영은 기업의 자율적 의지뿐만 아니라 투자자들의 요구에 의해 더욱 강화되고 있다. 글로벌 투자자들이 ESG를 준수하는 기업에 자금을 집중하는 방식으로 지속가능한 기업 활동을 장려하고, 무관심을 줄여 나갈 수 있다.

넷째, 기업 간 협력과 경험 공유가 이루어져야 한다. ESG 경영은 전 세계적으로 빠르게 확산되고 있지만, 모든 기업이 효과적으로 실천하고 있는 것은 아니다. 이를 극복하기 위해 각국의 선도 기업들이 ESG 경영 경험을 공유하고, 우수 사례를 제공함으로써 다른 기업들도 ESG 목표를 효과적으로 실현할 수 있도록 돕는 것이다.

　마지막으로, 지속가능한 발전을 위한 교육과 인식 제고도 필요하다. 전 세계 시민들이 기후변화와 ESG 경영의 중요성을 이해하고, 일상생활에서 실천할 수 있도록 각국의 교육과 캠페인을 통해 인식을 높여야 한다. 이러한 인식 제고는 소비자와 투자자들이 ESG 경영을 요구하는 힘이 되며, 기업이 무관심에서 벗어나 지속가능한 목표를 실천하도록 하는 원동력이 된다.

04 ESG 목표 달성을 위한 디지털 전환 전략

1. 블록체인과 투명한 ESG 데이터 관리

　ESG 경영의 신뢰성과 투명성을 강화하기 위해 블록체인 기술이 점점 더 주목받고 있다. 블록체인은 거래 내역이 분산된 네트워크에 저장되어 변경이 불가능하고 투명하게 관리되는 기술로, 탄소배출량과 에너지 사용 등 환경적 데이터를 투명하게 기록하고 추적하는 데 큰 역할을 한다. 블록체인을 통해 기업의 탄소배출량이나 재생에너지 사용 비율을 실시간으로 기록하면 외부 감사나 규제 당국이 데이터를 신뢰성 있게 확인할 수 있다. 이를 통해 기업은 탄소배출 감축 목표를 투명하게 공개하고, 소비자와 투자자들은 기업의 ESG 성과를 명확하게 평가할 수 있다.

　공급망 투명성 강화에도 블록체인은 효과적이다. ESG 경영에서 중요한 요소 중 하나는 공급망 전반의 지속가능성을 관리하는 것이다. 블록체인 기술을 사용하면 공급망에서 원자재의 생산과 운송, 최종 제품에 이르기까지의 모든 단계도 투명하게 추적할 수 있다.

　블록체인은 지배구조 데이터의 투명성을 높여준다. 블록체인에 기업의 이사회 의사결정 기록, 경영진의 주요 결정사항 등을 기록하면, 주주와 이해관계자들이 기업의 지배구조 운영 현황을 실시간으로 확인할 수 있다. 이를 통해 기업은 내부 통제와 관리 구조의 신뢰성을 높이고, 이해관계자들은 기업의 지배구조 투명성을 평가할 수 있다.

　스마트 계약 기능을 통해 ESG 목표 이행을 자동화할 수 있다. 스마트 계약은 블록체인에서 특정 조건이 충족될 때 자동으로 계약이 실행되는 기능으로, ESG 목표 달성을 위한 자동화된 관리 도구로 활용될 수 있다. 기업이 탄소배출을 일정 수준 이하로 유지하면 자동으로 보상하는 스마트 계약을 설정할 수 있으며, 이는 ESG 목표 달성에 실질적인 동기부여가 될 수 있다.

블록체인은 그린워싱 문제를 방지하는 데도 효과적이다. 블록체인에 ESG 데이터를 기록하면, 외부에서 이를 위조하거나 변조할 수 없기 때문에 기업이 환경적, 사회적 성과를 과장하여 홍보하는 것을 막을 수 있다.

2. 사물인터넷(IoT)을 활용한 자원 효율성 강화

사물인터넷(Internet of Things, IoT) 기술은 ESG 경영에서 자원 효율성을 강화하는 데 중요한 역할을 한다. IoT는 다양한 기기와 센서들이 네트워크로 연결되어 실시간 데이터를 수집하고, 이를 통해 자원의 사용을 최적화할 수 있게 해준다. 이를 통해 기업은 에너지 절감, 물과 같은 천연자원의 효율적 관리, 환경오염 저감 등 다양한 ESG 목표를 효과적으로 달성할 수 있다. IOT 기술은 다음과 같이 많은 유용성이 있어 기후테크 기술로 활용분야가 다양하다.

첫째, 에너지 사용 최적화가 가능하다. IoT 기술을 통해 에너지 사용 현황을 실시간으로 모니터링하고 분석함으로써 불필요한 에너지 소비를 줄일 수 있다. 스마트 빌딩에서는 IoT 센서를 활용하여 실내 온도, 조명, 기기 사용량 등을 자동으로 조절하여 에너지 절감을 실현할 수 있다. 제조업체도 공장의 전력 사용을 효율적으로 관리하고, 기기 가동 시간을 최적화하여 에너지 효율을 높일 수 있다.

둘째, 물과 같은 자원의 효율적 관리를 지원한다. IoT를 활용하여 수자원 소비량을 실시간으로 측정하고 관리함으로써, 물 낭비를 줄이고 필요한 만큼만 사용할 수 있다. 농업에서는 IoT 센서를 통해 토양의 수분을 분석하고, 필요할 때만 관개 시스템을 작동시켜 물 소비를 줄이는 스마트 농업 기술이 활용되고 있다. 이를 통해 농업 생산성을 유지하면서도 자원의 사용을 최소화할 수 있다.

셋째, 환경 오염과 폐기물 관리를 개선할 수 있다. IoT 센서를 통해 폐기물 발생량과 배출 경로를 모니터링하면 발생하는 폐기물을 줄이기 위한 최적화된 대책을 수립할 수 있다. 도시 환경 관리에서는 IoT를 통해 대기 오염, 수질 오염 등의 데이터를 실시간으로 수집하여 환경 오염의 원인을 신속하게 파악하고 대응할 수 있다.

넷째, 공급망에서의 자원 효율성을 강화한다. IoT를 통해 물류와 재고 관리를 최적화하여 자원의 낭비를 줄일 수 있다. IoT 기반 물류 시스템을 사용하면 상품의 위치, 상태, 이동 경로를 실시간으로 추적하여 불필요한 이동을 줄이고, 최적의 경로를 설정하여 연료 소비를 절감할 수 있다.

다섯째, 예방적 유지 보수를 통해 자원 낭비를 방지할 수 있다. IoT는 장비나 기기의 상태를 실시간으로 모니터링하여 문제를 사전에 감지하고, 필요할 때만 유지보수를 수행할 수 있게 한다. 이를 통해 불필요한 기기 교체나 수리를 줄일 수 있으며, 기기의 수명을 연장하여 자원의 낭비를 방지한다.

3. 인공지능(AI) 기반 ESG 성과 예측 및 개선

인공지능(AI)은 ESG 경영에서 중요한 혁신 도구로 자리 잡고 있으며, ESG 성과를 예측하고 개선하는 데 크게 기여하고 있다. AI를 통해 기업은 방대한 ESG 데이터를 분석하여 향후 성과를 예측하고, 구체적인 개선 방안을 마련할 수 있다. 아래와 같이 AI 기반 ESG 관리는 효율성을 높이고 신뢰할 수 있는 ESG 성과를 달성하는 데 도움을 주며, ESG 목표를 체계적이고 실질적으로 달성할 수 있게 한다.

첫째, 환경적 성과 예측과 관리에서 AI는 특히 효과적이다. AI를 사용하여 탄소배출, 에너지 소비, 물 사용 등을 예측하고 최적화할 수 있다. AI 모델을 통해 각 생산 단계에서 발생할 수 있는 탄소배출량을 예측하고, 이를 줄이기 위한 최적의 방안을 추천할 수 있다.

둘째, 사회적 책임 실천에 필요한 리스크 분석을 AI가 지원한다. AI는 빅데이터를 분석하여 노동 환경, 인권 보호, 공급망 내 위험 요소를 파악하고 관리할 수 있도록 돕는다. 공급망의 특정 단계에서 발생할 수 있는 인권 침해 가능성을 예측하거나, 근로 환경에 위험 요소가 있는지를 분석하여 이를 개선할 수 있는 방안을 제시한다.

셋째, 지배구조의 투명성과 효율성 향상을 AI로 지원할 수 있다. AI는 기업의 이사회 활동이나 주요 의사결정 패턴을 분석하여 지배구조의 투명성을 높이고, 이해관계자들에게 신뢰를 제공하는 방식으로 활용될 수 있다. AI를 통해 기업의 의사결정에서 ESG 요소가 얼마나 고려되고 있는지를 분석하여 지배구조의 개선 방향을 제안할 수 있다.

넷째, 지속가능한 제품과 서비스 개발에서도 AI는 중요한 역할을 한다. AI는 시장 데이터를 분석하여 소비자들이 친환경 제품과 서비스에 대해 어떤 요구를 가지고 있는지 파악하고, 이를 반영한 제품 개발을 지원할 수 있다. 친환경 소재 사용에 대한 소비자 선호도를 분석하여 이를 제품 디자인에 반영하거나, 에너지 효율이 높은 제품을 설계하는 데 활용할 수 있다.

다섯째, 성과 측정과 개선을 위한 피드백 시스템으로 AI를 활용할 수 있다. AI는 실시간으로 ESG 성과 데이터를 분석하고, 목표와의 격차를 파악하여 개선해야 할 영역을 즉각적으로 피드백해 준다. 목표치에 비해 에너지 사용량이 많을 경우 그 원인을 분석하고, 에너지 절감 방안을 제시하는 방식이다.

PART 9

ESG 경영조직 구축과 전략 수립

01 ESG 경영조직 구축

ESG 경영조직 구축과 전략 수립은 기업의 지속 가능한 성장을 위해 필수적인 과정이다. 경영조직 구축은 ESG 목표 달성을 위한 명확한 역할 분담과 전담팀 구성을 포함하며, 각 부서 간의 협력을 통해 실행력을 높인다. 전략수립에서는 ESG 비전과 목표를 설정하고, 중대성 평가를 통해 우선순위를 도출하며, 리스크와 기회를 분석해 효과적인 대응 방안을 마련한다. 이해관계자와의 소통을 강화해 ESG 성과를 지속적으로 평가하고 개선해 나가는 것이 핵심이다.

1. ESG 전담조직 설계 및 운영

ESG 경영이 기업의 지속가능한 성장과 사회적 책임을 실현하는 핵심 요소로 자리 잡으면서, 이를 체계적으로 실행하기 위한 ESG 전담조직의 설계와 운영이 필수적이다. ESG 전담조직은 기업의 전반적인 ESG 전략 수립과 실행을 주도하는 역할을 하며, 내부적으로는 부서 간 협업을 강화하고 외부적으로는 이해관계자와의 소통을 증진하는 중요한 기능을 수행한다. 이러한 조직을 어떻게 설계하고 운영하는지에 따라 기업의 ESG 성과는 크게 좌우된다. 전담조직 설계와 운영 시 주안점은 아래와 같다.

첫째, ESG 전담조직을 설계할 때는 기업의 규모와 산업 특성을 고려해야 한다. 중소기업에서는 기존의 경영 부서 내에 ESG 담당자를 배정하거나, 임시 태스크포스를 구성하여 ESG 이슈에 대응할 수 있다. 중요한 점은 ESG 전담조직이 형식적인 역할에 머무르지 않고, 실제 경영에 실질적인 변화를 이끌어낼 수 있는 구조로 설계되어야 한다는 것이다.

둘째, ESG 전담조직의 운영은 명확한 역할 분담과 책임 체계를 바탕으로 이루어져야 한다. 조직 내 ESG 각 분야를 담당하는 팀이 긴밀하게 협력해야 하며, 그 과정에서 구체적인 목표와 성과 지표를 설정하고, 이를 달성하기 위한 실행 계획을 수립해야 한다. 이러한 역할 분담은 각 팀이 자신의 분야에서 전문성을 발휘할 수 있도록 돕고 전략 실행이 통합적으로 될 수 있게 한다.

셋째, ESG 전담조직은 기업 내 다양한 이해관계자들과의 지속적인 소통이 필요하다. 경영진의 ESG에 대한 이해와 관심은 조직 전체의 방향성을 결정짓는 데 중요한 역할을 한다. 따라서 ESG 전담조직은 정기적으로 이사회에 보고서를 제출하고, 필요한 의사결정을 요청하는 등의 역할을 수행해야 한다.

넷째, ESG 전담조직의 운영 과정에서는 외부 전문가의 자문과 협력이 중요하다. 기업이 직면한 ESG 이슈는 복잡하고 다차원적인 문제들이기 때문에, 외부 전문가와의 협업을 통해 보다 폭넓은 관점에서 문제를 분석하고 해결할 수 있다. 외부 전문가들은 최신 동향과 규제 변화에 대한 정보를 제공해 조직의 ESG 전략이 변화하는 환경에 맞춰 적응할 수 있게 돕는다.

마지막으로, ESG 전담조직의 운영 성과를 지속적으로 평가하고 피드백을 제공하는 체계가 필요하다. ESG 경영은 장기적인 목표를 지향하는 활동인 만큼, 단기적인 성과에만 집중하지 않고 지속가능한 성장을 위한 성과관리 체계를 구축해야 한다. 이를 위해 ESG 성과를 측정할 수 있는 명확한 지표를 설정하고, 이를 바탕으로 조직의 운영 성과를 평가해야 한다.

2. ESG 경영위원회의 구성

ESG 경영위원회는 기업의 최고 의사결정 기구로, 위원회의 구성과 운영은 기업의 장기적인 지속가능성에 직결되는 중요한 요소이다. 위원회의 구성과 운영 방식에 따라 ESG 경영의 성패가 좌우되므로 위원회는 다음을 신중하게 고려해야 한다.

첫째, ESG 경영위원회의 구성은 다양성(diversity)을 반영해야 한다. ESG는 환경, 사회, 거버넌스라는 다각적인 이슈를 다루기 때문에, 이를 아우르는 폭넓은 관점을 가진 인사들이 참여해야 한다. 환경 전문가, 사회적 책임 전문가, 그리고 거버넌스 전문가가 모두 위원회에 포함되어야 하며, 각 분야의 전문 지식을 바탕으로 통합적인 의사결정이 이루어져야 한다. 또한 위원회에는 외부 전문가를 포함해 보다 객관적이고 독립적인 시각에서 기업의 ESG 전략을 평가하고 조언할 수 있는 구조가 필요하다.

둘째, ESG 경영위원회의 구성에는 경영진의 적극적인 참여가 필수적이다. ESG 전략은 기업의 장기적인 성장과 직접적으로 연결되기 때문에, 최고경영자(CEO)나 최고재무책임자 등 경영진이 위원회에 적극적으로 참여해야 한다. 경영진 참여는 ESG 전략이 실제 경영에 반영되는 것을 보장하며, ESG 관련 의사결정이 신속하게 이루어질 수 있도록 하며, 실행력 또한 강화시킬 수 있다.

셋째, 이사회와 협력은 ESG 경영위원회의 성공적인 운영에 있어 중요한 요소이다. 이사회는 기업의 최고 의사결정 기구로서, ESG 관련 주요 전략을 승인하고, 그 실행 여부를 감시하는 역할을 한다. ESG 경영위원회는 이사회와의 긴밀한 협력을 통해, ESG 전략이 기업의 전체적인 전략과 조화를 이루도록 해야 하며, 이를 위해 정기적인 보고서 제출과 회의를 통한 소통이 이루어져야 한다. 특히 이사회는 ESG 경영위원회가 제안한 전략을 검토하고, 해당 전략이 기업의 장기적인 성장에 적합한지 평가하는 중요한 역할을 한다.

3. ESG 전문가 활용 전략

ESG 경영이 기업의 지속가능한 성장과 장기적인 경쟁 우위 확보에 중요한 요소로 자리 잡으면서, 이를 실질적으로 실행하는 데 있어 ESG 전문가의 역할이 더욱 중요해졌다. ESG 경영은 환경, 사회적 책임, 거버넌스 등 다양한 분야를 아우르기 때문에, 각 분야에 대한 심도 있는 이해와 전문 지식이 필요하다. 따라서 기업은 내부와 외부의 ESG 전문가를 적절히 활용하여 기업의 ESG 전략을 강화하고, 실질적인 성과를 달성해야 한다.

전문가 활용의 시너지를 높이기 위한 방안은 다음과 같다.

첫째, 기업 내부의 ESG 전문가 육성은 장기적인 경쟁력을 강화하는 데 중요한 역할을 한다. ESG 전문가를 내부에서 양성하는 경우, 기업의 비전과 전략을 깊이 이해한 상태에서 ESG 관련 이슈에 대응할 수 있기 때문에 일관된 경영 방향을 유지할 수 있다. 내부 ESG 전문가 육성을 위해서는 체계적인 교육 프로그램과 경력개발 기회를 제공해야 하며,

ESG 관련 최신 동향과 규제 변화에 대한 교육도 지속적으로 이루어져야 한다. 또한 ESG 전문가가 각 부서와 긴밀하게 협력하여 ESG 전략이 조직 전반에 통합될 수 있도록 하는 것이 중요하다.

둘째, 외부 ESG 전문가와의 협력은 기업이 직면한 복잡한 ESG 이슈를 해결하는 데 필수적이다. 외부 전문가들은 다양한 기업과 산업에서 축적한 경험을 바탕으로 ESG 경영에 대한 깊은 통찰을 제공할 수 있다. 기업이 새로운 환경 규제에 적응해야 하거나, 글로벌 공급망에서 발생하는 ESG 리스크를 관리해야 할 때, 외부 전문가의 조언은 매우 유용하다. 이러한 전문가들은 객관적인 시각에서 기업의 ESG 전략을 평가하고, 개선 방안을 제시할 수 있기 때문에 기업의 경영 의사결정 과정에서 중요한 역할을 한다.

셋째, ESG 관련 컨설팅 회사와의 협력도 기업의 ESG 전략을 발전시키는 데 큰 도움이 된다. ESG 컨설팅 회사는 기업이 직면한 특정 ESG 문제를 해결하는 데 특화된 솔루션을 제공하며, 이를 통해 기업은 보다 구체적이고 실질적인 성과를 달성할 수 있다. 또한 ESG 컨설팅 회사는 기업이 ESG 성과를 평가하고 보고하는 데 필요한 데이터 분석 도구와 프레임워크를 제공할 수 있다. 이를 통해 기업은 ESG 관련 지표를 효과적으로 관리하고, 이해관계자들에게 신뢰성 있는 정보를 제공할 수 있다.

넷째, ESG 전문가 활용 전략의 핵심은 지속적인 피드백과 개선을 통한 성과 향상이다. ESG 전문가들은 기업의 ESG 성과를 주기적으로 평가하고, 이를 바탕으로 전략을 조정하는 역할을 해야 한다. 탄소배출량 감축 목표를 설정한 기업이라면 ESG 전문가들이 그 목표를 달성하기 위한 구체적인 실행 계획을 수립하고, 성과를 평가하여 개선할 수 있도록 돕는 것이 중요하다. 이를 통해 기업은 ESG 목표를 효과적으로 달성할 수 있으며, 지속가능한 성장을 위한 기반을 마련할 수 있다.

다섯째, ESG 전문가 활용은 기업의 외부 이해관계자와의 소통에도 중요한 역할을 한다. ESG 경영은 다양한 이해관계자와의 협력을 통해 이루어지기 때문에, ESG 전문가들은 고객, 투자자, 규제 기관 등과의 소통을 주도하고, 그들의 요구를 반영한 ESG 전략을 수립하는 데 기여할 수 있다. 특히 투자자들이 ESG 성과를 중시하는 경향이 강화되면서, ESG 전문가들은 투자자들과의 소통 과정에서 중요한 역할을 하게 되었다. 이러한 전문가들은 기업의 ESG 성과를 명확하게 전달하고, 투자자들이 요구하는 정보에 신속하게 대응할 수 있어야 한다.

4. 부서 간 협업체계 구축

ESG를 성공적으로 실천하기 위해서는 한 부서의 노력만으로는 부족하며, 기업 내 다양한 부서 간의 긴밀한 협력이 필수적이다. ESG 경영은 ESG 영역 모두를 포함하므로, 부서 간 유기적 협력체계를 구축하는 것이 매우 중요하다. 협업체계 구축 시 주안점은 아래와 같다.

첫째, 전사적인 협업 문화가 필요하다. 각 부서가 자신들의 역할을 명확하게 이해하고, ESG 목표에 맞춰 업무를 수행할 수 있어야 한다. 이를 위해서는 경영진이 ESG 경영 목표를 전사적으로 공유하고, 각 부서의 역할과 책임을 명확히 하는 것이 중요하다. 환경 부서는 탄소배출 감축과 같은 환경적 목표를 주도할 수 있으며, 인사 부서는 인권 보호와 다양성 증진과 같은 사회적 목표를 책임질 수 있다. 이러한 각 부서의 목표는 궁극적으로 ESG 경영 목표와 일치해야 하며, 이를 위해 부서 간의 긴밀한 협력이 필요하다.

둘째, 부서 간 협업 촉진을 위한 명확한 커뮤니케이션 체계가 필요하다. 각 부서가 ESG 관련 정보를 공유하고, 이를 바탕으로 의사결정을 할 수 있도록 해야 한다. 이를 위해 ESG 전담팀이나 경영진은 정기적인 회의를 통해 각 부서의 진행 상황을 점검하고, 협업을 촉진할 수 있는 방안을 모색해야 한다. 또한 각 부서가 ESG 경영 목표 달성을 위해 어떤 기여를 하고 있는지 명확히 인지할 수 있도록, 투명한 보고 시스템을 마련하는 것이 중요하다. 이러한 체계적 커뮤니케이션은 부서 간 이해를 높이고, ESG 경영 목표에 대한 전사적인 동기부여를 강화할 수 있다.

셋째, 부서 간 협업뿐만 아니라, 각 부서의 전문성을 최대한 발휘할 수 있는 구조가 필요하다. ESG 경영은 다양한 이슈를 다루기 때문에, 각 부서가 자신들의 전문성을 바탕으로 최적의 해결책을 제시할 수 있어야 한다. 재무 부서는 ESG 관련 투자와 재무적 리스크를 관리할 수 있으며, 마케팅 부서는 ESG 경영 성과를 바탕으로 기업의 이미지를 강화하는 역할을 할 수 있다. 각 부서의 전문성을 존중하고, 이를 ESG 경영 목표 달성에 통합할 수 있는 체계를 구축하는 것이 중요하다.

넷째, 기술적 지원이 필수적이다. ESG 데이터 관리 및 보고 체계는 부서 간 협업을 촉진하는 중요한 도구로 작용할 수 있다. 각 부서에서 수집된 ESG 관련 데이터를 중앙에서 통합 관리하고, 이를 기반으로 실시간으로 의사결정을 할 수 있는 시스템을 구축해야 한다. 이를 통해 부서 간 정보 공유가 원활해지며, 목표 달성을 위한 효율적 협업이 가능해진다.

다섯째, 인센티브 도입이 효과적일 수 있다. 각 부서가 ESG 경영 목표 달성에 기여한 성과를 인정하고, 이에 대한 보상을 제공하는 체계를 마련하면 부서 간 협업이 더욱 강화될 수 있다. 특히 ESG 경영 목표가 기업의 장기적인 성장과 직결된다는 인식을 심어줌으로써, 각 부서가 ESG 목표 달성에 주도적으로 참여할 수 있도록 동기부여 하는 것이 중요하다.

인센티브는 금전적 보상뿐만 아니라, ESG 관련 성과를 인정하는 내부 시상제도 등 다양한 형태로 제공될 수 있다.

5. 지속적인 성과관리 및 피드백

ESG 경영은 단순히 목표를 설정하고 이를 달성하는 데 그치지 않는다. 지속가능한 성장을 위해서는 성과를 지속적으로 관리하고 이에 따른 피드백을 제공하는 체계를 구축하는 것이 필수적이다. 기업이 ESG 경영을 성공적으로 추진하기 위해서는 경영활동의 결과를 정기적으로 평가하고, 이를 바탕으로 전략을 수정하거나 강화하는 순환적인 과정이 이루어져야 한다. 이러한 성과관리 및 피드백 과정은 ESG 목표를 실질적으로 달성하고, 이해관계자들에게 신뢰성 있는 정보를 제공하는 데 중요한 역할을 한다.

성과관리와 피드백에 있어서 주안점은 다음과 같다.

첫째, 성과관리는 구체적인 성과지표를 설정하는 것에서 시작된다. 기업이 설정한 ESG 목표를 측정할 수 있는 지표가 없다면 성과를 관리하는 것이 불가능하다. 따라서 기업은 환경, 사회, 거버넌스와 관련된 각 분야에 대한 핵심 성과지표(KPI)를 설정하고, 이를 바탕으로 정기적인 성과평가를 진행해야 한다. 탄소배출 감축 목표를 설정한 기업이라면, 이를 모니터링하기 위한 구체적인 배출량 측정 지표가 필요하다.

둘째, 투명한 데이터 수집과 분석이 필수적이다. 기업은 ESG 관련 데이터를 정확하고 일관되게 수집하여 성과를 평가할 수 있는 기반을 마련해야 한다. 데이터를 수집하는 과정에서 각 부서와의 협업이 중요하며, 이를 통해 수집된 데이터는 정기적으로 분석되어 경영진에게 보고되어야 한다. 특히 이러한 데이터는 외부 이해관계자들에게 신뢰성 있게 제공되어야 하며, 기업의 지속가능성을 평가하는 중요한 기준이 된다.

셋째, 성과관리와 더불어 피드백 과정은 ESG 경영의 핵심 요소 중 하나다. ESG 경영의 성공 여부는 단순한 성과 평가에 그치지 않고, 이를 바탕으로 적절한 피드백이 제공되는지에 달려 있다. 성과 평가 결과를 분석하여 목표와 실적 사이에 차이가 발생한 부분을 확인하고, 그 원인을 파악한 뒤 개선 방안을 마련해야 한다. 기업이 탄소배출 감축 목표를 달성하지 못한 경우, 그 이유를 분석하고, 보다 효율적인 에너지 관리 방법을 도입하거나 재생 가능 에너지원으로의 전환을 고려할 수 있다. 피드백 과정은 기업이 지속가능한 목표를 달성하기 위한 중요한 단계다.

넷째, ESG 성과관리 및 피드백 시스템은 지속적인 개선을 위한 순환 구조를 가져야 한다. 즉, 성과를 평가하고 피드백을 제공한 뒤, 이를 바탕으로 새로운 목표를 설정하고 개선된 전략을 수립하는 과정이 반복되어야 한다. 이러한 순환적인 성과관리 체계는 ESG 경영을 단기적인 목표 달성에 그치지 않고, 장기적인 기업의 지속가능성을 보장하는 경영철학으로 자리 잡을 수 있게 한다. 또한 이를 통해 기업은 ESG 경영에서의 성과를 지속적으로 개선하고, 변화하는 외부 환경에 적응할 수 있는 능력을 갖추게 된다.

02 ESG 경영전략 수립

1. 미션, 비전, 전략 목표 설정

 ESG 경영을 성공적으로 추진하기 위해서는 명확한 미션, 비전, 그리고 전략 목표를 설정하는 것이 가장 첫 단계이다.

 〈그림9-1〉, 〈그림9-2〉와 같은 체계의 경영 미션과 비전은 단순한 선언문 이상의 의미를 가지며, 기업의 전반적인 경영 철학과 방향성을 규정하는 역할을 한다. ESG 경영은 환경 보호, 사회적 책임 이행, 그리고 투명한 지배구조 확립이라는 세 가지 축을 바탕으로 이루어지므로, 이를 반영한 미션과 비전을 수립하는 것이 중요하다. 나아가 이러한 미션과 비전을 구체적으로 실천하기 위한 전략 목표를 설정함으로써, 기업은 지속가능 경영의 틀을 다질 수 있다. 미션, 비전, 전략 수립 시 주안점은 아래와 같다.

〈그림9-1〉 미션, 비전, 핵심가치, 전략 체계

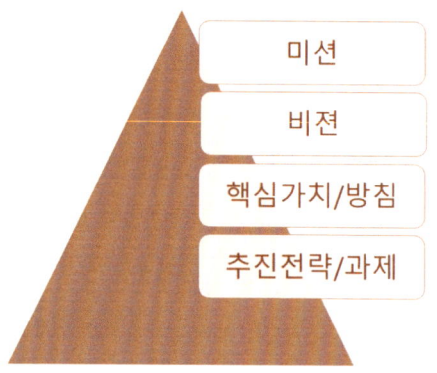

〈 출처: 박용기 저, 성공하는 ESG 경영 〉

〈그림9-2〉 미션, 비전, 전략의 의미

〈 출처: 박용기 저, 성공하는 ESG 경영 〉

첫째, ESG 경영의 미션은 기업이 왜 ESG를 중요하게 여기는지에 대한 근본적인 목적과 철학을 제시한다. 환경 문제를 고려할 때 기업은 탄소배출을 줄여 기후 변화를 방지하려는 목표를 가질 수 있다. 이러한 미션은 기업이 사회적, 환경적 가치를 실현하는 데 있어 어떤 역할을 할지를 명확히 하는 데 중요한 역할을 한다. 또한 ESG 미션은 단순한 이익 추구를 넘어, 기업이 사회적 책임을 다하려는 의지를 반영해야 한다. '지속가능한 미래를 위해 친환경 제품과 서비스를 제공한다.'라는 미션은 ESG 경영 방향성을 제시한다.

둘째, ESG 비전은 기업이 장기적으로 달성하고자 하는 목표를 구체적으로 나타낸다. 비전은 기업의 궁극적인 목표를 제시하는 역할을 하며, ESG 경영에서의 비전은 단순히 경제적 이익을 넘어서 사회와 환경에 긍정적인 영향을 미치는 것을 목표로 해야 한다. 예를 들어, '2030년까지 탄소중립을 달성한다.' 혹은 '지속가능한 공급망을 구축하여 글로벌 리더가 된다.'와 같은 비전은 기업이 장기적으로 달성하고자 하는 ESG 목표를 구체적으로 제시하는 사례다. 이러한 비전은 기업의 내부 직원뿐만 아니라 외부 이해관계자들에게도 강력한 메시지를 전달하며, 기업이 장기적으로 어떤 방향으로 나아갈지에 대한 명확한 그림을 그려준다.

셋째, 미션과 비전에 기반한 구체적인 전략 목표 설정이 필요하다. ESG 경영에서 전략 목표는 단순한 구호가 아니라 실질적으로 달성할 수 있는 구체적인 행동 계획을 포함해야 한다. 이를 위해 기업은 환경적, 사회적, 거버넌스 측면에서 각각의 목표를 세우고, 이를 달성하기 위한 세부적인 전략을 마련해야 한다. 환경 측면에서는 에너지 효율성을 높이고, 재생 에너지 사용 비율을 확대하는 것이 목표가 될 수 있다. 사회적 측면에서는 노동 인권 보호, 다양성 증대, 지역사회와의 협력 강화를 위한 구체적인 계획이 필요하다. 거버넌스 측면에서는 이사회 구성의 다양성을 확대하고, 경영의 투명성을 제고하기 위한 목표가 설정될 수 있다.

넷째, 전략 목표 설정에서 중요한 것은 목표의 명확성과 측정 가능성이다. 기업이 설정한 ESG 목표는 구체적이어야 하며, 이를 측정할 수 있는 지표가 마련되어야 한다. 이는 기업이 목표 달성 여부를 평가하고, 필요시 전략을 수정하거나 보완할 수 있도록 돕는 중요한 요소다. 예를 들어, '탄소배출량 30% 감축'과 같은 목표는 구체적이며, 그 달성 여부를 측정할 수 있다. 반면에 '환경에 더 신경 쓴다.'와 같은 모호한 목표는 구체적인 행동 계획이나 성과평가 기준을 마련하기 어렵다. 따라서 목표는 SMART(Specific, Measurable, Achievable, Relevant, Time-bound) 원칙에 따라 설정해야 하며, 이를 바탕으로 정기적인 성과 평가와 피드백 과정을 통해 목표 달성을 추적할 수 있어야 한다.

다섯째, 전략 목표는 단기적 목표와 장기적 목표로 나뉘어 설정되어야 한다. 단기적 목표는 빠르게 성과를 확인하고, 이에 따라 전략을 조정할 수 있는 기준이 된다. 반면에 장기적 목표는 기업이 궁극적으로 도달하고자 하는 방향성을 설정하며, ESG 경영의 지속가능성을 보장하는 중요한 요소다. 단기적 목표로는 '2년 내 재생 가능 에너지 사용 비율 20%

확대'와 같은 구체적인 계획을 세울 수 있으며, 장기적으로는 '2050년까지 탄소중립 달성'과 같은 목표를 설정할 수 있다.

2. 중대성 평가를 통한 우선순위 도출

ESG 경영에서 중요한 의사결정 과정 중 하나는 중대성 평가이다. 중대성 평가는 기업이 직면한 ESG 이슈를 분석하고 우선순위를 도출하는 과정이다. 특히 ESG 경영은 다양한 이해관계자들의 기대와 요구에 민감하게 반응해야 하므로, 기업이 직면한 리스크와 기회를 균형 있게 파악하는 것이 중요하다. 이러한 과정에서 이중 중대성(Double Materiality) 개념이 핵심적으로 활용되며, 이를 통해 기업은 ESG 전략을 보다 효율적이고 체계적으로 수립할 수 있다.

이중 중대성 평가는 두 가지 관점을 의미한다. 첫 번째 관점은 기업의 ESG 활동이 외부 환경과 사회에 미치는 영향이다 (Inside-out). 두 번째 관점은 외부 요인, 즉 환경적 변화나 사회적 요구가 기업의 재무적 성과나 경영 성과에 어떤 영향을 미치는지를 평가하는 것이다(Outside-in). 이중 중대성 평가의 중요성은 ESG 경영에서 매우 크다. 기후 변화가 기업의 생산 과정에 미치는 영향은 재무적 중대성의 한 부분일 수 있다. 그러나 동시에 기업이 기후 변화 완화를 위한 노력을 하지 않을 경우, 사회적 평판이 손상되거나 고객의 신뢰를 잃는 등 비재무적 리스크도 존재할 수 있다. 이중 중대성 평가는 이러한 두 가지 측면을 모두 고려함으로써, 기업이 보다 균형 잡힌 ESG 전략을 수립하고, 장기적인 리스크를 예방할 수 있도록 돕는다.

이중 중대성 평가를 통해 도출된 우선순위는 기업의 ESG 전략 수립

과정에서 중요한 역할을 한다. 기업은 다양한 ESG 요소 중에서 특히 중요한 항목들을 파악하고, 이에 대한 집중적인 관리와 투자를 진행해야 한다. 기후 변화 대응이 특정 기업에는 가장 중요한 이슈일 수 있으며, 또 다른 기업에는 노동 인권 문제나 지배구조의 투명성이 더 중대하게 다가올 수 있다. 따라서 각 기업은 자신들의 사업 모델과 이해관계자들의 요구에 맞는 맞춤형 중대성 평가를 수행하고, 이를 바탕으로 우선순위를 도출하는 것이 중요하다.

중대성 평가의 우선순위를 도출하는 과정에서는 〈그림9-3〉과 같이 다양한 이해관계자들의 의견을 반영해야 한다.

〈그림9-3〉 중대성 평가 프로세스

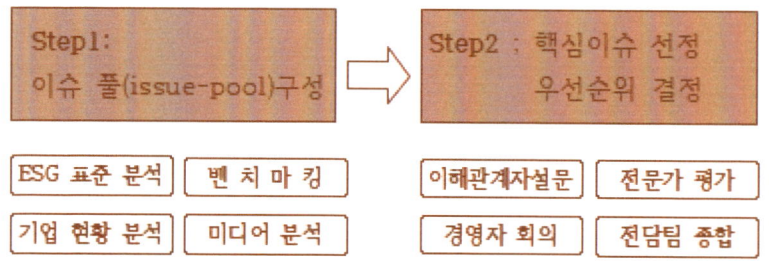

이해관계자는 고객, 투자자, 직원, 지역사회, 규제 기관 등으로 구성되며, 각 이해관계자의 요구와 기대는 서로 다를 수 있다. 투자자들은 주로 재무적 성과에 중점을 두는 반면, 고객은 제품의 환경적 책임을 중요하게 생각할 수 있다. 따라서 기업은 이해관계자들과의 소통을 통해 각기 다른 요구를 수렴하고, 이를 ESG 전략에 반영해야 한다. 이러한 과정을 통해 기업은 보다 투명하고 공정한 ESG 경영을 실현할 수 있다.

중대성 평가의 결과는 기업의 ESG 보고서 작성에도 중요한 기초 자료가 된다. ESG 보고서는 기업이 사회적 책임을 다하고 있음을 외부에 알리는 중요한 수단이며, 중대성 평가를 통해 도출된 우선순위를 명확히 제시함으로써 기업의 ESG 활동이 단순한 선언에 그치지 않고 실질적인 성과를 이뤘음을 강조할 수 있다. 특히 이중 중대성 평가는 ESG 성과가 재무적 성과와도 긴밀히 연결되어 있음을 보여줌으로써, ESG 경영이 장기적으로 기업 가치를 높이는 데 기여할 수 있음을 강조한다.

3. ESG 리스크 및 기회 분석

ESG 경영의 핵심 요소 중 하나는 리스크 및 기회 분석이다. 이 분석은 기업이 환경적, 사회적, 그리고 거버넌스 요인들로부터 발생할 수 있는 잠재적인 위험을 식별하고, 동시에 이를 통해 발생할 수 있는 기회를 포착하는 과정을 포함한다. ESG 리스크와 기회를 효과적으로 분석하면 기업은 변화하는 외부 환경에 능동적으로 대응할 수 있으며, 지속가능 경영을 실현하는 데 중요한 기초를 마련할 수 있다.

ESG 리스크 분석은 기업의 경영전략 수립에서 필수적인 단계로, 환경, 사회, 거버넌스와 관련된 다양한 요인으로부터 발생할 수 있다. ESG 기회 분석은 기업이 ESG 관련 리스크를 극복하고, 새로운 시장 기회를 발굴하는 데 중점을 둔다. ESG 경영은 단순히 리스크를 관리하는 것을 넘어, 지속가능한 성장을 위한 새로운 비즈니스 모델을 개발하는 기회를 제공한다. 탄소중립 목표를 설정한 기업은 에너지 효율성을 높이고, 재생 가능 에너지 사용을 확대함으로써 새로운 시장에서의 경쟁력을 갖출 수 있다. 사회적 측면에서도 기업은 다양성과 포용성을 강화하여 인재를 유치하고, 고객의 신뢰를 구축할 수 있는 기회를 창출할 수 있다. 또한 거버넌스 측면에서는 투명한 경영과 윤리적인 의사결정 과정을 통해 투자자들에게 긍정적인 이미지를 형성하고, 자본 조달의 용이성을 높일 수 있다. 이러한 기회들은 기업의 장기적인 성장과 지속가능성에 크게 기여할 수 있다.

ESG 리스크 및 기회 분석의 효과적인 수행을 위해서는 데이터 기반의 접근이 필요하다. 기업은 ESG 관련 데이터를 수집하고 분석하여, 리스크와 기회를 보다 명확하게 이해해야 한다. 기후 변화에 따른 리스크를 분석하기 위해 기후 모델링 데이터를 활용하거나, 사회적 리스크를 평가하기 위해 직원과 고객의 설문조사 결과를 수집하는 것이 필요하다. 데이터 분석을 통해 기업은 특정 ESG 요소가 경영에 미치는 영향을 정량화할 수 있으며, 이를 바탕으로 보다 구체적인 전략을 수립할 수 있다.

ESG 리스크 및 기회 분석은 정기적으로 수행되어야 한다. 외부 환경은 끊임없이 변화하고 있으며, 새로운 리스크와 기회가 발생할 수 있다. 따라서 기업은 ESG 리스크와 기회를 지속적으로 모니터링하고, 이를 반영하여 전략을 수정해야 한다. 정기적인 분석 과정은 기업이 최신 트렌드와 이슈에 대한 정보를 유지하고, 효과적인 대응 방안을 마련하는데 기여한다.

ESG 리스크 및 기회 분석의 결과는 기업의 전략적 의사결정에 직접적으로 반영되어야 한다. 리스크 분석을 통해 식별된 잠재적 위험 요소는 즉각적인 대응 방안을 수립하게 하며, 기회 분석 결과는 새로운 사업 기회를 발굴하는 데 도움을 준다. 특정 시장에서의 기후 변화 리스크가 크다고 판단되면 해당 시장에서의 사업 확장을 재검토할 필요가 있다. 반대로 친환경 제품 수요가 증가하고 있는 경우, 해당 제품 개발에 대한 투자를 우선적으로 고려해야 한다. 이러한 방식으로 ESG 리스크 및 기회 분석은 기업의 경영전략에 실질적인 영향을 미치게 된다.

03 ESG 조직 구축 및 전략 수립 사례

1. 해외 기업 사례

(1) **구글**: 글로벌 기술 기업인 구글(Google)의 ESG 경영 사례를 살펴보자. 구글은 환경적 지속가능성을 위해 재생 가능한 에너지를 100% 사용하겠다는 목표를 세웠으며, 이를 실현하기 위한 다양한 노력을 기울이고 있다. 2020년 기준으로 구글은 데이터 센터와 사무실에서 사용하는 전력을 100% 재생 가능한 에너지로 충당하고 있으며, 탄소중립 목표를 달성하기 위한 행동 계획을 수립했다.

(2) **유니레버(Unilever)**: '지속가능한 생활 계획(Sustainable Li-ving Plan)'을 통해, 지속가능한 제품 개발과 사회적 책임을 다하는 방안을 체계적으로 설정하였다. 이 계획은 환경적 영향을 줄이고, 사회적 불평등을 완화하며, 지역사회의 삶의 질을 향상시키기 위한 다양한 목표를 포함하고 있다. 유니레버는 특정 제품의 포장재를 100% 재활용이 가능하게 만들겠다는 목표를 세우고, 이를 통해 소비자들의 요구에 부응하고 지속가능한 소비를 촉진하고 있다.

(3) **브리티쉬 페트롤리엄**: 세계적인 에너지 기업으로 탄소중립 목표를 설정하고, 이를 실현하기 위해 재생 가능 에너지로의 전환을 가속화하고 있다. 2030년까지 글로벌 에너지 전환에 기여하기 위해 50% 이상의

투자를 재생 가능 에너지 분야에 할애하겠다고 발표하였다. 이는 BP가 화석 연료에서 벗어나 지속가능한 에너지로의 전환을 추진하고 있음을 보여준다.

(4) 파타고니아: 패션 브랜드인 파타고니아(Patagonia) 역시 ESG 경영의 모범 사례로 평가된다. 파타고니아는 환경 보호를 최우선 가치로 삼고 있으며, 이를 바탕으로 다양한 캠페인을 전개하고 있다. 브랜드는 제품의 원료로 사용되는 섬유의 지속가능성을 고려하고, 재활용 및 환경 친화적인 소재 사용을 권장한다. 또한 파타고니아는 소비자들에게 '수선하라, 재사용하라'는 캠페인을 통해 불필요한 소비를 줄이고, 환경 보호의 중요성을 강조하고 있다.

2. 국내 기업 사례

(1) 삼성전자: '지속가능 보고서'를 통해 ESG 성과를 체계적으로 관리하고 보고하고 있다. 특히 탄소배출량을 줄이기 위한 다양한 노력을 기울이고 있으며, 2050년까지 모든 사업장에서 탄소중립 목표를 달성하겠다는 목표를 세웠다. 또한 재생 가능 에너지를 확대하고, 친환경 제품 개발에 집중하고 있다.

(2) LG화학: ESG 경영을 통해 친환경 경영을 실현하고 있는 대표적인 기업이다. LG화학은 'ESG 경영 비전 2030'을 수립하고, 이를 기반으로 전사적 차원에서 지속가능 경영을 추진하고 있다. 특히 LG화학은 배터리 사업을 통해 전기차 산업에 기여하고 있으며, 이를 통해 탄소배출 감

소에 기여하고 있다.

(3) SK텔레콤: 사회적 책임과 환경적 지속가능성을 통합한 ESG 경영을 추구하고 있다. SK텔레콤은 'ESG 관리 체계'를 도입하여 고객, 직원, 주주, 지역사회 등 다양한 이해관계자와의 소통을 강화하고 있다. 이들은 지속가능 경영을 위한 목표로 '넷제로' 달성을 설정하였으며, 2040년까지 탄소중립 목표를 달성하기 위한 구체적인 계획을 수립하여 실행하고 있다. 또한 SK텔레콤은 AI 기술을 활용한 에너지 관리 시스템을 도입하여 에너지 효율성을 높이고, 이를 통해 환경적 영향을 최소화하고 있다.

(4) 현대자동차: 현대자동차는 친환경 차량인 전기차 및 수소차 개발에 집중하며, 2025년까지 다양한 친환경 모델을 출시하겠다는 목표를 세웠다. 이들은 지속가능한 생산 공정을 구축하고, 재활용 가능한 소재를 적극적으로 활용하여 환경 영향을 최소화하고 있다. 또한 현대자동차는 사회적 책임을 다하기 위해 지역사회와의 협력 프로그램을 운영하며, 지속가능한 발전을 위한 다양한 활동을 전개하고 있다.

(5) 농심: '지속가능 발전 목표(Sustainable Development Goals, SDGs)'에 맞춘 다양한 활동을 전개하고 있으며, 친환경 제품 개발과 재활용 프로그램을 강화하고 있다. 특히 농심은 플라스틱 사용을 줄이기 위한 다양한 노력을 기울이고 있으며, 이를 통해 환경 보호에 기여하고 있다.

3. 중소기업 사례

(1) 비욘드: 한국의 중소기업 중 하나인 '비욘드(Beyond)'는 친환경 포장재를 개발하여 ESG 경영을 실현하고 있다. 비욘드는 전통적인 플라스틱 포장재 대신 생분해성 소재를 활용한 포장재를 출시하였으며, 이를 통해 환경적 영향을 최소화하고 있다. 비욘드는 또한 포장재의 재활용 가능성을 높이기 위해 지속적인 연구개발을 진행하고 있으며, 고객에게 지속가능한 소비를 유도하는 캠페인을 전개하고 있다.

(2) 헬로우마켓: 헬로우마켓은 지역 농산물을 직접 판매하는 플랫폼을 운영하며, 지역 농민과의 협력을 통해 신선한 식품을 소비자에게 제공하고 있다. 이 기업은 지역 경제를 활성화하는 동시에, 소비자들에게 건강하고 신선한 제품을 제공함으로써 사회적 가치를 창출하고 있다.

4. 지속가능한 공급망 관리 전략

지속가능 공급망 관리(Sustainable Supply Chain Management)는 기업이 경제적 이익뿐만 아니라 환경적, 사회적 책임을 동시에 고려하여 공급망을 운영하는 방식이다. 이 전략은 제품의 전 생애 주기에서 발생하는 환경적 영향을 최소화하고, 사회적 가치 창출을 극대화하는 방향으로 설계된다. 지속가능한 공급망 관리 전략은 기업이 환경적, 사회적 책임을 다하고, 동시에 경쟁력을 강화하는 데 기여하는 중요한 요소로 점점 더 많은 기업이 이를 도입하고 있다.

지속가능한 공급망관리의 핵심 요소 중 하나는 환경적 책임이다. 기업은 원자재 조달에서부터 생산, 유통, 소비, 폐기까지의 모든 과정에서 환경 영향을 고려해야 한다. 예를 들어, '이케아(IKEA)'는 지속가능한 원자재 조달을 위해 친환경 인증을 받은 나무를 사용하며, 재활용 및 재사용 가능한 자재를 적극 활용하고 있다. 이케아는 2030년까지 모든 제품이 지속가능한 자재로 제작될 수 있도록 노력하고 있으며, 이를 통해 자원 고갈을 예방하고 탄소배출을 줄이겠다는 목표를 세웠다. 이러한 전략은 이케아의 브랜드 가치를 높이는 동시에, 환경 보호에 기여한다.

사회적 책임 또한 지속가능한 공급망 관리에서 중요한 요소다. 기업은 공급망 내의 모든 이해관계자와의 관계를 고려하여 사회적 가치를 창출해야 한다. 예를 들어, '파타고니아(Patagonia)'는 공정 거래 인증을 받은 공급업체와 협력하여 사회적 책임을 다하고 있다. 이 기업은 노동자들의 권리를 존중하고, 공정한 임금을 지급하며, 작업 환경을 개선하기 위한 노력을 기울이고 있다. 파타고니아는 이러한 사회적 책임을 통해 고객의 신뢰를 얻고, 브랜드 충성도를 높이고 있다. 사회적 가치를 고려한 공급망 관리는 기업의 이미지와 경쟁력을 강화하는 데 기여한다.

투명성은 지속가능한 공급망 관리에서 핵심적인 요소로 자리 잡고 있다. 기업은 공급망의 각 단계에서 발생하는 정보를 투명하게 공개해야 한다. 예를 들어, '코카콜라(Coca-Cola)'는 공급망의 투명성을 높이기 위해 지속가능 보고서를 작성하고, 공급업체와의 관계를 공개하고 있다. 이를 통해 소비자와 투자자에게 신뢰를 구축하며, 공급망에서의 환경적, 사회적 영향을 투명하게 관리하고 있다. 공급망 투명성은 지속가능 경영을 실천하는 데 중요한 역할을 하며, 소비자와의 신뢰를 구축하는 데 기여한다.

혁신적인 기술 활용도 지속가능한 공급망 관리에서 중요한 요소로 자리 잡고 있다. 기업은 인공지능(AI), 빅데이터, 블록체인 등 혁신적인 기술을 활용하여 공급망의 효율성을 높이고 환경적 영향을 줄이는 방법을 모색하고 있다. '스타벅스(Starbucks)'는 블록체인 기술을 통해 커피의 생산 및 유통 과정을 추적할 수 있는 시스템을 도입하였다. 이를 통해 커피 농가의 생산 과정을 투명하게 관리하고, 지속가능한 농업을 지원하고 있다. 혁신적인 기술 도입은 기업의 공급망 관리 효율성을 높이고, 지속가능한 목표를 달성하는 데 중요한 역할을 한다.

5. 지역사회와의 협력과 ESG 전략 실행

지역사회와의 협력은 ESG 경영에서 중요 요소로 부각되고 있다. 기업이 지역사회와 협력하여 지속가능한 발전을 도모하는 과정은 기업의 사회적 책임을 다하는 동시에, 브랜드 이미지와 신뢰를 강화하는 데 기여한다. 이러한 협력은 상생의 가치를 창출하며, 기업과 지역사회가 함께 발전할 수 있는 기반을 마련한다.

지역사회와의 협력은 사회적 책임을 다하는 데 기여한다. 기업은 지역 주민의 생활 환경을 개선하고, 사회적 문제를 해결하기 위해 다양한 프로그램을 운영해야 한다. 롯데그룹은 지역사회와 협력하여 교육, 문화, 복지 분야에서 다양한 지원 활동을 펼치고 있다. '롯데 희망재단'을 통해 저소득층 아동 및 청소년을 대상으로 한 장학금 지원 및 멘토링 프로그램을 운영하고 있으며, 이러한 활동은 지역사회의 발전에 기여하고 있다.

기업은 환경 보호를 위한 지역사회와의 협력도 강화해야 한다. 환경 문제는 지역사회와 밀접한 관계가 있으며, 기업은 이를 해결하기 위한 다양한 활동을 해야 한다. SK하이닉스는 지역 주민과 함께하는 환경 정화 활동을 정기적으로 실시하고 있다. SK하이닉스는 지역 내 하천 및 공원

정화 활동을 통해 환경 보호의 중요성을 알리고, 주민과의 신뢰를 구축하는 데 기여하고 있다.

지역사회와의 협력은 경제적 가치를 창출하는 데 기여한다. 기업이 지역 경제에 투자하고 지역 주민과의 관계를 강화하면 기업의 지속가능한 발전으로 이어질 수 있다. 한화그룹은 지역 농민과 협력하여 친환경 농산물을 생산, 판매하는 사업을 운영하고 있다. 한화그룹은 농민에게 필요한 교육 및 자금을 지원하고, 지역 내 경제를 활성화하며 지속가능한 농업을 도모하고 있다.

커뮤니케이션의 중요성도 간과할 수 없다. 기업은 지역 주민과의 소통을 통해 그들의 의견과 요구를 이해하고, 이를 반영하여 ESG 전략을 실행해야 한다. 삼성전자는 지역사회와의 정기적인 간담회를 통해 주민의 의견을 수렴하고, 이를 바탕으로 CSR 활동을 강화하고 있다. 지역사회와의 협력은 일회성 행사로 끝나는 것이 아니라, 지속적인 관계를 구축해야 한다. 아모레퍼시픽은 지역사회와의 장기적인 협력을 통해 여성과 아동의 권리를 보호하는 다양한 프로그램을 운영하고 있다. 이러한 프로그램은 단기적인 성과를 넘어, 지역사회의 발전을 도모하는 중요한 역할을 한다.

ESG 경영조직 구축과 전략 수립은 지속가능성을 중심으로 기업의 장기적 경쟁력을 강화하는 핵심 요소다. 조직 내 명확한 구조와 협업체계를 갖추고, 전략적인 목표와 성과 지표를 설정함으로써 ESG 경영의 실질적 효과를 극대화할 수 있다. 또한 이해관계자와의 신뢰를 구축하고 지속적으로 소통함으로써 기업의 ESG 성과를 더욱 향상시킬 수 있다. 이러한 과정에서 다양한 사례를 참고하고, 기업의 특성에 맞는 맞춤형 접근 방식을 개발하는 것이 중요하다.

PART 10

ESG 보고서 작성·검증·평가대응

01 ESG 보고서 작성

1. ESG 보고서의 개념과 필요성

ESG 보고서는 기업이 ESG 영역에서 수행한 활동과 성과를 체계적으로 정리해 외부에 공시하는 문서이다. 이는 전통적인 재무 보고서와는 달리, 비재무적 요소에 대한 정보를 담고 있어 기업의 지속가능성을 종합적으로 평가하는 자료로 활용된다. 특히 글로벌 투자자들은 ESG 성과를 통해 기업의 장기적 리스크와 성장 가능성을 파악하며, 보고서를 통해 기업의 사회적 책임 이행 여부를 투명하게 확인할 수 있다.

기업이 ESG 보고서를 작성하는 필요성 중 하나는 자본 조달에 있다. 지속가능성을 중시하는 투자자들이 늘어나면서 ESG 정보는 중요한 투자 기준으로 자리 잡고 있다. ESG 보고서는 기업이 환경 보호나 사회적 책임을 어떻게 이행하고 있는지, 지배구조 투명성을 얼마나 확보하고 있는지를 구체적으로 설명하여 자본 시장에서의 신뢰도를 높인다. 이를 통해 ESG 보고서는 투자 유치와 자본 조달에 핵심적 역할을 한다.

또한 ESG 보고서는 기업이 직면할 수 있는 리스크를 사전에 파악하고 대응하는 데 중요한 역할을 한다. 최근 기후변화, 인권 문제, 데이터 프라이버시 등 다양한 비재무적 리스크 요소들을 체계적으로 관리하고 대응 방안을 마련하는 데 도움을 준다. 또한 기업의 브랜드 가치와 평판을 강화하는 데 중요한 역할을 한다. 소비자와 사회는 이제 윤리적이고 지속가능한 기업을 더 선호하는 추세이다. ESG 보고서를 통해 기업은 환경 보호와 사회적 책임을 위해 기울인 노력을 알릴 수 있으며, 이를 통해 소비자에게 긍정적인 이미지를 형성할 수 있다. ESG 보고서는 기업이 지속가능성을 추구하는 사회적 요구를 충족시키는 중요한 수단이 된다.

2. ESG 보고서 작성 절차

ESG 보고서 작성 절차는 기업이 ESG 각 분야에서 수행한 활동과 성과를 체계적으로 수집하고 정리하여 이해관계자들에게 전달하는 과정을 포함한다. 이 절차는 목표 설정, 데이터 수집, 내용 구성, 초안 작성, 검토 및 최종 보고서 발행 등의 단계로 구분된다. 이러한 절차는 단순한 정보 나열이 아니라, 체계적이고 일관성 있게 기업의 지속가능성을 보여줄 수 있는 과정을 의미한다.

먼저, ESG 보고서 작성을 위한 명확한 목표 설정이 필요하다. 기업은 ESG 보고서를 통해 전달하고자 하는 주요 메시지와 성과 지표를 명확히 정의해야 한다. 탄소배출 감소, 사회적 책임 강화, 거버넌스 개선 등의 목표를 구체적으로 설정하면 보고서의 방향성이 명확해진다. 이는 기업이 이행해야 할 지속가능 경영 목표를 구체화하는 과정이자, 각 ESG 항목에 대한 명확한 성과 지표를 제시하여 보고서의 신뢰성을 높이는 데 기여한다.

데이터 수집 단계에서는 환경, 사회, 지배구조와 관련된 구체적인 데이터를 수집하는 과정이 필요하다. 데이터는 탄소배출량, 에너지 사용량, 폐기물 처리량 등의 환경 정보뿐 아니라, 직원 복지, 사회 공헌 활동, 공급망 관리 등 사회적 지표까지 포괄해야 한다. 이 과정에서 기업은 자체 데이터를 수집할 뿐 아니라, 외부 이해관계자로부터 받은 정보도 반영하여 보고서의 객관성을 강화한다. 기업은 내부 관리 시스템을 통해 주기적으로 데이터를 점검하고 정확성을 유지하고, 수집된 데이터를 체계적으로 정리해야 한다.

ESG 보고서의 주요 구성 요소는 일반적으로 서론, 환경 부문, 사회 부문, 거버넌스 부문으로 나뉜다. 서론에는 기업의 지속가능성 비전과 목표를 설명하고, 각 부문에서는 구체적인 성과와 개선 노력을 기술한다. 환경 부문에서는 에너지 효율 개선을 위한 활동과 그 성과를 설명하고, 사회 부문에서는 직원 복지와 안전을 위한 프로그램을 소개할 수 있다.

초안 작성 단계에서는 부문별로 내용을 구체화하여 전체적인 흐름을 고려한 보고서 초안을 만든다. 이 과정에서 기업의 지속가능성 관련 자료와 활동 내용을 일관성 있게 정리하고, 이해관계자들이 쉽게 이해할 수 있도록 명확하게 서술해야 한다. 초안 작성 시, 각 부문에서 구체적인 사례와 데이터를 활용하여 보고서의 신뢰성을 높이는 것이 중요하다.

검토 및 최종 보고서 발행 과정에서는 초안을 다각도로 점검하여 최종 보고서를 완성한다. 검토 과정에서는 ESG 성과 데이터의 정확성, 내용의 일관성, 외부 이해관계자들에게 미치는 영향을 꼼꼼하게 평가한다. 특히 기업의 지속가능성 목표와 성과 간의 연관성을 명확히 보여줄 수 있는가에 중점을 두고 검토해야 한다. 최종 보고서 발행 전, 외부 전문가나 컨설턴트의 자문을 받아 객관성을 확보할 수도 있다. 이후 최종 보고서를 다양한 채널을 통해 공표함으로써, 투자자와 고객, 규제 당국 등의 이해관계자에게 기업의 ESG 노력을 전달한다.

3. ESG 보고서 작성 원칙과 구성

ESG 보고서는 단순히 기업의 활동을 나열하는 데 그쳐서는 안 된다. 보고서를 작성할 때는 몇 가지 중요한 원칙을 준수하여, 기업의 비재무적 성과를 이해관계자들에게 투명하고 신뢰성 있게 전달할 필요가 있다. ESG 보고서 작성 원칙은 적절성, 일관성, 신뢰성, 투명성 네 가지로 나눌 수 있으며, 이 원칙을 충실히 따르는 것이 보고서의 품질을 높이고 이해관계자들로부터 신뢰를 받는 데 중요하다.

첫째, 적절성 원칙은 기업의 ESG 활동이 보고서에 적절하게 반영되어야 한다는 점을 강조한다. ESG 보고서는 기업의 전반적 성과를 종합적으로 다루어야 하며, 단순히 긍정적인 성과만을 나열하는 것이 아닌, 개선이 필요한 부분도 함께 서술해야 한다. 이를 통해 보고서의 객관성을 높이고, 기업의 실제 ESG 성과를 정확히 기술할 수 있다.

둘째, 일관성은 보고서 작성에 있어 가장 중요한 원칙 중 하나이다. ESG 보고서는 연도별로 작성되며, 같은 항목에 대해 일관된 측정 방법과 평가 기준을 사용하는 것이 필수적이다. 일관된 기준을 유지함으로써 이해관계자들은 보고서를 통해 기업의 ESG 성과가 해마다 어떻게 변화하고 있는지를 명확하게 알 수 있다. 이는 특히 장기적 투자자들에게 중요한 정보를 제공하여, 기업에 대한 신뢰를 높이는 데 기여한다.

셋째, ESG 보고서에 포함된 데이터는 객관적이고 신뢰성 있는 출처를 기반으로 수집되어야 하며, 외부 검증을 통해 데이터의 신뢰도를 확보하는 것이 바람직하다. 기업이 탄소배출량을 감축했다고 주장할 경우, 이를 뒷받침할 수 있는 구체적인 수치와 검증 자료를 제공해야 한다.

넷째, 투명성은 ESG 보고서 작성의 핵심 원칙이다. 보고서 작성 과정에서 기업은 이해관계자들이 충분히 이해할 수 있도록 명확하고 투명하게 정보를 제공해야 한다. 투명성은 기업이 어떤 성과를 달성했는지, 그리고 개선해야 할 부분이 무엇인지 명확하게 드러내는 것이다.

ESG 보고서는 공시 기준에 따라 다양한 형태로 작성된다. 대표적 기준 중 하나인 SASB 기준은 보고서 개요, ESG 전략(미션, 비전, 전략), 최근 3개년의 주요 ESG 경영성과를 표시하고, 마지막으로 검증기관의 검증을 거쳐 '제3자 검증의견서'가 들어간다.

4. ESG 보고서 작성 사례

글로벌 기업의 ESG 보고서 작성 사례는 ESG 보고서 작성의 모범 사례로서 중요한 참고자료가 된다. 아래에 삼성전자와 신한금융지주의 ESG 보고서 작성 사례를 간략히 살펴보자.

(1) 삼성전자 사례

삼성전자의 ESG 보고서 목차와 요약 설명은 ESG 경영에 대한 포괄적이고 체계적인 접근을 보여준다. 이 보고서는 환경, 사회, 거버넌스의 세 축을 통해 지속가능한 성장을 이루기 위한 삼성전자의 다양한 전략과 성과를 담고 있다. 각 주요 항목은 다음과 같은 내용을 중심으로 구성되어 있다.

1) 기업 소개 및 지속가능 경영 철학
   - 삼성전자의 미션과 비전
   - 지속가능 경영 목표와 추진 방향
2) 환경 보호와 기후변화 대응 전략
   - 탄소배출 저감 및 탄소중립 전략
   - 자원 효율성 및 폐기물 관리 방안

3) 친환경 제품 개발 및 혁신
   - 에너지 효율이 높은 제품 개발
   - 제품 수명 주기 관리 및 재활용 프로그램
4) 사회적 책임 이행 및 지역사회 기여
   - 지역사회와의 상생 협력 프로그램
   - 취약 계층 지원 및 교육 기회 제공
5) 공급망의 ESG 관리
   - 공급망 내 ESG 기준 적용
   - 공급업체 교육 및 관리 프로그램
6) 인권 존중과 노동환경 개선
   - 노동 인권 보호 정책 및 실행 방안
   - 직원 복지와 안전한 근로 환경 조성
7) 데이터 보안 및 개인정보 보호
   - 고객 정보 보호 방안
   - 사이버 보안 강화 정책 및 조치
8) 투명하고 윤리적인 지배구조 구축
   - 이사회 구성 및 독립성 보장
   - 경영진의 책임성 및 윤리 경영 방안
9) ESG 성과 지표와 목표 달성 현황
   - 연도별 ESG 성과 지표
   - 지속가능 경영 목표 달성 평가
10) ESG 보고서 검증 및 평가 결과
    - 외부 검증 및 감사 절차
    - 주요 ESG 평가기관 평가 결과 및 향후 개선 계획

① 기업 소개 및 지속가능 경영 철학

　　삼성전자의 미션과 비전을 바탕으로, 지속가능한 미래를 위한 경영 철학과 목표가 설명된다. 이 섹션에서는 기업이 추구하는 지속가능 경영의 장기적 목표와 이를 달성하기 위한 추진 방향을 제시하며,

환경적 책임과 사회적 가치를 핵심으로 삼고 있는 삼성전자의 철학이 두드러진다. 글로벌 기준을 준수하는 동시에 혁신적이고 지속가능한 성장을 지향하는 전략이 강조된다.

② 환경 보호와 기후변화 대응 전략

기후변화 대응을 위한 탄소배출 저감과 탄소중립 목표를 명확히 하고, 이를 달성하기 위한 실천 방안을 제시한다. 자원 효율성 증진과 폐기물 관리를 통해 환경적 영향을 최소화하려는 노력이 이 섹션에 포함되어 있다. 다양한 환경 보호 활동과 에너지 효율 개선 전략이 구체적으로 기술되며, 환경 지속가능성을 위한 전사적 노력이 강조된다.

③ 친환경 제품 개발 및 혁신

에너지 효율이 높은 제품 개발을 통해 제품의 전체 수명 주기 동안 발생하는 환경적 영향을 줄이고자 하는 노력이 소개된다. 특히 재활용 프로그램과 함께 제품 수명 주기 관리 방안이 포함되어, 소비 후 제품이 환경에 미치는 영향을 최소화하고 자원을 순환하는 노력이 기술되어 있다.

④ 사회적 책임 이행 및 지역사회 기여

삼성전자는 지역사회와의 상생을 위해 협력 프로그램을 운영하고, 취약 계층을 위한 지원과 교육 기회 제공을 통해 사회적 책임을 다하고 있다. 이를 통해 지역사회의 발전과 기업의 공동 성장을 추구하며, 공익적 가치를 창출하는 방안을 설명한다. 다양한 사회 공헌 활동이 포괄적으로 다루어지며, 기업의 사회적 책임에 대한 구체적인 사례가 소개된다.

⑤ **공급망의 ESG 관리**

삼성전자는 공급망 내 ESG 기준을 엄격히 적용하며, 공급업체에 대한 교육 및 관리 프로그램을 통해 공급망의 지속가능성을 확보하고자 한다. 협력사의 ESG 준수도를 평가하고, 이를 지원하기 위한 다양한 프로그램이 운영되고 있으며, 이를 통해 책임 있는 공급망 관리의 중요성을 강조한다.

⑥ **인권 존중과 노동 환경 개선**

인권 보호를 위한 정책과 실행 방안이 이 섹션에 포함되어 있으며, 기업이 직원의 복지와 안전한 근로 환경 조성을 위한 노력을 설명한다. 직원의 근로 환경을 개선하고 인권을 보호하기 위한 정책이 구체적으로 기술되어 있으며, 모든 직원이 안전하고 존중받는 환경에서 일할 수 있도록 하는 의지가 드러난다.

⑦ **데이터 보안 및 개인정보 보호**

고객 정보 보호와 사이버 보안 강화를 위한 방안을 설명하며, 데이터 보호의 중요성을 강조한다. 고객의 개인정보를 안전하게 관리하고, 사이버 보안을 강화하기 위한 정책 및 조치가 상세히 기술되어 있다. 이를 통해 기업의 디지털 책임을 다하고 신뢰를 구축하려는 노력이 담겨 있다.

⑧ **투명하고 윤리적인 지배구조 구축**

이사회 구성의 독립성과 투명성을 보장하며, 경영진의 책임성과 윤리 경영 방침을 설명한다. 이사회가 지속가능 경영 목표를 달성하기 위한 관리와 감독의 역할을 수행할 수 있도록 운영되는 방안을 구체적으로 다루며, 투명한 지배구조의 중요성을 강조한다.

⑨ ESG 성과 지표와 목표 달성 현황

연도별 ESG 성과 지표를 통해 삼성전자가 지속가능 경영 목표를 얼마나 성취했는지 평가한다. 성과의 객관성을 높이기 위해 명확한 데이터와 지표를 사용하고 있으며, 이를 통해 기업의 지속가능 경영 현황을 이해관계자에게 투명하게 공개한다.

⑩ ESG 보고서 검증 및 평가 결과

외부 검증과 감사 절차를 통해 보고서의 신뢰성을 높이고 있으며, 주요 ESG 평가기관으로부터 받은 평가 결과와 향후 개선 계획이 설명된다. 이 섹션은 보고서의 신뢰성을 높이기 위해 외부의 시각에서 검토받는 절차를 상세히 기술하며, 개선을 위한 노력과 피드백 수용 의지를 담고 있다.

(2) 신한금융지주 사례

신한금융지주는 ESG 경영을 체계적으로 실천하는 대표적 금융 기업으로, ESG 보고서를 통해 환경, 사회, 지배구조 영역에서의 활동과 성과를 상세히 공개하고 있다. 신한금융지주의 ESG 보고서 주요 목차는 다음과 같다.

1) 기업 소개 및 ESG 경영전략
　- 신한금융지주의 비전과 사명
　- ESG 경영전략 및 목표
2) 지속가능 금융 실천 방안
　- 친환경 금융 상품 및 서비스
　- 녹색 투자 및 대출 기준

3) 환경 관리 및 탄소중립 목표
   - 탄소배출 감축 전략
   - 에너지 효율 개선 및 재생 에너지 도입

4) 사회적 책임 활동
   - 사회 공헌 프로그램 개요
   - 지역사회 지원 및 취약 계층 지원 방안

5) 포용적 금융 및 금융 접근성 확대
   - 금융 소외 계층 지원
   - 포용적 금융을 위한 상품 개발

6) 인권 보호 및 노동 환경 개선
   - 임직원 인권 보호 방안
   - 안전하고 공정한 근로 환경 조성

7) 책임 있는 공급망 관리
   - ESG 기준을 반영한 공급망 관리 정책
   - 협력사 ESG 평가 및 지원 방안

8) 지배구조 투명성 강화
   - 이사회 구성 및 경영진 책임성 강화
   - 내부 통제 및 리스크 관리 체계

9) ESG 성과 및 성과지표
   - 주요 성과 지표와 연도별 비교
   - ESG 성과에 대한 구체적 수치와 목표 달성 여부

10) ESG 보고서 검증 및 외부 평가
    - 외부 검증 및 인증 절차
    - 주요 ESG 평가기관의 평가 결과 및 개선 계획

① **기업 소개 및 ESG 경영전략**

신한금융지주의 비전과 사명에 대한 설명과 함께, 지속가능한 금융을 통해 경제적, 사회적 가치를 창출하려는 ESG 경영 목표가 소개된다. 신한금융지주는 친환경 금융, 사회적 책임, 투명한 지배구조를 중심으로 한 전략을 추진하며, 이를 위한 중장기 목표와 구체적인 실천 과제를 명시하고 있다.

② 지속가능 금융 실천 방안

친환경 금융 상품과 서비스를 통해 환경적 책임을 실천하고 있으며, 녹색 투자 및 대출 기준을 강화하여 지속가능한 금융 생태계를 구축하고자 한다. 신한금융지주는 환경적 가치를 반영한 금융 상품과 프로젝트를 적극 지원하며, 이 과정에서의 주요 성과와 지표를 제시하여 지속가능 금융의 확산을 도모하고 있다.

③ 환경 관리 및 탄소중립 목표

탄소배출을 줄이기 위한 전략적 접근과 구체적인 감축 목표를 소개하며, 에너지 효율 개선과 재생 에너지 사용 확대를 통해 기후 변화에 대응하고 있다. 이 섹션은 신한금융지주가 자사와 고객의 탄소 발자국을 줄이기 위한 다양한 정책과 프로그램을 담고 있으며, 이를 통해 환경적 지속가능성을 강화하고자 하는 의지를 드러낸다.

④ 사회적 책임 활동

지역사회를 위한 다양한 사회 공헌 프로그램과 취약 계층 지원 방안을 설명한다. 신한금융지주는 사회적 책임을 다하기 위해 다각적인 활동을 전개하고 있으며, 이를 통해 지역사회와의 상생을 추구하고 있다. 특히 금융 소외 계층을 위한 지원과 사회적 가치를 창출하는 프로그램을 통해 경제적 불평등을 완화하려는 노력이 돋보인다.

⑤ **포용적 금융 및 금융 접근성 확대**

금융 접근성을 높이기 위한 포용적 금융 정책과 소외 계층을 위한 맞춤형 상품을 개발하여 금융 포용성을 실현하고 있다. 신한금융지주는 금융 서비스의 문턱을 낮추고자 하는 다양한 정책을 통해 모든 사람이 금융 혜택을 누릴 수 있도록 지원하고 있으며, 금융 소외를 최소화하기 위한 구체적인 방안이 제시된다.

⑥ **인권 보호 및 노동 환경 개선**

임직원 인권 보호와 안전하고 공정한 근로 환경을 조성하기 위한 정책을 포함하며, 직원 복지와 인권을 존중하는 기업 문화를 강조한다. 여기서는 신한금융지주가 직원의 권리를 보호하고 존중하는 다양한 활동을 통해, 신뢰받는 근로 환경을 마련하고자 하는 노력이 기술된다.

⑦ **책임 있는 공급망 관리**

ESG 기준을 반영한 공급망 관리 정책을 통해 협력사와의 지속가능 경영을 도모하고, 협력사의 ESG 준수도를 평가하고 지원하는 방안을 설명한다. 신한금융지주는 공급망 내 ESG 위험관리를 위해 협력사와 긴밀히 협력하며, 이를 통해 책임 있는 공급망 구축을 지향한다.

⑧ **지배구조 투명성 강화**

이사회 구성의 독립성과 경영진의 책임성을 강화하는 방안과 내부 통제 및 리스크 관리 체계의 중요성을 강조한다. 신한금융지주는 투명한 지배구조를 통해 이해관계자의 신뢰를 확보하고자 하며, 이를 위한 구체적인 이사회 운영과 내부 통제 시스템을 소개한다.

⑨ ESG 성과 및 성과지표

ESG 성과 지표와 연도별 비교 자료를 제시하며, 신한금융지주가 달성한 ESG 목표와 그에 대한 성과를 구체적으로 평가한다. 이 섹션은 성과를 명확하게 수치화하여 제공함으로써 지속가능 경영의 현황을 이해관계자들에게 투명하게 공개한다.

⑩ ESG 보고서 검증 및 외부 평가

외부 검증 절차와 인증을 통해 보고서의 신뢰성을 높이고 있으며, 주요 ESG 평가기관의 평가 결과와 이를 바탕으로 한 향후 개선 계획을 설명한다. 이로써 신한금융지주는 외부의 객관적인 평가를 통해 보고서의 완성도를 확보하고 지속적인 개선을 추구하고 있다.

02 ESG 보고서 제3자 검증

1. ESG 보고서 검증의 개념과 필요성

공시되는 재무제표의 마지막 부분에 회계감사의 '감사의견서'가 들어가는 것처럼, ESG 보고서의 마지막 페이지에는 '제3자 검증의견서'가 들어간다. 보고서가 자의적으로 쓰인 것이 아니라 일정한 검증 기준에 맞춰 정확하고 확실한 정보를 제공한다는 제3자의 검증 의견과 서명이 첨부된다.

〈그림10-1〉 제3자 검증의 기대효과

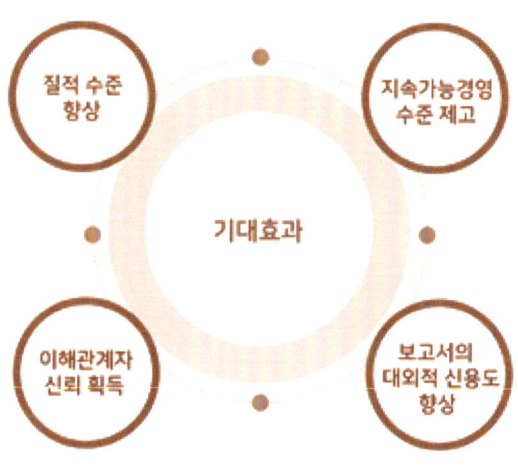

〈출처: 한국기업인증원〉

ESG 보고서 검증은 기업이 발표한 ESG 정보의 신뢰성과 정확성을 제

3자인 외부기관 또는 독립적인 검증기관이 확인하는 과정이다. ESG 보고서는 기업의 환경, 사회, 지배구조 관련 성과를 투명하게 공개하여 이해관계자의 신뢰를 얻기 위한 중요한 도구이다. 이 과정에서 검증은 기업이 보고서에 기재한 데이터와 정보가 실제 성과와 일치하며, 이해관계자가 신뢰할 수 있는지 확인하는 데 필수적이다. 〈그림10-1〉과 같이 검증과정을 통해 보고서의 신뢰성이 강화되며, 기업은 외부 투자자와 고객, 그리고 사회적 책임을 중시하는 이해관계자에게 높은 신뢰를 제공할 수 있다.

ESG 보고서 검증의 필요성은 최근 지속가능 경영이 중시됨에 따라 더욱 강조되고 있다. 다양한 이해관계자, 특히 투자자와 소비자는 기업의 지속가능 경영 활동에 대한 객관적이고 신뢰할 수 있는 정보를 요구하며, 이러한 요구에 부응하는 보고서를 검증하는 것은 필수적이다. 또한 국제적인 ESG 기준이 확립되면서 ESG 정보의 정확성 검증은 더 이상 선택 사항이 아닌 꼭 필요한 요소가 되었다.

2. ESG 보고서 검증 기준

ESG 보고서 검증 기준은 기업이 보고서 작성 시 사용한 데이터와 정보의 정확성, 신뢰성, 객관성을 검증하는 데 사용되는 기준이다. 국제적으로 통용되는 검증 기준이 몇 가지가 있으며, 검증원칙이나 방법론에 차이는 있으나, 모두 보고서의 신뢰성 확보를 위해 수행되는 검증표준이라는 공통점이 있다.

한국에서 주로 사용되는 대표적인 검증 기준으로는 2003년에 발표된 AccountAbility사의 'AA1000AS'와 국제감사인증위원회(IAASB)

의 'ISAE3000'이 있으며, 주요 특징은 〈표10-1〉과 같다. 국내에서는 AA1000AS가 많이 사용되고 있다. AA1000AS는 검증 수준을 High/Moderate로 분류하고 있는데, 이는 우리말로 고위 수준/중위 수준으로 표현할 수 있다. 고위 수준은 폭넓은 자료수집과 높은 수준의 신뢰도를 검증하고, 중위 수준은 제한적인 증빙과 낮은 수준의 신뢰도를 검증하는 것이다.

〈표10-1〉 제3자 검증 기준의 주요 특징

검증기준	기관(설립년)	주요 특징
AA1000AS (2018)	AccountAbility (2003)	1. 조직의 AccountAbility 원칙의 준수사항(특성, 범위)에 대해 평가할 수 있는 방법론 2. 재무적 관점 뿐만아니라 비재무적 영역까지 포괄하는 기준을 제시하며, 특히 이해관계자와의 관계를 중시 3. 기준: 포괄성, 중대성, 대응성, 영향성 4. 검증 수준: 'High' / 'Moderate'
ISAE3000	IAASB (2005)	1. 2005년 IAASB는 재무정보 외의 검증을 수행하기 위하여 ISAE3000 검증 원칙과 프로세스를 제시 2. 전문적 검사표준, 윤리강령 등 일반적 방식으로 논리적 검증을 가능하게 하는 방법론과 규정을 제공 3. 기준: 적절성, 완전성, 신뢰성, 중립성, 이해가능성 4. 검증수준: '제한된' / '합리적'

※ AccountAbility : 지속가능경영관련 국제표준 제정기관
※ IAASB(International Auditing and Assurance Standards Board) : 국제감사인증기준위원회

〈표10-2〉와 같이 AA1000AS의 검증 유형으로는 두 가지가 있다. TYPE1은 고객사의 공개정보 프로세스, 보고서 반영 적절성을 평가하며, 데이터의 신뢰성은 미검증한다. TYPE2 데이터의 정확성, 완결성 원칙을 적용하여 검증하는 TYPE1보다는 더 정교한 검증 유형이다.

이러한 검증 기준을 준수하는 것은 단순한 법적 준수를 넘어서, 기업이 지속가능 경영에 대한 진정성을 인정받을 수 있는 방법이다. 보고서

검증을 위한 엄격한 기준을 적용함으로써 기업은 ESG 경영의 투명성을 강화하고, 이해관계자에게 기업의 성과를 명확히 전달할 수 있다. 따라서 ESG 보고서를 검증할 때 신뢰할 수 있는 기준을 적용하는 것은 필수적이다.

〈표10-2〉 AA1000AS의 검증 유형

검증 유형	검증 내용
TYPE 1	- AA1000APS 기본 원칙의 충족 정도를 검증하고, AA1000 준수 근거 및 범위의 검증 결과 제시 - 고객사의 공개 정보, 지속가능성 성과 관리 시스템 및 프로세스, 보고서 반영 적절성 평가 단, 데이터 신뢰성은 미검증
TYPE 2	- AA1000APS 기본 원칙의 충족 정도를 포함하여 특정 성과정보에 대한 신뢰성까지 검증 - 고객사와 검증기관이 협의를 통해 검증 범위를 결정, 데이터의 정확성 및 완전성 원칙을 적용하여 검증

〈출처: AccountAbility사의 'AA1000AS'〉

회계감사의 감사의견에는 적정 의견, 한정 의견, 부적정 의견, 의견 거절이 있다. 회계감사 의견은 엄격하여 이에 따라 거래 정지, 심하면 상장폐지 사유까지 발생하기도 한다. 그러나 ESG 보고서의 제3자 검증의견서는 아직까지 여기에 미치지는 못하고 권장하는 자율 수준에 있다. 국내에서 정한 검증 기준은 아직 없으며, 검증 기준 제정과 주체는 어떤 기관에서 할지 등 일부 의견 표출 단계에 머무르고 있다.

3. ESG 보고서 검증 원칙

　ESG 보고서 검증 원칙은 기업의 보고서 내용이 정확하고 투명하게 작성되었는지 평가하는 데 있어 중요한 역할을 한다. 검증 원칙에는 대표적으로 객관성, 투명성, 독립성 등이 있으며, 이러한 원칙을 지키는 것이 검증의 핵심이다. 객관성은 검증기관이 기업의 ESG 정보에 대해 편향 없이 평가하는 것을 의미하며, 투명성은 모든 검증 과정이 공개적으로 이루어져 이해관계자들이 검증 결과를 신뢰할 수 있도록 하는 것이다. 독립성은 검증기관이 기업과 이해관계에서 독립적으로 판단하고 평가하는 것을 뜻한다.

　ESG 보고서를 검증할 때 이 원칙들을 철저히 준수하면 기업은 검증 결과에 대한 신뢰성을 확보할 수 있다. 이러한 검증 원칙을 준수하는 과정은 단순히 검증을 위한 수단이 아니라, 기업이 진정한 ESG 경영을 실천하고 있음을 증명하는 과정이다. 특히 독립성을 유지하는 것은 검증 과정에서 기업이 실질적인 성과를 바탕으로 신뢰성 있는 보고서를 작성했다는 것을 의미하기 때문에 매우 중요하다. 이러한 원칙을 토대로 ESG 보고서를 검증하면 기업은 외부 이해관계자와의 신뢰 관계를 강화할 수 있으며, 지속가능 경영을 위한 체계를 더욱 공고히 할 수 있다. ESG 검증 원칙은 기업이 자체적인 평가를 넘어서 객관적이고 독립적인 평가를 받을 수 있도록 하는 중요한 수단이다. 한편, AccountAbility사는 보고서 검증 원칙으로 〈그림10-2〉와 같이 이해관계자 모두를 포함하는 포괄성, 선별된 중요 주제에 대한 대응 계획 수립을 요구하는 대응성, 이해관계자에 대한 중요 주제의 명확한 판단을 요구하는 중대성, 조직에 미치는 영향을 제시하고 있다.

〈그림10-2〉 어카운트어빌리티의 보고서 검증 원칙

4. 제3자 검증의견서 작성 사례

ESG 보고서 검증의견서는 검증기관이 기업의 ESG 보고서에 대해 확인한 결과를 종합하여 의견을 밝히는 문서이다. 검증의견서는 기업이 보고한 ESG 정보의 신뢰성을 판단하는 데 중요한 역할을 하며, 보고서의 신뢰성과 정확성에 대한 평가뿐만 아니라, ESG 정보가 실제로 기업의 성과와 일치하는지를 확인하는 기능도 수행한다. 신한금융지주의 ESG 보고서 검증의견서 〈표10-3〉에는 회사가 발표한 환경 보호 활동, 사회적 책임, 투명한 지배구조 관련 정보가 검증되었음을 밝히며, 이를 통해 보고서가 이해관계자들에게 신뢰를 줄 수 있음을 보증한다. 이를 통해 기업은 ESG 보고서의 신뢰성과 정확성을 더욱 공고히 할 수 있으며, 신뢰성 확보는 지속가능 경영과 투명성에 큰 기여를 한다.

〈표10-3〉 신한금융지주 제3자 검증 의견 사례

제3자 검증 의견서

[PRJN-744209-2024-AST-KOR]

㈜디엔브이비즈니스어슈어런스코리아(이하 'DNV' 또는 '당사')는 신한금융그룹(이하 '신한금융그룹' 또는 '회사')으로부터 2023 ESG 보고서 (이하 '보고서')에 대한 독립적인 제한적 인증 업무를 의뢰 받았습니다.

인증 기준

인증 활동은 당사의 전문적인 경험과 국제감사인증기준위원회(IAASB)[1]가 제정한 국제인증업무기준(ISAE 3000)[2] 등 국제적 인증 규격을 반영한 DNV의 지속가능성 보고서 검증 프로토콜인 VeriSustain V6.0에 따라 제한적 수준의 인증 형태로 진행되었습니다. DNV는 보고서가 VeriSustain의 원칙을 준수하는지 검토하였습니다.

당사의 프로토콜은 당사가 윤리적 요구사항을 준수하고, 제한적 또는 합리적 보증을 얻기 위해 인증을 계획하고 수행할 것을 요구합니다.

제한적 인증 업무 절차의 성격과 시기는 합리적 인증 업무 절차와 다르며 덜 상세하므로, 획득된 보증 수준은 합리적 인증을 통해 획득할 수 있는 보증보다 상당히 낮습니다. 이에 DNV는 인증 의견을 제공함에 있어 근거가 된다고 판단되는 정보를 수집하기 위해 작업을 계획하고 수행함으로써 당사의 의견에 오류가 있을 위험을 줄였으나 완전히 줄어들지는 않습니다.

DNV는 현재 보고 기간 동안 보고서 외부 및/또는 신한금융그룹 웹사이트에 게시될 수 있는 기타 정보에 대해 어떠한 작업도 수행하지 않았으며 어떠한 결론도 표명하지 않습니다.

인증 범위

당사는 보고서에 대한 독립적인 제한적 인증 검증 업무 수행을 의뢰 받았습니다. 인증 범위에는 신한금융그룹의 국내사업장 및 운영활동이 포함되었고 일부 데이터는 해외사업장 운영을 포함하고 있습니다.

- 당사는 신한금융그룹의 중대성 평가를 통해 식별된 중요 주제(Material Topics)와 관련된 GRI 주제 기준 (Topic Standards)을 검토하였습니다.

의견 및 관찰

인증을 수행한 결과, DNV는 VeriSustain의 검증 원칙 측면에서 신한금융그룹의 보고서에 수록된 정보 및 데이터가 부적절하게 기술되었다고 판단할 만한 사항을 발견하지 못하였습니다. 성과 데이터의 신뢰성 측면에서, 보고된 데이터가 신한금융그룹의 운영 과정에서 관리되는 실무 데이터와 적절히 대조되지 않았거나 적용된 가정이 부적절하다고 판단할 만한 사항을 발견하지 못하였습니다. DNV는 또한 신한금융그룹의 보고서가 중대성의 관점에서 GRI Standards의 'in accordance' 기준에 따라 작성되지 않았다고 판단할 만한 사항을 발견하지 못했습니다.

인증 의견에 영향을 미치지 않는 범위 내에서, '인증 범위'에 포함된 정보에 대한 DNV의 관찰 의견을 VeriSustain 원칙에 기반하여 다음과 같이 제공합니다:

이해관계자 포괄성: 지속가능성에 대한 책임있고 전략적인 대응 방안을 수립하고, 이를 달성해 나가는 과정에서의 이해관계자 참여

신한금융그룹은 임직원, 고객, 협력사, 주주 및 투자자, 협력회사, 지역사회 및 정부를 주요 이해관계자 그룹으로 정의하고 각 그룹별 주요 관심 이슈, 커뮤니케이션 채널을 보고하고 있습니다. 특히, 신한금융그룹은 중대성 평가 과정에서 이해관계자별 주요 관심 이슈 식별, 각 이슈가 이해관계자 등 사회, 환경에 미치는 영향, 투자자 및 ESG 전문가 의견반영을 통하여 우선순위에 반영하였습니다.

중대성: 회사 및 이해관계자와 가장 관련성이 높은 이슈를 결정하는 프로세스

신한금융그룹은 회사의 경영활동이 기업 가치 및 재무 성과에 미치는 영향뿐 아니라 사회와 환경에 미치는 영향을 모두 고려한 이중중대성 평가를 실시하였습니다. 이 과정에서 국내외 투자자가 IR을 통해 질의해온 ESG 관련 이슈를 분석하고, ESG와 관련된 회사의 미디어 노출, 동종사 중대 이슈, 글로벌 ESG 가이드라인 및 평가 지표, ESG 동향 및 규제 등 외부 현황을 다방면으로 분석하여 총 10개 중요 이슈를 도출하였습니다. DNV는 중대성 평가를 통해 선정된 중요 이슈들에 대해 회사의 접근 전략 및 관련활동에 대해서도 보고서에 반영하고 있음을 확인하였습니다. DNV는 향후 회사가 중요 이슈 관리를 보고함에 있어 ESG 중장기 목표와 중요이슈의 맵핑, 더 나아가 관련 실적도 함께 맵핑 하여 이해관계자들이 보다 효과적으로 회사의 중요 이슈 관리 방향을 알 수 있도록 개선하기를 권고합니다.

㈜디엔브이비즈니스어슈어런스코리아
대한민국 서울
2024년 6월 21일

윤 창 록
인증팀장

조 진 석
인증팀원

김 재 희
기술검토자

〈출처: 신한금융그룹 2023 ESG 보고서, 제3자 검증의견서〉

03 ESG 등급평가 대응 전략

1. ESG 등급평가의 개념

　ESG 등급평가는 기업의 ESG 요소를 종합적으로 분석하여, 지속가능성 및 사회적 책임 수준을 수치화하는 과정이다. 등급평가의 중요한 목적은 투자자에게 지속가능 경영을 추구하는 기업을 구별하고, ESG 성과가 뛰어난 기업에 대한 투자를 촉진하는 것이다. ESG 등급을 통해 투자자와 이해관계자들이 기업의 ESG 성과를 객관적으로 이해하고, 기업의 사회적 가치 창출 및 리스크 관리 역량을 평가할 수 있도록 돕는다.

　글로벌 ESG 등급평가 기관 중 대표적인 곳으로는 모건 스탠리 캐피털 인터내셔널(MSCI), 서스테이널리틱스(Sustainalytics), 블룸버그(Bloomberg) 등을 들 수 있다. 이들은 각기 다른 평가모델과 지표를 활용하지만, 공통적으로 ESG 요소의 통합적 분석을 바탕으로 등급을 부여한다.

　이러한 글로벌 평가기관의 등급은 전 세계 투자자들이 공신력 있는 기준으로 활용하고 있으며, 특히 해외 진출을 고려하거나 글로벌 자본 유치가 중요한 기업일수록 그 중요성이 더욱 강조된다. 따라서 ESG 등급평가는 단순한 대외 홍보 수단을 넘어서, 실제 비즈니스 성과에 직결되는 전략적 영역으로 간주되고 있다.

2. ESG 등급평가 절차와 방법

　ESG 등급평가 절차는 주로 자료 수집, 지표 평가, 점수 부여, 등급 산정의 네 가지 단계로 이루어진다. 먼저 평가기관은 기업의 공개된 자료, 공시 문서, 뉴스 등을 통해 ESG 관련 데이터를 수집한다. 이후 지표별로 기업의 성과를 분석하여 점수를 부여하고, 이를 바탕으로 종합점수를 산정해 최종 등급을 결정한다.

　평가 지표는 일반적으로 환경, 사회, 거버넌스 각 영역의 주요 요소로 나뉘며, 환경 분야에서는 탄소배출, 에너지 사용, 자원 절약 등이, 사회 분야에서는 직원 안전, 지역사회 공헌, 인권 보호 등이 포함된다. 거버넌스 분야에서는 이사회 구성, 감사 기능, 윤리 경영 등이 주요 항목이다. 기업은 이러한 항목별로 대비책을 마련하여 긍정적인 평가를 받을 수 있도록 해야 한다. 평가기관은 〈표10-4〉와 같이 크게 플랫폼 기반 평가회사와 정보공시를 기반으로 평가하는 회사들이 있으며, 평가기관마다 기준이 다양하므로, 특정 평가기관의 기준에 맞추기보다는 자사의 핵심 비즈니스를 중심으로 기업 경영을 하는 것이 중요하다.

〈표10-4〉 ESG 등급평가 종류 및 체계

분류	평가명	평가 방법	평가 척도	평가 항목
플랫폼 기반 평가	에코바디스(EcoVadis) 공급업체 CSR 평가	평가 플랫폼을 활용하여 협력사의 자체진단 설문을 기반으로 평가 실시	100~0 (Scorecard)	- 공급업체에 대하여 5가지 주제: 일반(3문항), 환경(14문항), 노동관행 및 인권(8문항), 공정한 비즈니스 관행(7문항), 지속가능한 조달(6문항) - 총 38개 CSR 질문으로 구성
	다우존스지속가능경영지수(DJSI) S&P	피평가자가 질문지에 답변한 내용을 기반으로 평가 실시	0~100	- 공통 평가항목 및 산업별 항목으로 구분 공통 항목: 거버넌스, 윤리경영, 리스크 관리, 공급망 관리, 환경성과, 인적자원개발, 사회책임경영 등 산업별 항목: 산업별 ESG Framework 구축, ESG 성과, 상품·서비스 이력 및 공개 공시 등
	탄소정보공개프로젝트(CDP) 기후, 수자원, 산림자원	피평가자가 질문지에 답변한 내용을 기반으로 평가 실시	A to D⁻, F	- 환경 관련 세 가지 영역에 대해 진행 기후변화: 온실가스 배출, 배출감축 목표, 전략, 감축활동 등 물 관리: 사용량, 관리 전략, 리스크 평가, 절약 노력, 이상 상황 대응 등 산림자원: 산림 관련 영향도, 관리 정책, 공급망 관리 활동, 지속가능성 등
공시 정보 기반 평가	모건스탠리 캐피털인터내셔널(MSCI) ESG 평가	공개 정보 기반으로 평가 실시, 재무적 성과와 직접적 연관성이 강한 평가 중심	AAA to CCC (Leader, Average, Laggard)	- ESG 관련 37개 핵심 이슈 평가(산업별로 핵심 이슈는 다름) 평가 내용: 환경(기후변화, 폐기물), 사회(노동관행, 인권), 거버넌스(이사회 구조, 감사 등) - 이슈별 중요성(weighting)이 산업에 따라 달라짐
	서스테널리틱스(Sustainalytics) ESG 리스크 평가	공개 정보 기반으로 평가 실시기업별 ESG 리스크 노출 정도와 관리 능력을 평가 실시	0~100 (Negligible, Low, Medium, High, Severe)	- 재해구조, 주요 ESG 이슈(산업별 상이), 특수 사건을 평가 - 산업별 70개 이상 항목 평가, 업종 특화 평가 내용 포함
	블룸버그(Bloomberg) ESG 평가	공개 정보 기반으로 평가 실시	0~100	- 에너지&배출, 폐기물, 여성 임원, 급여, 협력사 관리, 안전사고, 산업 특화 항목 등 ESG와 재무정보 결합된 종합 평가 실시 - Bloomberg Terminal에 데이터가 있는 기업만 평가 대상

〈출처: 딜로이트〉

3. ESG 평가등급 대응 전략

ESG 평가에서 좋은 등급을 받기 위해서는 지속적이고 체계적인 관리가 필요하다. 우선, 각 평가기관의 지표와 평가 방식을 분석하여 자사에 적합한 대응 방안을 마련해야 한다. 주요 전략은 다음과 같다.

첫째, ESG 성과 목표 설정 및 관리이다. 기업은 탄소배출 감축, 자원 효율성 증대와 같은 구체적인 목표를 설정하고, 이를 달성하기 위한 실천 방안을 지속적으로 관리해야 한다. 정기적인 성과 모니터링과 성과 개선 프로그램을 도입하여 ESG 관리 역량을 강화할 수 있다.

둘째, 이해관계자와의 소통 강화이다. 투자자, 고객, 지역사회와의 소통을 통해 기업의 ESG 활동을 투명하게 공개하고, 이해관계자의 기대와 요구를 반영하는 것이 중요하다. 이를 통해 신뢰 관계를 구축하고 기업의 이미지를 긍정적으로 관리할 수 있다. 정기적으로 ESG 성과를 보고하고, 다양한 이해관계자와의 소통 채널을 확보하는 것이 필수적이다.

셋째, 데이터 기반의 ESG 관리 시스템 구축이다. ESG 성과를 체계적으로 관리하기 위해서는 데이터 기반의 시스템이 필수적이다. 이는 ESG 활동의 투명성과 신뢰성을 높이며, 각종 리스크와 기회를 예측하는 데 큰 도움이 된다. 기업은 내부 시스템을 통해 실시간 데이터를 수집하고 분석하여 ESG 전략을 즉각적으로 수정하고 개선할 수 있도록 해야 한다.

이러한 대응 전략을 통해 기업은 ESG 평가등급을 지속적으로 높이고, 이를 통해 투자자와의 신뢰를 강화하며 지속가능 경영을 이룰 수 있다.

ESG 경영에 필요한 참고 문헌 및 홈페이지

[국내 주요 참고 문헌 및 보고서]

『성공하는 ESG 경영』, 박용기 저, BOOKK, 2023
『지속가능경영 보고와 검증』, 이종재, 코스리, 2025
「K-ESG 가이드라인 해설서」, 산업통상자원부, 2024
「ESG 정보공시 의무화 로드맵」, 금융위원회, 2022
「ESG 대응전략 가이드북」, 대한상공회의소, 2023
「대한민국 지속가능발전보고서」, 환경부·지속가능발전위원회, 2022

[해외 주요 보고서 및 기준 문헌]

『Who Cares Wins』, UN Global Compact, 2004
ESG라는 용어가 최초로 등장한 상징적인 보고서로, 금융기관의 책임투자와 ESG 요소의 통합 필요성을 강조하였다.

『Principles for Responsible Investment (PRI)』, UN PRI, 2006
UN이 제안한 책임투자원칙으로, 전 세계 4천 개 이상의 금융기관이 서명하였으며, ESG를 투자 기준에 반영하는 핵심 문서이다.

『GRI Standards (Global Reporting Initiative)』, GRI, 최신판
전 세계에서 가장 널리 사용되는 지속가능성 보고 기준. 항목별 구체적인 지표와 설명이 있어 ESG 보고서 작성 시 표준 가이드라인으로 활용된다.

『SASB Standards(Sustainability Accounting Standards Board)』, ISSB, 최신판
산업별로 핵심적인 ESG 이슈를 구분해 제시하며, 투자자 중심의 ESG 정보공시에 초점을 둔 기준이다. 현재는 IFRS 산하 ISSB가 운영 중이다.

『Recommendations of the Task Force on Climate-related Financial Disclosures(TCFD)』, FSB, 2017
기후 리스크 관련 재무공시 지침으로, 시나리오 분석, 리스크 관리, 지배구조, 전략 항목을 중심으로 구성되어 있다.

『Corporate Sustainability Reporting Directive (CSRD)』, EU, 2023
유럽연합이 ESG 공시를 법제화한 대표적인 지침으로, 대기업 및 상장기업에 적용되며, 앞으로 글로벌 표준이 될 가능성이 높다.

『Net Zero by 2050』, International Energy Agency (IEA), 2021
탄소중립 실현을 위한 산업별 로드맵을 제시하며, 에너지 전환과 기후테크 전략 수립에 참고할 만한 문서이다.

[국내 ESG 관련 주요 홈페이지]

ESG 경영의 국내 흐름과 법제도, 가이드라인, 평가 기준, 공시 의무화 관련 자료들을 확인할 수 있는 공식 홈페이지들이다.

ESG 정보포털(산업통상자원부) https://www.esg.go.kr
K-ESG 가이드라인, 정책 자료, 공공기관 대응 가이드 등을 종합적으로 제공한다.

ESG 정보플랫폼(한국거래소) https://esg.krx.co.kr
상장기업의 ESG 공시 정보, 평가 기준, 시장 트렌드 등을 확인할 수 있다.

금융위원회 공식 홈페이지 https://www.fsc.go.kr
ESG 공시 의무화 정책, 금융감독 관련 제도 변화, ESG 투자 활성화 정책 등을 볼 수 있다.

한국기업지배구조원(KCGS) https://www.cgs.or.kr
ESG 등급 평가 및 리서치, 가이드라인, 연간 평가결과가 제공된다.

중소기업연구원(KOSBI) https://www.kosbi.re.kr
중소기업의 ESG 도입을 위한 연구자료 및 정책 보고서를 다룬다.

대한상공회의소 ESG 포털 https://esg.korcham.net
기업 실무자를 위한 ESG 교육, 보고서 예시, 이슈 트렌드를 제공한다.

[해외 ESG 공시기준 및 가이드라인 관련 홈페이지]

글로벌 기준을 따르는 기업 및 기관들은 다음의 홈페이지들을 수시로 확인하며, 각종 가이드라인, 템플릿, 평가 항목을 참고해야 한다.

UN Global Compact https://www.unglobalcompact.org
기업의 지속가능성과 책임경영을 위한 글로벌 이니셔티브. ESG 기반의 경영원칙을 제시한다.

UN PRI(책임투자원칙) https://www.unpri.org
투자자용 ESG 원칙과 실무 지침, 사례 연구, 평가 도구를 제공한다.

GRI(지속가능성 보고기준) https://www.globalreporting.org
ESG 공시에 사용되는 가장 보편적인 프레임워크 제공처. 최신 업데이트 자료 확인이 가능하다.

IFRS / ISSB(국제지속가능성 공시기준) https://www.ifrs.org
회계 및 ESG 공시의 글로벌 통합 기준 제공. TCFD, SASB 등과 연계된 기준을 관리한다.

CDP(탄소정보공개 프로젝트) https://www.cdp.net
기업 및 도시의 온실가스 배출 공개와 감축 목표 등록 플랫폼이다.

SBTi(과학 기반 감축목표 이니셔티브) https://sciencebasedtargets.org
기업의 온실가스 감축목표가 과학적으로 타당한지를 검증해 주는 기관이다.

TCFD(기후 관련 재무공시 태스크포스) https://www.fsb-tcfd.org
기후 리스크를 재무공시에 통합하기 위한 가이드라인 제공 기관이다.

EU CSRD 공식 가이드라인 https://ec.europa.eu
유럽연합 내 ESG 공시 및 보고 의무에 관한 법적 지침이 업로드된다.

저자 소개

박용기 esg3esg3@naver.com

- 한국경영기술지도사회 ESG경영지원단장, 한국ESG경영전략연구원 대표
- 경영학 박사, OCU 특임 교수, 온실가스 감축사
- ESG 컨설팅,강의, 진단, 경영시스템 구축, 전략 수립, 온실가스 인벤토리 구축, 공급망실사 대응, ESG 보고서 작성, 정부지원사업 사업계획서 작성 컨설팅
- ESG 전문가(한국표준협회 '품질경영' ESG 칼럼 1년간 연재), 'ESG 전문가 양성과정' 기획 및 강의, 'ESG 경영아카데미' 기획 운영, SK그룹 연수원/ 고용노동부 NCS 등록 ESG 전문 강사, 대한경영학회/가족기업학회 학술대회 ESG 세션 발표
- 생성형 AI활용 강의, 블록체인 가상화폐 바로 알기 강의
- 저서 『성공하는 ESG 경영』, 『ESG 경영 사례연구』, 『중소기업의 전략적 CSR 경영 실무』, 『내 손 안의 1등 비서 스마트폰 100배 즐기기』, 『ESG 정보 공시와 대응전략』, 「'그린워싱' 경계해야(칼럼)」 외 다수
- 신한은행 30년 근무, CSR 지역장, 금융리스크관리, IT 개발
- 연세대 경제대학원 금융리스크관리 전문가
- 네이버 블로그 'ESGI 한국 ESG 경영전략연구원' 운영자

김덕용 drkmin@hanmail.net

- KDY 생산기술비즈센터 대표
- 대한민국 산업현장교수(경영회계사무, 고용노동부)
- ESG 경영 컨설턴트, ESG 진단평가사, ESG 경영지원사
- 공장관리기술사, 산업안전지도사, 경영지도사
- ISO9001/14001/45001 심사원
- (현) 행정안전부 안전교육 전문인력
  (현) 경기도 노사민정 산업안전특별위원회 위원
  (현) 경기도 과천도시공사 ESG 위원회 위원
  (현) 새만금개발공사/한국교통안전공단 평가위원
  (현) 노무법인 정상 안전보건관리 자문위원
  (현) 경기도 산하 공사(인사위원회 위원)
  (현) 용인시/안양시 산업진흥원 전문가
  (전) (주)ESGI/한국ESG경영지원협회 전문위원(공급망 실사)
  (전) 경기지방노동위원회 심판위원(6년)
  (전) 중견기업 33년 근무(전무이사/공장장)

김형정 hjkima88@naver.com
- 에이치엔제이컨설팅 대표
- 경영컨설팅/ESG컨설팅/소상공인컨설팅/창업컨설팅 및 교육
- 연세대 상남경영원 대우건설 2기 수료, 고려대 건축공학 석사/고려대 건축공학 학사
- 경영지도사/창업보육전문매니저/ADsp
- (현) 한국경영기술지도사회 중소기업 ESG경영지원단

  (현) 중기부 비즈니스지원단 현장클리닉 위원

  (현) 더함플러스협동조합 마케팅이사

  (현) 서울신용보증재단 업종닥터/신용보증기금 성공드림 컨설턴트

  (현) 강북청년마루 창업 강사 멘토/창업진흥원 평가위원

  (현) SBA R&D 평가위원

  (현) 한국노인인력개발원 현장 컨설턴트

  (전) 소상공인진흥공단 희망리턴패키지 컨설턴트

  (전) 강동50플러스 창업강사/송파노인종합복지관

  (전) 시니어케어24 이사/시니어케어비즈센터 센터장

  (전) 대우건설 상무/ 강동성심병원 건설본부장

류제혁 Jayfounder@naver.com
- (주) 레이크트리스파트너스 대표 (ESG 및 경영컨설팅)
- ESG 컨설팅/강의, 기업 ESG 수준 진단, ESG 경영시스템 구축, 기업 ESG 대응전략 수립, 온실가스 인벤토리 구축, 공급망실사 대응전략 및 보고서 작성, 정부지원사업 사업계획서 컨설팅
- 미국 University of Virginia MBA(경영학 석사), KAIST 화학공학과 석사, 연세대학교 화학공학과 학사, 중앙대학교 ESG 전문가 양성 1년 과정 수료
- 경영지도사
- ISO9001/14001/45001 심사원
- (현) 한국표준협회 ESG 경영센터 전문위원

  (현) 한국무역협회 ESG 분야 전문상담위원

- (현) 경영지도사, 중소벤처기업부 비즈니스지원단 현장클리닉 위원
- (전) 대전광역시 위험물질사고 긴급대응 자문위원
- (전) 지에스칼텍스 (사업기획팀장, R&D 기획팀장, 화공엔지니어)
- 네이버 블로그 beginmybusiness 운영

김미정 mj6756@gmail.com

- ICM 기업경영연구소 디렉터
- ESG 컨설팅/강의, ESG 지속가능경영보고서 작성, 기업 ESG 수준 진단 및 ESG 경영시스템 구축, 탄소배출관리 및 정부지원사업 컨설팅, 중소벤처기업부 수행기관 업무지원, 중소기업 안전관리체계구축
- 안전교육지도사, ISO9001/14001/45001 심사원, 삼일회계법인 최고위과정 수료, 한국 ESG경영개발원 ESG공시 과정 수료, AI-ESG 융합 경영컨설턴트 과정 수료
- (현) 유현세무법인 법인컨설팅 총괄이사
- (현) 삼성생명보험주식회사 CSA
- (전) 현대카드 부지점장
- (전) (주)코오롱상사 영모드부 총괄
- 네이버 블로그 jung67567 (ESG기업파트너) 운영

김진경 Jinbloom257@naver.com

- 진블룸 컴퍼니 대표
- ECO디자인, 시각디자인 전문가, ESG 경영 컨설턴트, ESG 경영아카데미 전문강사
- ESG 경영 컨설팅 및 친환경 브랜드 전략 구축 컨설팅, 환경에 긍정적인 영향을 미치는 디자인 철학을 기반으로 지속 가능한 디자인과 시각적 아름다움을 추구하는 ECO 디자인 컨설팅, 환경적 책임과 미적 가치 모두 충족하는 저 탄소발자국 제품 브랜드 전략 수립 컨설팅
- 산업디자인 학사, AI-ESG 융합 경영 컨설턴트 과정 수료, 중앙대학교 ESG 전문가 양성 1년 과정 수료

- ISO14001/45001 심사원
- 네이버 블로그 jinbloom257 운영

이일혁 a570905@daum.net

- 비즈니스메이트 대표(경영컨설팅)
- ESG경영 컨설턴트, ESG경영 평가사/심사원, ESG경영 공급망 평가관리사
- 경영지도사
- ISO9001/14001/45001 인증심사원
- (현) 울산 테크노파크 기술닥터

    (현) 울산 경제진흥원 전문위원

    (현) 울산 창조경제혁신센터 전문위원

    (현) 창업진흥원 평가위원

    (현) 스마트팩토리 평가위원

    (전) 현대자동차 협력사 대표

    (전) 현대자동차 28년 근무

최원선 cws212@naver.com

- 빅클립 대표 (이커머스 플랫폼)
- ESG 경영 컨설턴트, ESG 경영아카데미 전문강사, 소상공인 컨설턴트
- 한국평생교육인증원 ESG컨설턴트 과정 수료
- (현) 한국노인인력개발원 컨설턴트

    (현) 제주특별자치도 경제통상진흥원 컨설턴트

    (현) 중기부 비즈니스지원단 현장클리닉 위원

- 네이버 블로그 ESGstory 운영
- 네이버 블로그 온라인 상점에 숟가락 놓기 운영

ESG경영 A부터 Z까지

펴 낸 날 2025년 4월 11일

지 은 이	박용기, 김덕용, 김형정, 류제혁, 김미정, 김진경, 이일혁, 최원선
펴 낸 이	이기성
기획편집	이지희, 서해주, 김정훈
표지디자인	김진경
책임마케팅	강보현, 이수영
펴 낸 곳	도서출판 생각나눔
출판등록	제 2018-000288호
주 소	경기도 고양시 덕양구 청초로 66, 덕은리버워크 B동 1708, 1709호
전 화	02-325-5100
팩 스	02-325-5101
홈페이지	www.생각나눔.kr
이 메 일	bookmain@think-book.com

· 책값은 표지 뒷면에 표기되어 있습니다.
  ISBN 979-11-7048-856-9(03320)

Copyright ⓒ 2025 by 박용기, 김덕용, 김형정, 류제혁, 김미정, 김진경, 이일혁, 최원선 All rights reserved.
· 이 책은 저작권법에 따라 보호받는 저작물이므로 무단전재와 복제를 금지합니다.
· 잘못된 책은 구입하신 곳에서 바꾸어 드립니다.